KB001675

정조의
문치

백승호

서울대학교 국어국문학과를 졸업하고, 같은 대학교 대학원에서 〈정조시대 정치적 글쓰기 연구〉로 박사학위를 받았다. 현재 한남대학교 국어국문창작학과 교수로 재직 중이다. 전통시대 문학과 정치라는 주제로 정조 연간 한문학을 연구하고 있다. 주요 논저로 〈번암 채제공 문학 연구〉, 〈정조시대 정치적 글쓰기 연구〉, 《정조의 비밀 어찰, 정조가 그의 시대를 말하다》(공저), 《정조의 신하들》 등이 있고, 역서로 《정조어찰첩》(공역), 《소문사설, 조선의 실용지식 연구노트》(공역) 등이 있다.

이 저서는 2015년 대한민국 교육부와 한국학중앙연구원(한국학진흥사업단)의 한국학총서 사업 지원을 받아 수행된 연구임(AKS-2015-KSS-1230005).

정조학 총서1

정조의 문치

글쓰기로 인의의 정치를 펴다

백승호 지음

Humanist

총론

‘정조학 총서’를 펴내며

수년에 걸친 노력이 드디어 정조학 총서 4권으로 결실을 맺었다. ‘정조의 문(文)·무(武)·예(禮)·법(法)’이라는 주제의 학술서를 네 명의 연구자가 동시에 간행하는 일은 생각보다 쉽지 않았다. 뜻하지 않은 역병까지 겹쳐 세상이 어수선했음에도 묵묵히 연구를 수행하고 원고를 집필하여 마침내 그 결과를 세상에 선보일 수 있게 되어 너무 기쁘다. 동시에 학계의 엄중한 평가를 통과해야 하니 걱정이 뒤따른다. 실로 기대 반 우려 반의 심정이다.

총서를 함께 펴낸 네 명의 연구자는 서울대학교의 선후배들로, 알고 지낸 햇수를 따지면 수십 년이 훌쩍 넘지만 자신만의 연구 주제로 조선시대를 탐구하느라 각자의 길을 가고 있었다. 네 명이 오랜만에 함께 모여 무언가를 도모하고자, 그것도 책을 함께 써보자고 계획한 것은 6년 전쯤의 일이었다. 한국학중앙연구원의 한국학총서 지원 사업을 빌미로, 조선시대의 모순이 가장 첨예했던 18세기 후반의 시대상을 함께 연구하기로 마음먹은 것이다. 돌이켜보면 무모했지만 막상 모여서 계획을 세울 당시에는 어떻게든 잘되리라고 낙관했다. 매번 그렇게 연구를 시작하고 또 그 덕분에 치러야 할 대가 역시 녹록지 않지만 말이다.

사실 오늘날에는 18세기 후반 정조의 시대를 조선의 르네상스라고 부르는 데 익숙하다. 하지만 정작 정조 본인은 당시를 '폐단으로 곪아 터지기 직전'의 말세로 파악했다. 위기를 느꼈던 만큼 정조는 구습(舊習)을 개혁하려는 강한 의지를 품었고, 또 그러했기에 자신의 시대를 돌파하려고 다방면에 초인적인 노력을 기울였다.

군사(君師)를 자처할 만큼 학문적으로나 정치적으로 뛰어났던 정조, 그리고 그 이름에 걸맞게 정력적으로 사업을 펼쳤던 정조라는 인물, 그를 '당시의 역사적 맥락(context)'에서 읽어내야 한다는 데 기본적으로 네 명의 연구자가 동의했다. 그동안 조선의 18세기는 주로 근대주의의 시야에서 설명되어왔다. 자본주의 맹아의 흔적을 찾아 토지대장을 정리하거나 성리학의 시대를 종결하고 새로운 시대를 이끌 만한 '실학'을 찾아내었다. 때맞춰 정조는 근대 국가의 여명을 준비하는 계몽군주로 묘사되곤 했다. 그러나 당대의 사료가 보여주는 정조는 실학의 시대를 열거나 근대의 계몽군주를 자처하기보다 철저하게 '부정학(扶正學)'을 추구했다. 확실히 정조는 진실한 성리학의 신도였다. 이를 어떻게 이해할 것인가? 근대주의의 프레임 안에서 조선의 성리학은 허학(虛學)과 동의어였을 뿐 아니라 청산되어야 할 과거의 유산으로 각인되었다. 부정학을 외친 정조에게 그 어떤 진취성이나 혁신을 기대할 수 없었기에, 성리학자보다는 개혁 군주의 이미지로 애써 묘사해왔던 것은 아닐까?

의도하던 의도하지 않았던 그동안 간과되어온 역사적 사실들의 의미를 간과하지 않으려는 의지야말로 연구의 첫 출발점이었다. 네 명의 집필진은 정조와 그의 말들(텍스트)을 철저하게 18세기 후반의 조선이라는 '특정한 시간과 장소에서 발화된 특수한 조건의 산물'로 해석하고 의미를 발견하고자 했다. 남겨진 말과 글은 이미 그 자체로 어떤 맥락적 의미를 함축하거나 해석을 요구한다. 기왕의 편견으로부터 시야를 돌려 정조의 말을 당대의 맥락에서 명확히 이해할수록, 정조를 현재의 목적론에 가두거나 과거의 골동품으로 내버려두지 않고 현재에 되살릴 수 있다고 보았다.

네 사람은 각각 조금 더 잘할 수 있는 분야를 택해 문학〔文〕과 군사〔武〕 그리고 교화〔禮〕와 법치〔法〕로 나누어, 정조의 생각(텍스트)을 특정한 역사적 문맥(컨텍스트)에서 읽어냈다. 정확한 의미를 독해하고 이것들을 한데 모으면 정조와 그의 시대를 편견 없이 그려낼 수 있으리라 기대했다. 아울러 정조와 그의 시대를 관통하는 역사적 조건 가운데 정학(正學), 즉 성리학을 그 중심에 놓아야 한다는 데 네 명 모두 이견이 없었다. 이는 기왕의 해석들과 달리 정조를 역사적으로 정초할 수 있는 방법론적 토대가 되었다.

정조를 당대의 맥락에서 이해하고 부정학의 의지를 정조 독해의 중심에 놓은 후에, 네 명의 연구자들은 각각 서로의 개성을 살려 글을 완성해나갔다. 백승호는 '성리학적 세계관의 구현'을 향한 정조의 문학론을, 허태구는 '문무겸전(文武兼全)'을 기초로 한 외교국방론을, 김지영은 '수신제가에서 치국평천하'에 이르는 예교론을, 김호는 '무위이치(無爲而治)의 형정론'을 화두 삼아 각자 정조와 그의 시대를 탐색했다.

막상 결과를 내놓고 보니 자연스럽게 동의하는 바와 서로 생각이 다른 부분들을 확인할 수 있었다. 생각이 같다가도 갈라지고 갈라지다가도 수렴되었지만, 이번 정조학 총서를 통해 '정조와 그의 시대'를 확실히 역사적으로 바라볼 수 있게 되었다고 자부한다. 책을 완성하자마자, 네 명이 한결같이 '정조 이후'를 연구해보자고 제안했다. 조만간 또 한 번의 무모한 계획이 세워질 듯하다.

2020년 11월

정조학 총서 필진을 대표하여

김호

책을 펴내며

정조는 생전에 문집을 정리해두면서 "인이 아닌 집에는 거처하지 않으며, 의가 아닌 길은 밟지 않았던' 통치 과정을 글로 옮긴 것이 본인의 저술 《홍우일인재전서(弘于一人齋全書)》(이하 '《홍재전서》')라고 하였다. 한마디로 인의에 기반을 둔 통치 행위를 문자화한 것이 그의 문학이었다고 할 수 있을 것이다. 전통 시대 문학이 포괄하는 영역은 현대보다 넓어 지식과 문화의 총체적인 영역을 '문'이라고 칭하였는데, 이 책의 본문에서는 전통 시대에 통용되었던 광의의 문학 개념으로 정조 문학과 정치의 긴밀한 양상을 검토하였다.

이 책은 어찰(御札)과 장서인(藏書印) 연구를 통해 발견한 문제의식으로《홍재전서》를 독해한 결과물이다. 2009년 성균관대학교 동아시아학술원에서《정조어찰첩》을 탈초, 번역하여 공개하였다. 필자는 이 연구 사업에 보조 연구원으로 참여하면서《승정원일기》 등 공식적인 역사 자료 이면에 있는 정조의 또 다른 모습을 확인하였다. 한편 2013년 신규장각자료구축사업의 일환으로 규장각 소장 한국본 도서에 압인된 정조 장서인을 조사 정리하였고, 이후 중국본 도서에 압인된 정조 장서인도 정리 발표하였다. 그 과정에서 정조의 독서 편력과 학문 지향을 조금 감지하였다. 그리하여 연구자의 선입견을 투영하여 정조를 보는 것이 아니라 어찰, 장서인 등을 통해 유추할 수 있는 당대의 문맥으로 정조와《홍재전서》를 꼼꼼히 읽어내고자 하던 중에, 필자의 연구가 2015년 한국학중앙연구원 한국학총서사업에 선정되었다.

원고를 쓰면서 때때로 학창 시절 수업 시간이 일순간 환기되며 '그때 선생님 말씀이 이런 뜻이었구나.' 하고 새삼 이해하는 경험을 하였다. 이제나마 은사님들의 수업을 따라가는 더딘 제자는 될 수 있을 것 같아 다행이라고 생각한다. 방법론의 측면, 자료의 측면, 논리의 측면에서 아낌없는 가르침을 베풀어주신 한국한시학회와 문헌과해석 선생님들, 그리고 학문을 업으로 삼는 과정에서 만난 소중한 선후배님들께 감사드린다. 거친 상태의 원고를 책으로 완성해주신 휴머니스트 출판사에도 감사드린다.

2020년 11월

오정동 연구실에서

백승호

차례

머리말

정조의 문학과 문치

정조는 탁월한 학문적 능력을 지닌 군주로 도통(道統)을 자임하고 군사(君師)를 표방하였다.[1] 그가 군주로서 보여준 통치 능력과 업적에 주목한 나머지 그의 문학에 관한 본격적인 연구는 아직 충분히 이루어지지 않았다. 정조는 18세기 개혁군주였다는 통념이 일반적인데, 그가 문학(文學)에 뛰어난 군주였다는 점은 잘 알려지지 않았다. 그는 문학을 통해서 정치적 담론을 생산하고 이를 통해 통치의 정당성을 획득해갔다. 정조는 외척과 권신을 배척했기 때문에 즉위 직후 권력의 물질적 기반이 공고하지 못했다. 대신 학문적 역량을 바탕으로 여러 형식의 글쓰기를 통해 당시 사대부 관료들의 동의와 지지를 구하려고 하였다.

정조의 문학은 제왕(帝王) 문학의 대표적 사례라는 측면에서 그 실체를 규명할 필요가 있다. 국왕이 문학을 통해 통치의 표상을 어떻게

1) 김문식은 정조의 이러한 군주상을 '정조의 제왕학'이라고 명명하였다. 김문식, 2007, 《정조의 제왕학》, 태학사.

제시했는지, 임금이자 스승으로서 본인의 이미지를 어떻게 만들어갔는지, 그의 구체적인 작품을 검토하면 그 면모가 드러날 것이다. 또한 문학을 통한 통치라는 관점에서 정조의 문학을 고찰할 필요가 있다. 정조는 지식인의 구금이나 문자옥(文字獄) 같은 강제적 위력이 아니라 수많은 글쓰기를 통해 본인의 정치 담론을 형성하면서 통치를 수행하였다.

정조의 문학은 19세기 문학에 미친 영향의 측면에서도 연구할 필요가 있다. 정조는 문체가 세도(世道)의 반영이라는 생각으로 당대의 문풍을 본인의 이상에 부합하게 교정하려 했다. 초계문신(抄啓文臣) 제도나 규장각 각신들과 공동으로 진행했던 각종 편찬 작업과 문학 활동이 그 대표적인 사례이다. 이러한 활동은 정조 사후 19세기 문화 전반에 영향을 미쳤다. 예를 들어 정조가 상화조어연(賞花釣魚宴)을 열고 대신과 각신들을 불러 군신 간에 연구시(聯句詩)를 지었던 적이 있다. 이 고사는 훗날 이만수(李晩秀)가 1809년 호조의 아전들을 불러 서강(西江)에서 뱃놀이를 하면서 연구시를 지었던 시회로 동일하게 재현되었다. 정조의 문학 활동이 19세기 문학에서 재현되고 재해석되는 과정을 검토할 필요가 있다.

정조의 문학에 대해서는 문체반정(文體反正)과 그의 문학관(文學觀)에 대한 연구가 집중적으로 이루어졌다.[2] 정조의 문체반정은 주로 문체를 구실로 삼은 정치 역학 관계의 조정, 과거시험 문체에 대한 정조의 대응이라는 차원에서 논의가 이루어졌다. 그의 문학관은 육경(六經)을 중시하고 순정한 고문(古文)으로 회귀하는 도문일치(道文一致)의 보수적 문학관이라는 평가와 이에 대한 의견의 차이를 중심으로 논의되었다. 최근에는 문체반정이 경화문화(京華文化)에 대한 비판적 시각을 천명하고, 후대 국정을 주도할 관각 문인들의 문체를 교정하려는 문제의식에서 시작되었다고 분석한 연구가 있다.[3] 정조의 문예에 대한 종합적인 연구 성과를 집성한 단행본도 출간되었는데, 역사학의 방법론을 적용하여 문학을 연구했기 때문에 본격적인 문학 연구라고 보기는 어렵다.[4] 정조의 문학에 대한 이상의 선행 연구는 그의 문학을 정치적 위상과 연계하여 조명한 경우가 많았기 때문에, 정조의 문학에 대한 본격적이고 종합적인 연구가 절실한 실정이다.

이 책은 정조 연간을 조명하는 정조학 총서의 일부로 기획되었다. 총 3부로 구성되어 있는데, 1부는 정조의 세손 시절 문학, 2부는 즉위 후의 문학, 3부는 정조의 문학과 신료들 간의 상호관계를 다루었다.

이 책에서는 정조의 문학을 '문학을 통한 통치', 즉 문치(文治)라는 용어로 검토하고자 한다. 문학은 시대마다 다른 양상을 띠었는데,[5] 본서에서 논의하고자 하는 문학은 현대의 문학 개념보다 넓은 광의의 문학이다. 전통 시대 문학은 종종 '문(文)'이라고 일컬어지며 글쓰기에서 비롯된 문헌 전통과 문화적 형식의 유산을 포괄하였다.[6] 게다

---

2) 류화선, 2001, 〈정조의 문체반정 연구〉, 서강대학교 석사학위논문; 신귀순, 1996, 〈정조의 문학론 연구〉, 충남대학교 석사학위논문; 정옥자, 1981, 〈규장각 초계문신 연구〉, 《규장각》 4, 서울대학교 규장각한국학연구원; 김혈조, 1982, 〈연암체의 성립과 정조의 문체반정〉, 《한국한문학연구》 6, 한국한문학회; 마종락, 1983, 〈정조대의 문체반정에 대한 연구〉, 서울대학교 석사학위논문; 김명호, 1990, 〈열하일기 연구〉, 서울대학교 박사학위논문; 김성진, 1993, 〈정조 연간의 과문의 문체 변화와 문체반정〉, 《한국한문학연구》 16, 한국한문학회; 김우정, 1998, 〈정조의 문체 정책과 문학론 연구〉, 단국대학교 석사학위논문; 윤재민, 2002, 〈문체반정의 재해석〉, 《고전문학연구》 21, 한국고전문학회; 허남욱, 1995, 〈조선 후기 문체 및 문체반정에 대한 연구〉, 《한문고전연구》 5, 성신한문학회; 최성엽, 2014, 〈정조의 문장관에 대한 재고〉, 《동방한문학》 59, 동방한문학회; 박혜진, 2006, 〈정조대 문체반정의 지향과 의의〉, 《겨레어문학》 37, 겨레어문학회.

3) 강혜선, 2012, 〈정조의 문체반정과 경화문화〉, 《한국실학연구》 23, 한국실학학회.

4) 정옥자, 2001, 《정조의 문예사상과 규장각》, 효형출판; 김문식, 2000, 《정조의 경학과 주자학》, 문헌과해석사; 정옥자, 2000, 《정조의 수상록 일득록 연구》, 일지사.

5) 백승호, 2013, 〈정조시대 정치적 글쓰기 연구〉, 서울대학교 박사학위논문. 근래 일본에서도 광의의 문학으로 문학사를 새롭게 서술하려는 시도가 진행되고 있다. 河野貴美子 외, 2015, 《日本〈文〉學史》 第一册, 勉誠出版.

가 정조의 글쓰기는 그 창작 환경이 국가적이며, 정치적인 상황에서 수행되었다. 군주의 통치 행위와 관련된 광의의 글쓰기, 즉 국왕의 문학이라는 개념을 중심으로 정조가 문학을 통해 통치를 구현하는 양상을 '문치(文治)'라고 명명하고 정조의 문학과 정치의 긴밀한 관련성을 분석하고자 한다.

6) Peter Bol, *This Culture of Ours*, Stanford, Calif. : Stanford University Press, 1992, p.85(피터 볼, 심의용 역, 2008, 《중국 지식인들과 정체성》, 북스토리).

1부

세손 시절의 문학:
소년에서 왕권의 계승자로

《홍재전서(弘齋全書)》에는 세손 시절 정조의 작품이 〈춘저록(春邸錄)〉이라는 제목으로 별도의 권차로 수록되어 있다. 2권의 시(詩), 1권의 서(書), 1권의 기타 산문 등 총 4권으로 구성된 〈춘저록〉은 세손 시절 정조의 문학 성취를 보여준다.

1부에서는 이 〈춘저록〉을 중심으로 정조가 세손 시절 강학 과정에서 창작했던 텍스트를 검토할 것이다. 세손 시절 정조는 당대의 문학 경향과 경화문화에 다양한 관심을 가졌다. 자연인으로서 정조는 소년 시절 문예적 글쓰기에도 상당 수준 관심을 보인 바 있다. 그러나 국왕의 후계자로서 수학기(修學期)를 거치면서 점차 지배 이념을 내면화하는 면모를 띠게 되었다.

세손 시절 정조의 정치적 상황은 매우 불안정하였는데, 영조 연간 후반기의 척신들이 세손으로서의 그의 위치를 흔들고 있었기 때문이다. 운신의 폭이 좁았던 정조는 시강원, 익위사 관원들과 시를 짓는 문학 모임을 가지며 근위 세력을 결속하였고, 학문적 능력을 보이며 자신이 미래의 국왕으로서 자질이 충분함을 증명하고자 하였다.

한편 자신을 핍박하는 척신 홍인한(洪麟漢), 정후겸(鄭厚謙) 등의 만행은 꼼꼼하게 일기로 기록하였는데, 기록의 유출을 극도로 두려워하면서도 시강원 관원들과 협의하에 후일의 정치적 증거물로서 기능하도록 차곡차곡 일기를 써나갔다.

세손 정조는 국왕의 후계자로서 성왕의 어진 정치를 본인이 재현하겠다는 포부를 다지면서도, 영조 말년 정국에서 운신의 폭이 좁아진 현실 사이에서 고민하는 시간을 보냈다. 그러한 과정을 통해 정조는 차츰 국왕으로서 자질을 갖추어나갔다. 그는 이상과 현실의 갈등 상황 속에서 본인이 추구하는 정치적 이상을 문학을 통해 밝히고 그것을 실현해가는 방법을 배워갔다.

1.

문장 수련과 지배 이념의 내면화

정조는 1759년 왕세손에 책봉되어 강서원에서 교육을 받았다. 이때 사부는 홍봉한(洪鳳漢)과 조영국(趙榮國)이었는데, 노론 산림 김원행(金元行)과 송명흠(宋明欽)이 권독(勸讀)으로 임명되어 유년기 정조의 강학(講學)을 보좌했다. 정조의 학문 형성기에 노론 낙론계(洛論界) 학풍이 영향을 미쳤을 것이라고 짐작할 수 있다.[1)]

어린 시절 정조는 문학에 관심이 많았다. 당시 시강원(侍講院) 빈객에게 답한 편지를 보면 본인이 사장(詞章)을 좋아한 적이 있다고 고백하고 있다.[2)]

> 그리고 사장(詞章)을 짓기 좋아한 것은 어렸을 때의 일입니다. 근년 이래로는 궁관(宮官)들이 자주 경계시킨 말에 힘입어 그것이 유희(游戲)와

---

1) 정조의 학풍이 노론 낙론계의 영향을 받은 점에 대해서는 김문식·김정호, 2003, 《조선의 왕세자 교육》, 김영사, 316·317쪽 참조.

2) 김종정(金鍾正)의 《운계만고(雲溪漫稿)》 권4, 〈춘방고사(春坊故事)〉에도 위 인용문과 동일한 내용이 실려 있다. 정조가 1775년경 김종정의 고사에 답하면서 위와 같이 본인이 소년 시절 문학에 경도되었던 정황을 인정하고 이후로는 성학에 전념할 뜻을 표하였다.

같다는 것을 깨닫고 다시는 거기에 마음을 두지 않았습니다. 기문지학(記問之學)을 말씀하신 데 대해서 말씀드리자면, 내가 어찌 박식(博識)이 되겠습니까. 스스로 고루(固陋)함을 걱정하여 때때로 현재 강(講)하고 있는 두 가지 서책(書册) 이외에 혹 따로 고열(考閱)하는 서책이 있기는 하나 손에서 책을 놓는 족족 다시 다 잊어버리는 실정인데, 속을 모르는 이들이 나를 박식하다고 하니 참으로 스스로 가소롭습니다.[3]

이 글을 보면 정조는 어렸을 적에 사장, 즉 문예적 글쓰기를 좋아했는데, 훗날 이것이 유희와 같다는 것을 깨달아서 유념하지 않았다고 했다. 문장을 '유희'라고 평가한 것은 문장을 여기(餘技)라고 생각했던 당대의 통념을 부연한 것이지만, 이 편지는 역설적으로 정조가 소년 시절 문학에 침잠해서 시강원 관원이 경계하고 걱정할 정도였다는 점을 증언해주고 있다. 그가 세손 시절 쓴 글들을 보면, 자연인으로서 소년 시기의 심성이 담긴 글과 국왕의 후계자로서 인격이 담긴 글들이 혼재되어 있다.

이 장에서는 소년 정조가 개인으로서의 불안과 고민을 이겨내고 지배 이념을 내면화하면서 통치자로 변모하는 과정에 주목하기로 한다. 정조는 전통적인 문장 수련 과정에서 초서(抄書) 작업으로 선집을 구성하였다. 아래는 《시경(詩經)》을 초략한 《시략(詩略)》에 대한 발문이다.

---

3) 《홍재전서》 권3, 〈빈객에게 답하다〔答賓客〕〉, 한국문집총간 262, 47·48쪽, "至若詞章之好 幼時事爾 比年以來 賴宮官之屢戒 覺其同於游戲 而不復留心 記問之云 豈爲博哉 自悶固陋 時於兩講書册外 或有所考閱 而釋卷輒復相忘 不知者以爲博 良可自笑". 이하 《홍재전서》의 번역은 정조, 임정기 외 역, 1998, 《국역 홍재전서》를 참조하고, 한국문집총간 인용은 '262-48'과 같은 식으로 표시한다.

시(詩)는 성정(性情)의 발로요 천기(天機)의 움직임이다. 그러므로《서경(書經)》에 이르기를 "시는 뜻을 말한 것이다〔詩言志〕." 하였으니, 시의 사정(邪正)에 사람의 성정이 드러난다. 그 바른 것은 사람의 선심(善心)을 감발시키고 삿된 것은 사람의 음일한 뜻을 징계시키니, 시의 가르침이 크다 하겠다. 그러나 태사(太師)에게 소장되어 있던 고시(古詩)는 실로 너무 많아서 학자들이 요점을 이해하기가 어려웠으므로, 우리 부자(夫子)께서 그 번잡한 것들을 산삭하고 선악(善惡)의 권계(勸戒)가 될 만한 것만을 보존하되, 〈주남(周南)〉〈관저(關雎)〉로부터 시작하여 〈상송(商頌)〉〈은무(殷武)〉까지 311편(篇)으로 만들었으니, 어찌 후학이 감히 여기에서 취사(取舍)할 수 있겠는가. 내가 주연(冑筵)에서 이 글을 거듭 강의하면서 신심에 더욱 절실히 와 닿는 것 수십 편을 뽑아서 조석으로 윤송(輪誦)하는 데에 도움이 되도록 하고 이를《시략》이라 명명하였는데, 또한 너무 간략하다 하겠다. …… 그러나 만일 소성(小成)에 안일한 생각을 가지고 대전(大全)에 소홀히 한다면, 이는 내가 이것을 손수 뽑은 본의가 아니다.[4]

이 발문은 1774년에 쓴 글이다. 정조가 평소《시경》을 보다가 아침 저녁으로 외울 만한 시편을 뽑아서《시략》이라는 책으로 편찬하였다. 그런데《시경》은 공자가 산정(刪定)한 경전이므로 이렇게 수초본(手抄本)을 만드는 행위는 공부의 편의를 위한 것이거나 성인의 산정을 무시하는 것 아니냐는 의심을 받을 수 있다. 이에 정조는 수초본을 편

---

4) 《홍재전서》 권4, 〈시략에 대한 발〔詩略跋〕〉, 262-65, "詩者 性情之發而天機之動也 故書曰 詩言志 詩之邪正 而人之情性見矣 正者 感人之善心 而邪者 懲人之逸志 爲敎也大矣 然而古詩之藏在太師者 寔繁其簡 學者難以領要 吾夫子乃刪其繁 而存其善惡之可爲勸戒者 始於周南關雎 終於商頌殷武 爲三百十有一篇 夫豈後學所敢取舍之哉 余於冑筵 重講是書 摭其切於身心者數十篇以裨朝夕輪誦 名曰詩略 噫 亦太略矣 …… 若安於小成 忽於大全 則非余手鈔之本意".

찬한 본래 취지는《시경》의 핵심을 선발하여 늘 자신과 함께 하겠다는 데 있는 것이지, 시집전(詩集傳) 전체 공부를 소홀히 하는 데 있는 것이 아니라는 뜻을 밝혔다.

이 글에서 주목할 점은 시가 "성정(性情)의 발로요 천기(天機)의 움직임"이라는 구절이다. 이 구절은《농암잡지(農巖雜識)》〈외편〉에서 김창협(金昌協)이 시를 논한 것과 그 자구가 정확히 일치한다.[5] 또한 시에서 성정이 드러난다든지 바른 시가 선심을 감발하고 삿된 시가 음일한 뜻을 징계한다는 것은 전통적인 시교설(詩教說)을 충실히 재현하고 있다. 정조의 문학관을 형성하는 데 있어서 당대 지배 이념의 영향력이 컸음을 보여주는 대표적인 사례이다.

훗날 정조는《오경백편(五經百篇)》을 편찬하였다. 세손 시절 편찬한《시략》이 현전하지 않아 두 책 사이의 연관성을 증명하기는 어렵지만, 두 책 모두 경전의 핵심을 뽑아서 늘 외우고 일상에서 실천하는 시교의 자료로 삼았다는 점에서 세손 시절의 관심이 즉위 후 확장 발전된 것으로 해석할 수 있다.[6] 정조가《시경》에 침잠했다는 것은 본인의 시에서도 증언한 바 있다.

〈가을밤에《시경》을 일과로 읽다가 시간이 늦는 줄도 몰랐다. 인하여 이와 같이 읊다〔秋夜課讀葩經 不覺漏徹 仍賦此〕〉

스스로 점검함이 또한 엉성하도다. 自家點檢亦云疎

5) 《농암집(農巖集)》 권34, 〈잡지(雜識)-외편(外篇)〉, 162-375, "詩者 性情之發而天機之動也".

6) 《홍재전서》 권165, 〈일득록〉 5에 따르면,《오경백편》의 원제목은 '오경백선'이었으나 "'선'은 변별하고 버리고 취한 것을 말하는 것이므로 '편'으로 고쳤다."는 내용이 있다.《오경백편(五經百篇)》에 대해서는 김문식, 2000,《정조의 경학과 주자학》, 문헌과해석사; 윤현정, 2016, 〈《오경백편》 수록《시경》에 대한 연구〉,《서지학연구》 65, 한국서지학회 참조.

전인에 비교하니 나는 그만 못하도다. 較看前人我不如
《시경》의 언외의 뜻을 거듭 궁구하느라 重繹詩經言外旨
궁궐의 닭이 다 울었는데 또 책을 펴노라. 禁雞鳴盡又披書

정조가 이처럼 새벽닭이 울 때까지 《시경》 연구에 몰두했다는 것은 그의 학문 및 문학 수련이 매우 철저했음을 증명한다. 이러한 수초본 작업은 《시경》에만 그치지 않았다. 그는 문장 수련 과정에서 요약과 초선(抄選)의 방법을 잘 활용했다.

〈팔가백선(八家百選)에 대한 인(引)〉

…… 상론가(尙論家)들이 그동안 당송팔가(唐宋八家)의 글을 대단히 숭배해왔다. 그러나 편장(篇章)이 너무 방대하여 짧은 세월에 다 읽을 수가 없었다. 그런데 모씨(茅氏)가 선(選)한 것은 비록 꽤 섬세하고 자상했으나, 팔고체(八股體)를 표준삼은 것에 대해서는 이미 전배(前輩)의 근정(斤正)을 거쳤다. 그러나 여항에서 이 팔가문을 전문으로 하는 선비들은, 어린이든 노인이든 그 용잡하여 간략하지 않은 것과 범범하여 정밀하지 못함을 한스러워한다. 그래서 이 백선(百選)의 글이 나오게 된 것이니, 대체로 아주 순(醇)한 것 가운데 순한 것만을 취한 것이다.

한유(韓愈)의 바름〔正〕과 유종원(柳宗元)의 기발함〔奇〕, 구양수(歐陽脩)의 온화하고 우아함〔溫雅〕과 왕안석(王安石)의 준엄하고 각박함〔峭刻〕, 증공(曾鞏)의 절실(切實)함과 소순(蘇洵)·소식(蘇軾)·소철(蘇轍) 삼부자(三父子)의 광대하고 종횡무진한〔汪洋縱橫〕 기상들이 한번 책을 펴기만 하면 일목요연하게 되어 있으니, 독자들이 이것으로 말미암아 그 문로(門路)를 얻는다면, 깊숙한 당오(堂奧)와 질서정연한 정사(庭戺)가 다 갖추

어 있어서 번잡한 전서(全書)를 일삼을 필요가 없게 될 것이다.[7]

정조가 당송팔가문 선집으로 보았던《팔가백선》은 그의 외삼촌 홍낙인(洪樂仁, 1729~1777)이 편찬한 것이다. 홍낙인은 모곤(茅坤)의《당송팔대가문초(唐宋八大家文抄)》에 근거하여, 이를 대폭 줄여 선집을 만들었다. 당송팔가문은 분량이 워낙 방대해서 다 읽어보기도 외우기도 힘들고 게다가 전심을 기울이기 힘들기 때문에, 빼어난 명편 100편을 뽑았던 것이다.[8] 정조는 모곤의 책이 과거시험용 팔고체라는 비판적 관점에서 당송고문 가운데 용잡하고 범범한 것을 제외하고 순정한 당송고문을 선발하였다는 점을 높이 평가하였다. 과거시험용 문장에 대한 부정적 견해와 순정한 당송고문에 대한 칭송을 엿볼 수 있는 대목이다. 또한 후술할 어찰의 사례에서도 보겠지만 정조가 세손 시절 외가에서 문학적인 자문을 구했음을 확인할 수 있다.

이렇게 정조가 시교설과 순정한 고문에 대한 칭송의 관점을 지녔다는 것은 세손으로서 당대 정통적(正統的)인 문학관을 내면화하고 문학을 정치에 활용하기 위한 당연한 결과라 할 수 있다. 그가 이러한 문학관을 실제 작품에서 과연 어떻게 문학적으로 형상화하는가에 대해 작품을 통해서 살펴보기로 한다.

정자를 소요정(逍遙亭)이라고 명명한 것은 마음과 땅이 서로 잘 만난 때

7) 《홍재전서》 권4, 〈팔가백선에 대한 인〔八家百選引〕〉, 262-57, "…… 尙論家於唐宋八子者尸祝之 然篇章浩汗 不可以日月讀也 茅氏之選 雖頗纖悉 其繩尺八股之體者 已經前輩之斤正 然委巷專門之士 童習白紛 猶恨其冗而不殺 泛而不精 於是乎百選之書作焉 蓋取其醇乎醇者也 韓之正 柳之奇 歐之溫雅 王之峭刻 曾之切實 蘇氏父子之汪洋而縱橫者 一開卷瞭然在目 使讀者 由是而得其門 則堂奧之窈如者 庭戺之秩然者 靡不畢具 而無所事於全書之繁也".

8) 《안와유고(安窩遺稿)》 권5, 〈팔가백선서(八家百選序)〉, 속99-77.

> 문이다. 마음에 물욕(物欲)이 없는 사람은 능히 물(物)에 소요할 수가 있다. 그러나 그런 땅을 얻지 못하면 아무리 소요하고자 하여도 할 수가 없는 것이다.
>
> 정자가 동산〔苑〕의 한가운데 있어 한 동산의 좋은 경치가 모두 이 정자에 모인다. 기이한 산봉우리와 층층의 암벽, 그윽한 골짜기들이 아침저녁 사시사철 각각 제 경치를 드러내어 사람으로 하여금 세속을 벗어난 맑고 깨끗한 생각을 갖게 하니, 땅이 소요할 만한 경치이기 때문에 그러한 것이다. 그러나 마음으로 즐기는 것이 이러한 데 있지 않으면 비록 그런 땅이 있더라도 어떻게 소요할 수 있겠는가. 지경〔境〕이 마음과 더불어 탁 트여 있고, 물(物)이 사람과 더불어 서로 잘 어울려서, 천지 간에 어떤 사물이 내 마음의 즐거움을 다시 옮길 수 있을지 알지 못할 정도이다. 이것이 바로 소요정이 소요라는 명칭을 얻게 된 까닭인 것이다. ……[9]

이 글은 정조가 15세 때인 1766년에 〈소요정기(逍遙亭記)〉라는 제목으로 지은 작품이다. 기문은 본디 어떤 일을 기록하는 것이다. 이 글의 본래 목적은 자연재해로 소요정을 다시 짓게 된 과정을 기록하는 것이었다. 그런데 이 글은 심(心)과 물(物)을 핵심어로 삼아 이 둘을 변주하면서 글을 구성하였다. 소요하고자 하는 마음과 소요할 만한 땅이 서로 만나 진정한 소요를 이룬다는 취지의 이 글은 위와 같이 핵심어를 변주하여 의론을 전개하는 고문(古文)의 구성 방법을 사

9) 《홍재전서》 권4, 〈소요정기(逍遙亭記)〉, 262-57, "亭以逍遙名 心與地相會也 心無物者 能逍遙於物 然不得其地 則雖欲逍遙 亦不可得也 亭中于苑 一苑之勝 咸萃於亭 奇峰異岫 層巖幽壑 朝暮四時 各呈其景 令人有瀟灑出塵之想 地之可以逍遙者然也 然心之所樂 不在於此 則雖有其地 安得以逍遙哉 境與心而俱曠 物與人而相宜 不知天壤之間 復有何物可以移吾心之樂 此逍遙亭之所以得名爲逍遙也".

용하였다. 정조가 수학기 때 고문의 글쓰기 방법을 적용한 한 사례로 볼 수 있다. 〈춘저록〉에 실린 작품들이 대체로 이와 같은 고문의 글쓰기 방식을 충실하게 구현하였다.

세손 시기 정조의 문학에서 다음으로 주목할 점은 그가 대명의리(對明義理)에 관심을 갖고 이를 지켜가는 모습을 보였다는 점이다. 세자가 경전과 역사를 공부하면서 그 감회를 영사시(詠史詩)로 읊는 것은 당연한 문학 수련이라 하겠는데, 정조의 영사시 중에는 대명의리를 문학적으로 형상화한 한시가 상당수 있다.

〈신종황제(神宗皇帝)의 휘신(諱辰)에 느낌이 있어 삼가 짓다(神宗皇帝諱辰有感恭賦)〉

만력 황제의 신묘한 공은 하늘 같아서	萬曆神功若普天
점차 동으로 오는 크신 교화가 우리나라에 치우쳤네.	漸東洪化我家偏
형국(邢國)을 보존한 황제의 은혜를 잊을 수 있으랴.	帝恩可忘存邢日
나라의 수치는 거위(去衛)로 능히 보답받았다네.	國恥能酬去衛年
북극의 밝은 별은 떠받들 곳이 없는데	極北明星無處拱
강남의 홍두(紅荳)는 전하는 노래가 있네.	江南紅荳有謠傳
대보단에 제사하는 이날에 쓸쓸히 비가 내리어	三壇是日凄凄雨
군신이 망배하는 자리를 새벽부터 씻어주는구나.	曉灑君臣望拜筵

시는 크게 두 부분으로 나눌 수 있다. 전반부는 명 신종(神宗)이 임진왜란 때 조선을 도운 공을 언급하며 그에 대해 감사하는 내용이다. 후반부는 명의 멸망과 조선의 대명의리에 대해서 언급하였다. 만력은 명 신종의 연호이다. 수련은 명나라가 조선에 은혜를 베푼 것을

미화하여 표현하였고, 함련은 고사를 활용하여 이를 더욱 구체화했다. 함련 상구에서 '존형(存邢)' 즉 형국을 보존했다고 한 것은 제 환공(齊桓公)이 형국을 외침으로부터 구원해준 고사로, 임진왜란 때 구원병을 보낸 것을 비유적으로 표현했다. 함련 하구의 '거위(去衛)'는 노 소공(魯昭公) 7년, 즉 기원전 535년 4월에 일어난 일식에 관한 기사에서 유래한 고사로, 일식이 일어난 노나라보다 위나라가 더 큰 재앙을 맞이할 것임을 말한 기사이다. 즉 노나라는 조선, 위나라는 일본을 비유하며, 도요토미 히데요시가 큰 재앙을 받아 죽었다는 사실을 비유적으로 표현한 것이다.

경련 상구에서 북극성을 주변에서 떠받칠 별이 없었다는 것은 명나라가 망하는데도 도우러온 제후국이 없었다는 뜻이고, 하구에서 홍두(紅荳)의 노래가 강남 땅에 전한다는 것은 강남 땅의 명나라 유민 또는 한족 백성들이 명을 그리워하고 명을 회복할 것을 기대한다는 비유이다.[10] 미련에서는 명 신종의 기일(忌日)을 맞아 대보단(大報壇)에 제사를 올리는 모습을 읊었다. 1704년 숙종은 대보단을 설치하여 명 신종의 은덕을 기렸다. 제후국에서 천자의 제사를 받드는 것은 절차상 맞지 않으나 조선이 대명의리를 지킨다는 상징적인 의미를 지니는 사건이었다. 1749년 영조는 명 태조(太祖)와 명 의종(毅宗)도 대보단에 함께 모셨다. 정조는 미련에서 세 명의 명 황제를 모신 대보단에 제사지내는 날 비가 내리자, 이를 한편으로는 대명의리를 외롭게 지키는 현실을 처량하게 여기면서도 제일(祭日)에 깨끗하게 씻어주는

---

10) 이 구절은 당나라 시인 왕유(王維)의 〈상사(相思)〉 시 구절을 점화한 것이다. "홍두는 남국에서 나는데, 봄이 오매 몇 가지나 피었는고. 원컨대 그대는 이 꽃을 많이 따게나, 이 꽃을 가장 사모한다오〔紅荳生南國 春來發幾枝 願君多採擷 此物最相思〕."라는 그리움을 드러내는 시인데, 여기서는 명나라 유민이 명나라를 그리워하는 비유로 쓰였다.

것으로 해석하였다. 이처럼 정조가 대명의리를 충실하게 체화하고 이를 계승하고자 한 것은 숙종, 영조 등 선왕들의 선례를 계술(繼述)하고자 한 면모로 볼 수 있다. 임진왜란, 병자호란과 관련된 유적지를 지나면서 감회를 읊을 때에도 대명의리를 시적으로 표현했다.

〈남한산성의 성가퀴가 시야에 들어오는 것이 마치 눈앞에 있는 것 같으므로 이 시를 읊어서 광주(廣州)부윤에게 부치다〔南漢雉堞入望 如在眼中 唫此寄城尹〕〉

층층 봉우리 겹겹 바위에 둘러싸인 남한산성은	層巒疊石漢南城
서장대 높아서 병사를 주둔시킬 만한데,	西將臺高可按兵
삼전도의 완악한 비석을 보시게.	請看三田頑石立
당시 기이한 계책은 진평(陳平)에게 부끄럽네.	當時奇計媿陳平

이 시는 남한산성을 바라보면서 인조가 청나라에 항복했던 일과 이후에 삼전도비(三田渡碑)를 세운 사실 등을 회고하며 감회를 읊었다. 기구와 승구는 남한산성이 험한 지세에 기댄 요지라는 점을 읊었다. 단순한 사실을 서술한 것이지만, 천애의 요지에서 끝까지 항전하지 못한 점을 아쉬워하는 마음이 느껴진다. 그것이 전구에서 '완악한 비석'이라는 시어로 제시되었다. 조선의 굴복을 상징하는 삼전도비가 결과로 제시되었고, 그러한 결과를 이끌어낸 원인이 결구에서 제시되었다. 당시 나라를 구할 뾰족한 계책이 없었기에 모계를 써서 한 고조(漢高祖)를 곤경에서 구해낸 진평에 역설적으로 비유한 것이다.

정조가 대명의리에 경도되었고 정통적인 고문론을 따르는 보수적인 문학관을 지녔다는 점을 세손이라는 지위나 시대상에서 기인한 한계로 볼 수만은 없다. 그는 남유용(南有容) 등 노론 대신들을 시강원의 사부로 두었고, 장인 김시묵(金時默)을 통해 김창집(金昌集), 조태채(趙泰采), 김창협과 같은 노론 대신의 문집을 익숙히 보았다. 규장각에는 김시묵의 장서인과 정조의 장서인이 함께 압인된 김창집의《몽와집(夢窩集)》, 조태채의《이우당집(二憂堂集)》, 김창협의《농암집(農巖集)》이 소장되어 있다. 그밖에 처남인 김기대(金基大)와 정조의 장서인이 함께 압인된 이기진(李箕鎭)의《목곡집(牧谷集)》이 소장되어 있다. 모두 노론 대신 또는 유명한 문인의 문집이다. 정조가 처가로부터 노론 대신들의 책을 구해 보았다는 사실을 증명한다. 당시 국왕의 후계자 교육을 받으면서 자연스럽게 지배적인 이념을 내면화하는 과정이 있었다고 이해하는 것이 합당할 것이다. 그렇다면 그에게 대명의리는 어떤 의미였는지 다음 시를 통해 살펴보기로 한다.

〈의종(毅宗) 황제가 붕어한 날에 풍천(風泉)의 생각을 어쩌지 못하여 그저 율시 한 편을 읊는다〔毅皇禮陟之辰 不任風泉之思 聊唫一律〕〉

오늘 아침 망배례를 드리니	望拜今朝禮
우리 황제께서 붕어하신 날이로다.	吾皇陟配辰
황도(皇都)는 바야흐로 잡초가 무성하고	神京方鞠草
문물은 모두 누린내 나는 먼지투성이라네.	文物摠腥塵
재조지은(再造之恩)은 끝이 없어	再造恩無極
천년토록 감회가 더욱 새로운데,	千秋感愈新
어찌 견디랴. 칙사를 맞이하던 길로	那堪延詔路
해마다 사신을 보내고 있다네.	歲歲送行人

시 제목의 '풍천'은 주나라의 쇠퇴를 슬퍼한 《시경》의 편명 〈비풍(匪風)〉 〈하천(下泉)〉에서 유래한 말이다. 이 시의 주지는 명나라의 멸망을 슬퍼한 것이다. 수련은 명 의종이 죽은 날에 시를 짓는 것을 알리는 파제(破題)이다. 황제가 죽으면 하늘에 올라가 짝한다는 《서경》 구절을 사용하였다. 함련은 명나라가 망해서 수도가 황폐해지고 문명이 유린되는 상황을 제시하였다. 경련은 명나라가 임진왜란 때 조선에 구원병을 보낸 사실을 읊었는데, 당시 사람들은 이를 '멸망에 다다른 나라를 다시 일으켜준 은혜', 즉 '재조지은(再造之恩)'이라고 불렀다. 미련은 현실 정치의 상황 때문에 청나라에 사신을 보내는 것을 참을 수 없는 치욕으로 느끼는 감정을 토로하였다.

현대인의 시각에서 이른바 대명의리는 사대주의에 빠져서 국제 정세를 인정하지 않고 시대에 뒤떨어진 국제 관계를 고집하는 것처럼 보인다. 그러나 당시의 역사적, 문화적 맥락을 고려할 때 대명의리는 단순하게 파악할 수 있는 성질의 것이 아니다. 명나라가 멸망한 것은 단순히 동아시아 문명권의 천자가 한족에서 만주족으로 바뀐 데 그친 것이 아니었다. 당시 사람들은 이것을 문명 대 야만의 대결에서 문명 세계가 패하고 군사력과 힘을 바탕으로 하는 통치가 세계를 장악한 것으로 파악하였다. 정조가 시에서 '문물이 누린내 나는 먼지투성이'라고 한 것은 일정 부분 청나라에 대한 반감을 표한 것이기도 하지만, 명나라의 멸망으로 문명 세계도 함께 사라졌다는 인식을 정확하게 표현한 것이다. 한편 정조는 시문을 통해 경세(經世)와 애민(愛民)의 포부를 밝히기도 했다.

〈연등절 저녁(燈夕)〉

오늘밤에 만 가호에 등을 다니	萬戶懸燈趁此宵
달빛과 구름 그림자 모두 아득하네.	月光雲影共迢迢
구슬 같은 별은 찬란하게 땅 위에 드리우고	珠星燦燦仍垂地
등불 걸린 나무는 흔들흔들 마침내 하늘까지 닿았네.	火樹搖搖遂接霄
취한 말소리는 멀리 꽃 밖의 길에서 나고	醉語遙知花外路
행인의 노래는 버들 가의 다리에서 들리네.	行歌應度柳邊橋
맑고 화창한 기상이 번화함과 아우르니	清和氣象繁華竝
마을마다 물장구 소리가 적막하지 않구나.	水缶村村不寂寥

정조가 10대 때인 1765년 즈음 연등회 날 저녁 풍경을 읊은 작품이다. 수련은 연등회 날 도성 전체가 등을 매단 모습을 묘사하며 파제하였고, 함련에서는 인간 세상의 연등 불빛을 하늘의 별에 대비하였다. 경련에서는 취한 주정 소리, 흥겨운 거리의 노랫소리에서 흥겨운 명절의 모습을 구체적으로 열거했고, 미련에서 평화롭고 흥성한 국가의 기상을 세시풍속인 물장구 일화로 마무리하였다.《열양세시기(洌陽歲時記)》에 따르면 우리나라는 연등회 날에 동이에 물을 떠놓은 뒤 그 가운데에 바가지를 엎어 놓고 빙글빙글 돌리고 두드리며 논다고 하였다. 소년 정조는 여항에 등불을 켠 모습, 번화한 거리의 웅성거림, 그리고 멀리서 들려오는 물장구 소리를 궁궐에서 들었을 뿐이겠지만, 그러한 모습에서 태평성세를 희망하며 이 시를 지었을 것이다. 그가 세손 시절 인정(仁政)을 꿈꾸며 '군자홍의(君子弘毅)'의 뜻을 담아 '홍재(弘齋)'라 자호(自號)하고 장서인을 만들어 가지고 있었던 마음을 이 시에서도 짐작할 수 있다. 좀 더 직접적으로 경세와 애

민의 포부를 밝힌 작품은 다음에 인용하는 숙종의 작품에 차운한 시이다.

〈삼가 숙묘(肅廟)의 〈추야(秋夜)〉 신장(宸章)에 차운하다〔敬次肅廟秋夜宸章〕〉

궁궐에 막 비 내리고 나니	禁園新雨後
새벽이슬이 고당에 맑구나.	星露淨高堂
고목엔 가을 소리가 늦어 가고	古木秋聲晩
일천 문호엔 밤빛이 길기만 하네.	千門夜色長
경서는 온통 스스로 해득하느라	經書渾自得
종루는 아득히 잊어버렸네.	鐘漏逈相忘
촛불 돋우니 날이 새 가는데	剪燭天將曙
조용히 칠월장을 읊노라.	微吟七月章

수련은 비가 막 개인 뒤 궁궐이 깨끗하게 씻긴 모습을 담담하게 잘 묘사하였다. 함련에서는 가을밤의 맑은 정취를 읊으며 시제인 추야를 풀이하였다. 백거이(白居易), 위장(韋莊) 등 당시에서 흔히 대구로 표현되는 시어를 쓴 것에서 습작기의 흔적을 읽을 수 있다. 경련에서는 정조가 밤늦게까지 시간 가는 줄 모르고 경서 공부에 전념하는 모습을 읊었다. 그리고 미련에서 경전을 읽다가 새벽에 이르렀음을 말하면서 조용히 '칠월장(七月章)'을 읊조린다고 하였다. '칠월장'은 《시경》 〈빈풍(豳風)〉의 한 작품 이름이다. 주공(周公)이 농사의 어려움을 성왕(成王)에게 알리기 위해서 선조인 후직(后稷)과 공류(公劉)의 교화를 들어 시를 짓고 국왕이 농사와 백성의 중요성을 알도록 한 것이

다. 정조가 조용히 칠월장을 읊는다고 한 것은 일차적으로는 그가 국가의 근간이 되는 농업에 관심을 둔다는 것이고, 나아가서는 백성의 생업에 관심을 기울이겠다는 의미로 해석할 수 있다.

이 장에서는 문학을 좋아하는 소년이었던 정조가 국왕의 후계자로서 대명의리와 성리학적 세계관을 내면화하면서 백성과 나라를 생각하고 경세 의지를 다져가는 모습을 정리하였다. 정조는 세손 시절 남유용 등 노론 학자들의 영향을 받아 문학관을 형성하였고, 시를 보는 관점, 고문을 보는 관점이 당대의 지배적인 시교설, 고문론과 일치하는 면이 크다. 이러한 정조의 세손 시절 문학관 형성을 문장 수련과 지배 이념의 내면화로 이해할 수 있다.

2.
근위 세력의 결속

정조가 외척 세력과 대립하면서 고단한 세손 시절을 보낸 것은 주지의 사실이다. 이러한 처지에서 정조는 문학을 통해 후계자로서의 정통성을 지켜갔다. 세손 시절 정조의 작품 중에는 시강원의 관료들에게 준 한시와 편지들이 다수 존재한다. 주 내용은 학문에 관한 질문과 토론, 그리고 시강원 관료들에 대한 관심과 배려이다. 본 장에서는 이러한 정조의 글쓰기를 후계자로서 근위 세력을 결속하기 위한 행위로 파악하고 이에 대해 논의하려고 한다.

정조의 시문을 보면 세손의 고단한 처지에서 시강원이나 익위사의 관원들에게 정을 표한 작품이 종종 있다.

〈계방의 김기대가 과거 급제한 것을 축하하다〔賀桂坊金基大登科〕〉

황갑으로부터 몇 번째에 호명이 되었습니까?	黃甲唱傳第幾名
나는 유독 걱정이 즐거움보다 더합니다.	獨余憂意勝歡情
더구나 지금 그대 숙부도 금방(金榜)에 연명됐으니	况今阿叔聯金榜

모름지기 일념으로 자만을 경계하십시오. 一念須存戒滿盈

김기대(金基大)의 본관은 청풍(淸風), 자는 백풍(伯豊), 호는 복암(伏庵)이다. 김시묵의 아들로 정조와 처남매부지간이다. 1768년 알성시에서 병과 2위로 합격하였다. 알성시 합격자 10명 가운데 5위의 성적이었다. 당시 그는 31세로 익위사 위수(衛率)로 재직 중이었고, 정조는 17세였다. 정조는 그의 합격 소식을 듣고 기쁨보다 걱정이 앞섰던 것 같다. 그가 비록 익위사 관원이었지만 왕실의 인척이었기에 정치적 사건에 휘말리게 될까봐 걱정했던 것이다. 당시 김기대의 숙부 김치묵(金峙默)도 같은 해인 1768년 진사시에 합격했기 때문에 정조가 처가를 걱정하는 마음을 축하의 뜻과 함께 담아서 보냈던 것이다.

위 시는 궁료이자 인척인 김기대에게 은밀한 정을 표한 작품이지만, 정조는 인척 외에도 숙직하고 있던 도위(都尉)에게 시를 지어 보여주며 차운하기를 요구하기도 하고,[11] 시강원 관원에게 시를 보내서 화답을 구하거나 시회를 열고 수창(酬唱)하기도 하였다. 이러한 활동은 정조 개인의 순수한 문학 활동이라고 볼 수도 있겠지만, 세손으로서 본인의 문학적 능력을 보이고 시회와 수창을 통해 그들의 마음을 얻으려는 근위 세력 육성책의 일환으로 해석할 수 있다.

〈제주도의 귤이 막 이르렀기에 한 쟁반을 궁료에게 보내고 인하여 화답시를 요구하다(瀛果初到 玆送一盤于宮僚 仍求和章)〉

둥글둥글 신령한 과일은 신선의 단약 같은데 團圓靈果似仙丹

11) 《홍재전서》 권1, 〈서시직숙도위요차(書示直宿都尉要次)〉, 262-23.

멀리 바다로부터 왔는데도 맛이 시지 않네. 遠自重溟味不酸
오늘 특별히 내린 것은 뜻이 있어서이니 此日特宣知有意
제군들은 다투어 늦은 향기를 취해보시게. 諸君爭取晩香看

정조는 귤을 내리면서 화답시를 부탁하였다. 이후에도 종종 시강원 관료들에게 귤을 내리며 시를 지어 보냈다. 당시는 귤이 귀해서 제주도에서 귤이 올라오면 성균관 유생을 대상으로 황감시(黃柑試)를 열었다. 사람들은 귤의 원산지가 중국 남방 동정호(洞庭湖)라고 생각했고, 귤의 진액이 장수에 도움이 된다고도 생각했다. 정조는 밤늦게까지 강학을 함께 한 관료들에게 귤을 보내며 각별한 마음을 담아 시를 지었다.[12] 귤을 보내면서 정조는 본인이 시강원 관원을 각별하게 생각한다는 뜻을 알아주기를 바랐다. 정조가 시강원 관료들과 시회를 열면서 문학으로 신하들과 결속을 다지는 모습은 연구시(聯句詩)에서 잘 드러난다.

〈또 빈료들과 연구를 읊다〔又與賓僚聯句〕〉

조공 바친 귤이 멀리 한라 고을에서 왔는데 厥包遙自漢挐鄕
금색 보자기에 봉해 오니 누런빛 일색이로다. 金帕封來一色黃
【이상은 동궁(東宮)이 지은 것이다.】 【睿製】

우 임금 천하엔 창해의 조공이 다 돌아가고 禹服皆歸滄海貢
한나라 조정엔 동정의 향이 늘 진열되도다. 漢廷常旅洞庭香

12) 《홍재전서》 권2, 〈귤(橘)〉, 262-30.

【이상은 신(臣) 서명응(徐命膺)이 지은 것이다.】 【臣命膺】

충성 지극한 풍속은 하늘가의 노를 저어 오고 傾葵俗引天邊棹
토산물 담은 광주리엔 지경 밖 서리가 올랐네. 執壤筐登域外霜
【이상은 신 이진형(李鎭衡)이 지은 것이다.】 【臣鎭衡】

거친 지식은 집현전 학사 아님이 부끄럽고 鹵學慚非賢殿士
동궁의 시는 참으로 현릉의 시에 걸맞도다. 离詞允協顯陵章
【이상은 신 이숭호(李崇祜)가 지은 것이다.】 【臣崇祜】

특별한 은혜로 향설이 쌓인 걸 다투어 보노니 爭看異渥堆香雪
융숭한 포양이 날강에 미침을 입기가 부끄럽네. 媿荷隆褒及辢薑
【이상은—원문 빠짐—지은 것이다.】 【缺】

궁중 음식엔 지금 보과가 오르거니와 宮膳如今登寶果
신선의 방약엔 예로부터 경장을 꼽았다오. 仙方終古數瓊漿
【이상은 신 오재소(吳載紹)가 지은 것이다.】 【臣載紹】

태학에 향기로운 과일 반포하니 주나라 선비가 진작되고 香頒璧水周髦造
주상께 좋은 맛 올리니 순 임금 생각이 늘 나네. 味薦茅宮舜思長
【이상은 동궁이 지은 것이다.】 【睿製】

오늘은 뭉게구름이 성대히 피어오르는데 是日蓬雲騰靄靄
올 때엔 푸른 갈대 이슬이 서리로 변했네. 來時蒹露變蒼蒼

【이상은 신 서명응이 지은 것이다.】 【臣命膺】

주연에선 긴 밤 내내 문묵을 보좌하고	青筵永夕陪文墨
어전에선 새벽부터 수상을 엄연히 차리도다.	黼座淸朝儼繡裳
【이상은 신 이진형이 지은 것이다.】	【臣鎭衡】
감귤의 둥근 모양은 땅을 상징하였고	珠實團圓形象土
금빛의 찬란함은 상률에 부합되도다.	金光璀瓅律符商
【이상은 신 이숭호가 지은 것이다.】	【臣崇祜】
바야흐로 동궁의 학문은 삼주를 힘쓰는데	時方睿學勤三晝
하늘의 어진 마음은 또 일양에 속하였네.	天又仁心屬一陽
【이상은 ―원문 빠짐― 지은 것이다.】	【缺】
이제부터 동루에 훌륭한 일 전해져서	從此銅樓傳勝事
금 쟁반 과일 시종신과 함께 맛보도록 허락하시네.	金盤共許侍臣嘗
【이상은 신 오재소가 지은 것이다.】	【臣載紹】

이 시는 세자시강원 관원들과 귤을 나누고 연회를 열면서 연구의 형식으로 지은 작품이다. 연구시는 한 무제(漢武帝)가 백량대(柏梁臺)에서 신하들과 함께 시회를 열었던 고사에서 유래한 시체이다. 여러 사람이 시구를 읊어 한 편의 시를 만드는데, 본디 매구(每句) 압운(押韻)하고 대우(對偶)를 이루었으나 후대에는 격구(隔句) 압운하기도 하였다. 모두 12연 24구이다. 전반부 12구는 시의 중심 소재인 귤을 중심으로 시상을 전개하였다. 먼 제주도에서 공물인 귤을 바치는 것은

임금의 덕화가 펼쳐진 징험이었다. 이것을 하사받은 신하들은 임금의 은혜에 감격하였다. 이러한 상황을 시에서 전고를 활용하여 풀이하였다. 후반부에서 정조는 황감시를 실시하고, 영조에게 귤을 바친 것을 언급하면서 영조의 검소한 생활을 '모궁(茅宮)'이라는 순 임금 고사와 연결시키며, 순 임금과 같은 이상 시대가 성취되기를 바랐다. 서명응은 정조의 시상을 계승하여 귤이 공물로 올 때의 상황을 이야기했고, 이진형은 정조가 주연에서 강학할 때 문묵으로 보좌한 일, 조정의 행사에 엄숙하게 참여한 일을 언급했다. 이숭호는 다시 귤 이야기와 절기 이야기로 대구를 맞추었고, 이름을 산삭(刪削)하여 누군지 모르는 시강원 관원은 정조가 학문에 부지런히 정진한 일을 언급하였다. 오재소는 동룡루(銅龍樓), 즉 동궁에서 귤을 나누어준 일을 성대한 고사라고 칭송하면서 시를 맺었다. 전체적으로 세손과 시강원 관료들이 귤을 소재로 연구를 지으면서 세손 정조는 영조의 덕과 태평성세를 칭송하는 내용을, 관료들은 세손의 학문 태도와 지우지감을 노래한 것으로 평가할 수 있다. 정조는 세손 시절부터 이렇게 연구시를 통해 군신 간의 소통과 화합을 모색하였다. 이러한 연구시 수창은 훗날 즉위 후에도 계속되어 국가의 공식 행사의 의미를 밝히고 국가의 화합을 선전하는 데 널리 활용되었다. 정조는 그 결과물을 훗날 48권의 갱재축(賡載軸)으로 정리했다.[13]

이와 같은 군신 간의 시 수창은 정조가 세손 시절부터 측근 세력을 육성하는 방법으로 활용되었으며 정조의 치세 연간까지 확장되었다.

13) 이 시회에 참석한 시강원 관원 가운데 이진형은 정조가 친구처럼 생각했던 핵심 인물로 홍국영과 함께 보덕으로서 세손을 보호하는 데 힘썼다. 이숭호는 사도세자의 시강원 설서를 지낸 적이 있고 경학에 밝았다는 평을 받았다. 오재소는 오원(吳瑗)의 아들이다. 《홍재전서》 권22, 〈증예조판서이진형치제문(贈禮曹判書李鎭衡致祭文)〉, 262-310, "予從貳邸 得卿爲友".

국왕 또는 세자가 신하들과 시를 수창하는 것은 신하로서는 대단히 영광스러운 일이다. 한편으로 이것은 군주가 자신의 의중을 시로써 넌지시 알리고 이에 부응할 것을 요구하는 행위라고 할 수 있다. 정조는 군신 간의 시회를 통해 학문과 문학을 진작시키고, 동시에 군신 간 결속을 강화하여 측근 세력을 육성했다.[14]

정조는 측근에게 시를 지어주면서 자신의 속내와 개인적인 정을 드러냈는데, 이것은 젊은 시절 의지할 바를 찾고자 했던 솔직한 심정이 드러난다는 점에서 주목할 만하다.

〈어떤 사람에게 주다(贈人)〉

갠 하늘 화창한 날에 아지랑이 일렁이고	晴天麗日動遊絲
경치가 사람에게 아양 떠니 모든 것 시로 읊조릴 만하네.	景物媚人摠可詩
동호(銅壺)에 물시계 소리 늦도록 이치를 관찰하고	漏永銅壺觀理夜
태액지 맑은 물결 곁에서 경전을 강학한다네.	波淸太液講經時
약간 취해서 가느다란 차 끓이는 연기를 언뜻 즐기고	微醺乍喜茶烟細
오래 앉았다가 도리어 학을 따라 걸음을 옮기네.	久坐還隨鶴步移
춘명문(春明門) 밖의 길을 슬피 바라보니	悵望春明門外路
그대 보이지 않아 그리움이 배가 되는구려.	思君不見倍吾思

자신을 측근에서 보좌하던 신하가 곁을 떠나자 보낸 시로 추정된다. 수신자에 대한 세손 정조의 그리움이 담뿍 표현되어 있는 작품이

14) 정조 연간 군신 수창에 대해서는 백승호, 2016, 《정조의 신하들》, 장서각 참조.

다. 수련은 봄날이라는 이별의 시점을, 함련은 관물찰리(觀物察理)와 강경(講經)으로 자신의 강학 상황을, 경련은 술과 차, 산보로 정조의 일상을 전했고, 미련에서 도성 밖에 나가 있는 상대를 그리는 자신의 마음을 읊었다. 이와 같이 정조가 측근에게 자신의 마음을 표현한 시는 〈영남으로 가는 어떤 이를 전송하다(送人嶺南 二首)〉, 〈궁관 정민시가 묘향산으로 유람 가는 것을 전송하다(送宮官鄭民始遊香山)〉 등 여러 편이 있다. 그 가운데 아래 작품은 세손 시절 정조의 고단한 처지와 고민을 토로한 작품으로 주목할 만하다.

〈시를 읊어 어떤 사람에게 보이다(唫示或人)〉

산 빛은 짙푸르고 저녁 남기 떠 있는데	山光凝碧夕嵐浮
온종일 작은 누각에서 이리저리 배회하네.	盡日逍遙有小樓
불우한 시사에 대해선 세 겹으로 입을 봉하고	蹉跎時事三緘口
덧없는 세월은 한 번 머리 돌린 사이에 지나갔네.	荏苒年華一轉頭
바둑알과 처마의 종은 똑같이 낙락한데,	棊子簷鐘同落落
성긴 구름 가는 비는 둘 다 유유하네.	疎雲淡雨兩悠悠
무슨 일로 자다 깨면 읊조림을 즐기다가	睡醒何事耽唫詠
시 이루면 다시 깊은 낮 꿈에 젖어드는고.	詩就還他午夢幽

시를 받은 '어떤 사람'이란 아마도 홍국영(洪國榮)이나 이진형처럼 정조를 측근에서 수행한 궁료일 가능성이 높다. 시의 내용은 세손의 고단한 처지와 답답함이다. 수련 상구에서 산 빛과 남기를 읊은 것은 수련 하구에서 하루 종일 조그만 누각을 배회할 수밖에 없는 동궁 자신의 처지와 대비하기 위함이다. 수련에서 함부로 움직일 수 없는 신

체적인 제약을 읊었다면, 함련에서는 시사에 대해 함부로 말할 수 없어서 말조심하는 가운데 불현듯 세월이 흘러갔다는 마음의 좌절을 읊었다. 아마도 정후겸, 홍인한 등 척신 세력들에게 당했던 본인의 고단한 상황을 의미할 것이다. 경련은 그러한 상황 속에서 본인이 느끼는 막막한 심정을 경물에 담아서 표현했고, 미련에서는 좌절에 대한 소극적인 대응으로 시를 짓고 잠에 의탁하는 심정을 언외에 담아서 시를 마무리하였다. 정조가 솔직한 심경을 토로했다는 점에서 주목할 만하다. 정조는 측근이 외방에 사신으로 나가면 시문을 주어 보냈는데, 다음도 한 예이다.

〈사명을 받들고 봉성(鳳城)에 가는 사람을 보내는 서〔送人奉使鳳城序〕〉

> 전일에 그대가 나에게 글을 주었습니다. 그것은 대체로 나를 성(誠)으로써 면려(勉勵)하는 뜻을 서술한 것이었습니다. 내가 지금 그대를 작별함에 있어 내가 어찌 유독 그대와 작별하는 회포를 서술하지 않을 수 있겠습니까. ……
> 내가 말로써 그대를 전송함에 있어서는 그 뜻이 저기에 있지 않고 여기에 있습니다. 지금 성상께 하직 인사를 하고 서로 작별을 하고 나면, 바람에 휘날리는 나그네 깃발이 갈수록 더욱 멀어져서 마치 쉴 새 없이 동서(東西)로 끝없이 흘러가는 물과 같아서, 그대의 목적지까지 다 가자면 산을 넘고 물을 건너서 485리 밖까지 이르게 될 것입니다. 그런데 나는 깊은 궁궐의 동궁에 편히 있거니와, 그대는 고을에 들어가서는 주색(酒色)에 상하고 길에서는 풍우(風雨)에 젖을 것인데, 내가 어찌 감히 사치하고 편히 즐기는 입장에서 그대를 위로할 수 있겠습니까. 비록 그러하나, 오직 몸을 위해 절제하고 신중할 것을 경계하고, 나랏일을 단단히

할 것을 거듭 당부하고, 또 이어서 밥을 많이 먹고 속히 돌아오기를 권면하노니, 이것이 바로 그대를 전송하는 말이라 하겠습니다.[15]

전송하는 서문(序文)의 문장이 매우 애틋하고 감정 표현이 직접적이다. 이와 같은 송서, 송시의 태도는 훗날 즉위 이후에도 규장각 각신이 외직으로 나아갈 때 송시를 써 주는 관례로 발전했다. 그 사례는《홍재전서》곳곳에 보이는 김종수(金鍾秀), 정민시 등에게 내려준 시에 자세히 보인다. 그리고 정조가 이것을 하나의 규례로 인식하고 그들에게 시를 주어야 한다고 본인이 언급한 바 있다.[16]

정조가 시문을 통해 측근에게 자신의 좌절과 고민을 은밀히 비추기도 했지만, 동시에 그들에게 본인이 세손으로서 적합한 학식과 인품을 가졌음을 보이기도 했다. 다음 인용하는 작품은 정조가《자치통감강목(資治通鑑綱目)》의 강독을 마치고 시강원 관료들에게 보인 시이다.

〈《강목(綱目)》의 강을 마치던 날 석상에서 율시 한 수를 읊어 빈료들에게 받들어 보이다〔綱目訖講日 席上唫成一律 奉示賓僚〕〉

십 년 가까이 책 한 질의 공부를 마치고 나니	一帙工夫十載侵
자양(紫陽) 선생의 은미한 뜻을 개중에 찾았노라	紫陽微旨箇中尋
자세히 강론한 것은 어찌 단지 문학 때문이었겠는가?	細論奚但爲文學

15) 〈사명을 받들고 봉성에 가는 사람을 보내는 서〔送人奉使鳳城序〕〉, 262-56, "誰昔之日 子以文贈我 蓋叙勉我以誠 而我今別子 我烏獨不叙別子之懷耶 …… 我之送子以言者 意不在彼在乎斯今夫辭陛而分手 獵獵行旌 愈往而愈遠 如水之渾渾然東西而不能舍焉 極子之所至 踰嶺涉水 以臨四百八十有五里之外矣 我則在於深宮重离之肆 子之在邑而酒色 在途而風雨 我何敢以佚驕勞夫雖然矣 惟戒之以節慎 申之以靡鹽 而繼以加餐焉 遄歸焉 勉之者 斯其爲送子之言也".

16) 국립고궁박물관, 2011,《정조어찰(正祖御札)》, 국립고궁박물관.

묵묵히 알아 도리어 고금을 거슬러 올라갈 수 있어서라네.

默識還能溯古今

포폄은 원래《춘추》의 의(義)에서부터 시작되었고	衮鉞元從麟史義
귀감과 경계는 또한 평소의 마음을 신칙(申飭)한다네.	鑑衡仍飭燕閒心
얼마나 다행인가, 빈료들이 절차탁마 힘써 줬기에	賓僚何幸勤磋琢
옛것 익히고 새것 알아 맛이 더욱 깊구나.	溫故知新味更深

주지하다시피,《자치통감강목》은 주희(朱熹)가《자치통감》을 강목체로 다시 편찬한 역사서이다. 비록 주희 생전에 완성되지는 않았지만 주희의 역사관이 투영된 책으로, 엄격한 정통론에 입각하여 역사에 대한 포폄을 투철하게 반영한 책이다.《춘추》의 경과 전의 체계를 따라서 강과 목으로 편차하였다. 약 100책에 달하는 거질이었는데, 수련에서 10년 동안 강독했다고 하였으므로 정조가《강목절요》가 아닌《자치통감강목》전체를 면밀하게 읽고서 주자의 이러한 역사관에 공감했다고 볼 수 있다. 또한 함련에서는 그가 문장 수련을 위해서뿐만 아니라 고금의 역사에 대해 깨닫는 바가 있기에 이 책을 읽었다는 학습의 목적을 밝혔다. 경련에서는 이 책의 본질이 이른바 '춘추필법(春秋筆法)', 즉 "화곤(華衮)보다 영광스러운 것은 곧 한 글자의 포양(褒揚)이요, 부월(斧鉞)보다 엄한 것은 바로 한 글자의 폄척(貶斥)이다〔榮於華衮 乃一字之褒 嚴於斧鉞 乃一字之貶〕."라는 것을 밝히고, 자신이 평소 이 책을 통해 귀감과 경계로 삼을 것을 찾았다고 했다. 미련에서는 이 모든 강학의 결과가 시강원 관료들이 보도(輔導)한 노력 때문이라고 그들을 치하하였다. 위 작품에서 정조는 자신이 세손으로서 적합한 학문적 수련을 거쳤고 역사의 교훈, 학문의 깊이와 재미 등을 얻은 사람임을 문학적으로 드러내어 본인의 입지를 확고히 하기 위해

시를 활용하고 있다. 이것은 세손 정조가 세손으로서의 정체성을 확립하고 정당성을 문학적으로 실천해 보인 사례라고 하겠다. 이와 같은 예는 시강원 관원들이 투호를 즐기기에 이진형에게 보낸 〈투호명(投壺銘)〉[17], 빈객 조명정, 서명응 등에게 수차례 보낸 경전과 역사를 논한 편지들을 통해서도 확인할 수 있다.[18]

마지막으로 정조는 이 시기 궁료들과 함께 서적을 편찬하였는데, 그 과정에서 본인의 강학과 학문적인 진전을 보였고, 편찬 과정에서 궁료와 함께 노력하는 모습을 보였다. 《삼경사서정문(三經四書正文)》을 편찬하면서 그 과정을 정리한 글을 살펴보기로 한다.

《주역》 2권, 《서경》 2권, 《시경》 2권, 《대학》 1권, 《중용》 1권, 《논어》 1권, 《맹자》 1권이다. 을미년(1775)에 내가 강관(講官)에게 유시하기를, "삼경 사서(三經四書)에 대해서는 해석한 것이 많아서, 혹은 전(傳), 혹은 소(疏), 혹은 전(箋), 혹은 해(解), 혹은 학(學), 혹은 주(註)라 하여 마치 《주역》에 십익(十翼)을 나누어 소속시킨 것과 같다. 그래서 마치 《서경》에 순전(舜典)이 없이 요전(堯典)만 있고 우서(虞書)가 없이 하서(夏書)만 있는 것과 같으며, 마치 《시경》의 이남(二南)을 남(南)이라 하지 않고 풍(風)이라 한 것과도 같아서, 분잡하게 서로 시비(是非)를 다투듯 하는 가운데 재적(載籍)만 방대해졌다. 《중용》, 《대학》, 《논어》, 《맹자》의 경우는 《영락대전(永樂大全)》에서 약간 필삭(筆削)의 의의를 두기는 했으나, 제가(諸家)의 훈고(訓詁)의 경우는 아직도 헷갈리는 탄식이 많다. 그러니 지금 만일 마치 석경 고문(石經古文)과 같이 정문(正文)만을 간행 반포하

17) 《홍재전서》 권4, 〈투호명(投壺銘)〉, 262-63.

18) 《홍재전서》 권3, 〈빈객에게 답하다〉, 여러 편.

여 정현(鄭玄) 이전의 체재(體裁)로 만들어놓는다면, 또한 경생 학사(經生學士)들이 깊이 생각하고 힘써 연구하는 데에 일조가 될 수 있겠다."고 하였다. 모두들 "그렇습니다."라고 하였다. 이에 궁료 유의양(柳義養) 등과 함께 잘못된 것들을 살펴 정정하여 활자로 간행하는 바이다.[19]

정조는 1775년 사서삼경의 정문(正文), 즉 경에 해당하는 원문만을 모두 모아서 총 5책의 《삼경사서정문》이라는 책을 만들었다. 정조가 이렇게 경전의 정문만을 별도의 책으로 편찬한 것은, 정문만을 엄중하게 다시 책으로 낸다면 번다한 주석에 현혹되어 경전의 본지가 가려지는 일 없이 경학의 본의를 깊이 연구할 수 있게 될 것이라고 생각했기 때문이다. 그런데 이 글의 말미를 보면 그 과정에서 '궁료 유의양 등과 함께' 교정을 했다고 하였다. 《삼경사서정문》의 구체적인 편찬 과정을 알 수는 없지만, 즉위 후 《사부수권(四部手圈)》을 편찬하는 과정에서 이만수에게 보낸 어찰이 있어서 그 대강의 사정을 짐작할 수 있다.[20] 정조는 이만수와 여러 차례 서신을 주고받으면서 편찬 지침을 정하고, 구체적인 방법, 심지어는 수권(手圈)에서 권점과 비점을 찍는 방법까지 하나하나 지시하였다. 물론 중간 과정을 확인하는 것도 빼놓지 않았다. 정조와 이만수 모두에게 상당한 작업량이었고, 군신 간의 공동 작업이었다.[21] 그 과정을 통해 군신 간에 학문적으로 긴밀한 소통이 이루어졌고 학문 역량도 배가되었을 것이다. 이 밖에

---

19) 《홍재전서》 권4, 〈경서정문에 대한 연기〔經書正文緣起〕〉, 262-67, "易二卷 書二卷 詩二卷 大學一卷 中庸一卷 論語一卷 孟子一卷 乙未 余諭講官曰 三經四書 釋之者多 或曰傳 或曰疏 或曰箋 或曰解 或曰學 或曰註 如易之十翼之分屬也 如書之無舜典而有堯典 無虞書而有夏書也 如詩二南之不曰南 而曰風也 紛若聚訟 載籍隨博 庸學語孟 則永樂大全 稍存筆削之義 然如諸家訓詁 尙多迷津之歎 今若秪取正文刊布 如石經古文 而得康成以前體裁 則亦可爲經生學士深思力究之一助 僉曰然 乃與宮僚柳義養等 勘誤訂訛 以活字印行".

20) 정조, 《정묘어찰(正廟御札)》, 국립중앙도서관 소장본.

도 정조가 읍취헌(挹翠軒) 박은(朴誾)의 일시(逸詩)를 찾아서《읍취헌집(挹翠軒集)》을 새로 만드는 과정에서도 시강원 관료들과 긴밀한 작업이 있었음이《군서표기(群書標記)》를 통해 확인된다. 또한 주자서를 교열하고 훗날《주서백선(朱書百選)》을 편찬하는 데 기초 자료를 마련한 신하들에 대해서도 다음과 같이 언급한 바 있다.

> 지난 정해년(1767, 영조 43)에《주자대전(朱子大全)》과《주자어류(朱子語類)》를 계방(桂坊)의 아무개 아무개에게 나누어주어 그 장구(章句)를 정하고 그 의심스러운 뜻을 해석하고 그 언해와 구두를 기록하도록 하였는데, 처음 시작해서 마지막까지 수년이 걸려서야 일을 마치게 되었다. 그 당시 이 일에 참여한 사람은 이관(李灌), 한용화(韓用和), 박사형(朴師亨), 이겸진(李謙鎭), 심정진(沈定鎭), 안정복(安鼎福), 임정주(任靖周) 등 여럿이었다. 그 이후 갑오년(1774, 영조 50)에는《주자서절요(朱子書節要)》를 빈객 조명정(趙明鼎), 궁관 이의준(李義駿)이 전적으로 관장하여 정해년에 이미 정한 본(本)으로 교열하였다. 근래에는 또《주서백선》을 인쇄하여 간행한 본(本)이 있는데, 30년 전에 편찬하여 교감한 것을 가지고 거듭 교정하여 기록해서 오늘 비로소 일을 마치고 가져와 바쳤으니 매우 귀한 일이다. 부사과 이술원(李述源)을 3품의 내직(內職)에 의망하라. 옛 신료인 이술원 외에는 이 사람밖에 없는데, 연전에《주서백선》을 인쇄할 때 취사선택하는 과정에도 참여한 바 있었다. 뜻을 보이는 바에 있어 지금 어찌 한 사람에게는 하고 한 사람에게는 하지 않을 수 있겠는가. 행 부호군 한용화(韓用和)도 현재 비어 있는 좌이(佐貳)의 자리에 의망하

---

21) 정조는 이만수 외에도 각각의 전문과 인연에 따라 제서의 수권의 발문을 요청하는 편지를 보낸 적이 있다. 편지의 수신자는 김종수, 채제공 등이다.《홍재전서》권56, 〈네 분 재상과 문형에게《수권》의 발문을 부탁하는 글(求諸圈跋語於四閣相及文衡)〉.

도록 하라.[22]

이밖에도《자양자회영(紫陽子會英)》등 시강원 신료들이 교열 수준에서 참여했다고 언급한 책들의 경우에도 위에서 언급한 예에 비추어볼 때 상당 부분 신하들과 공동 작업을 진행했다고 보는 것이 옳을 것이다. 그럼으로써 정조는 본인의 학문적 역량을 증진시키는 동시에 신하들에게는 세손의 학문적 능력이 국왕의 후계자로서 손색이 없음을 각인시키는 부차적인 효과를 거두었다고 본다.

이 장에서 살펴본 정조의 시문들 중에는 그가 인간적으로 고뇌하고 물리적으로나 정치적으로 운신의 한계가 있는 자신의 처지를 답답해하는 면모를 보인 작품도 있었다. 그러나 동시에 연구시 또는 빈객에게 보인 시나 편지와 같이, 시강원의 신료들과 함께 문학을 통해 교유하고 자신의 정당성을 문학으로써 확인하는 작품도 있었다. 또한 군신 간의 학문적 소통도 확인할 수 있었다. 이와 같은 정조의 문학 활동은 훗날 즉위할 때 자신을 지원할 근위 세력을 결속하는 과정이었다고 하겠다.

22) 《홍재전서》 권35, 〈소학주해의 의례를 교정하라는 하교〔小學註解義例校正教 附註 副司果李述源 副護軍韓用和陞擬教〕〉, 263-13b, "往在丁亥間(1767) 就朱子大全語類 分與桂坊某某人 定其章句 釋其疑義 錄其諺讀 首尾數年 而工告訖 其時與是事者 李灌 韓用和 朴師享 李謙鎮 沈定鎮 安鼎福 任靖周等諸人 而其後甲午節要書 將丁亥已定之本 賓客趙明鼎 宮官李義駿 專管考校 而近又有御定百選印行之本 復以三十年前編勘者 重加訂錄 今日始竣役來呈 事甚貴矣 副司果李述源 擬三品內職 舊僚李述源外 只有此人 而年前取捨於選印也 亦與聞 其所示意 今豈可一爲一否乎 行副護軍韓用和 亦擬佐貳見窠".

3.

개인 기록의 정치 문서화

세손이라는 정치적 위상을 고려할 때 정조의 시문은 개인의 창작물인 동시에 언제나 국가적인 사안으로 부각될 수 있는 국가적인 기록물이기도 하다. 본 장에서는 정조가 남긴 《존현각일기(尊賢閣日記)》를 분석하여 일기문학으로서의 특성을 살피는 한편, 정조가 이를 《명의록(明義錄)》에 수용하면서 어떠한 성격의 기록을 일기에 수록하여 그것을 정치 문서화하였는지 밝히고자 한다.

《명의록》은 정조 즉위 후 즉위의 정통성을 천명하고 대리청정을 방해했던 세력의 죄상을 밝히기 위해서 출간한 책이다.[23] 이 책은 맨 앞에 정조의 일기인 《존현각일기》, 그 다음에 정조가 본인의 입장을 공표한 〈어제윤음(御製綸音)〉, 그리고 신료들이 연명해서 올린 차자(箚子)와 전문(箋文), 홍국영의 상소, 마지막으로 사건의 객관적 기록과 처리 과정을 담아 상·하권으로 편차되어 있다. 즉 이 책은 개인의 일

23) 박광용, 2006, 〈해제〉, 《명의록》, 민족문화추진회. 명의록의 정치적 의미에 대해서는 김백철, 2016, 〈정조 초반 《명의록》과 왕권의 위상〉, 《대동문화연구》 95, 성균관대학교 대동문화연구소 참조. 이 장에서는 《명의록》의 문학적 특징을 집중적으로 논의하도록 한다.

기를 바탕으로 이를 공론화하는 공표의 과정을 거쳐 대소 신료들의 입장 표명을 문서로 적어내고, 끝으로 사건의 전말을 밝히는 순차로 구성되어 있다.

보통 전통 시대의 일기는 현대의 일기처럼 비밀스러운 내면의 기록이 아니라, 필기(筆記)의 일종으로 그날그날 중요한 사건을 기록하는 것이다. 훗날의 공개를 생각하지 않는 것은 아니지만 그렇다고 해서 전면적인 공개를 전제로 쓰는 글도 아니다. 그런데 정조는 일기를 쓸 때부터 정치적인 기록으로 남겨 훗날을 도모하고자 한 의도가 분명하게 있었다.《홍재전서》에 나오는 다음 편지를 살펴보기로 한다.

〈궁관에게 주다〔與宮官〕〉

귀역(鬼蜮)의 무리가 날로 곁에서 엿보기만 일삼고 있으니, 일언일묵(一言一默)의 사이에 마음을 놓지 못하겠습니다. 이것은 비록 견디어 넘길 수 있으나, 다만 일상생활 속의 허다한 어려운 상황은 이루 다 기록하기도 어렵습니다. 비록 남김없이 다 말하고 싶기는 하나, 한갓 집사(執事)의 걱정만 끼쳐 드리게 됨을 어찌하겠습니까. 집사 또한 반드시 기거(起居)에 각별 유의하시어, 저 무리가 집사의 천심(淺深)을 엿보지 못하게 해야 합니다. ……
<u>일기(日記)는 요즘에도 중단하지 않고 아무리 잗단 일이라도 반드시 쓰되, 기밀(機密)한 일에 이르러서는 절로 자유롭지 못한 단서가 있기 때문에, 그 수미(首尾)를 기록하여 다만 잊지 않는 자료로 삼을 뿐입니다.</u>
저위(儲位)를 바꾸려고 꾀하고 저궁(儲宮)을 해치려고 꾀하는 계략이 남김없이 낭자하게 펼쳐지고 있으니, 어찌하겠습니까. 그러나 죽든 살든 한마음을 게을리 하지 않고 오직 '의리를 쥐고 이치를 밝히는 것〔秉義明

理)' 이 네 글자를 부적으로 삼는 것이 진실로 옳은 일이니, 어찌 많은 말을 할 것이 있겠습니까. ……[24)]

이 편지는 1776년 홍인한 등 외척 세력이 정조의 대리청정을 저지하던 긴급한 상황에서 시강원 관원에게 보낸 것인데, 받은 이는 정민시 또는 홍국영으로 짐작된다.《홍재전서》에 주로 정민시에게 궁관이라는 호칭을 많이 쓰긴 했지만, 수신인을 직접 밝히지 않았으니 단정할 수는 없다. 이 글을 보면 정조가 '일기'를 중단하지 않고 작은 일까지도 반드시 썼다고 하였다. 그리고 그 기록의 목적을 '수미를 기록하여 잊지 않는 자료로 삼을 뿐'이라고 밝혀 본인의 일기가 훗날의 정치적인 증거로 작용하기를 기대하는 창작 의도를 드러냈다. 또 궁관에게 자신이 일기를 중단하지 않고 사소한 것까지 기록하고 있다고 회신한 것으로 보아, 정조가 일기 작성 단계에서부터 신임하는 시강원 관원과 훗날을 함께 대비했음을 추측할 수 있다.

현재 규장각에는 정조의《동궁일기(東宮日記)》가 7책 낙질로 남아 있으나, 이는 시강원에서 강학한 일과와 강학 내용 그리고 매일의 일정을 기록한 공식적인 기록의 성격을 가진 일기이다. 정조의《존현각일기》는 일기의 집필 목적부터 정조가 신변의 위협을 느끼고, 훗날 정치 상황이 달라졌을 때 공개할 것을 전제로 개인 기록물을 정치 문서화한 결과물이라고 볼 수 있다.

---

24) 《홍재전서》 권3, 〈궁관에게 주다(與宮官)〉, 262-52, "鬼蜮之徒 日事旁伺 一言一默 不得放心 此雖耐過 但眠食之際 許多艱難之狀 難以殫紀 雖欲盡言 徒貽執事之憂惱 奈何 執事亦必各別留意於起居 使彼輩 毋得窺執事之淺深也 …… 日記近日亦不間斷 雖細必書 至於機密之事 自有掣肘之端 故錄其首尾 只爲不忘之資耳 謀易儲位 謀害儲宮之計 狼藉無餘 奈何 生死向前 一心不解 惟以秉義明理 爲四字符 斯固可矣 尙何多言".

> 이때 흉도들이 심복을 널리 심어 놓아 밤낮으로 엿보고 살펴 나의 동정 하나하나를 살피고 언행 하나하나를 모두 탐지해 위협할 거리로 삼았는데, 화완(和緩)은 궁궐 안에 있었기 때문에 더욱 심하였다. 나는 글로 적은 것은 비록 한때 읊조린 시작(詩作)이라도 혹 소매 속에 넣어두었으니, 책상 위에 놓아두면 반드시 틈을 봐서 찾아내본 뒤에 정후겸에게 전하여 부언(浮言)의 단서로 삼고 또 공갈할 거리로 삼았다. 그래서 사소하게 글을 짓는 일도 마음대로 하지 못하였다. 일기에 기록하는 것은 더욱 드러나서는 안 되지만 간신히 기억해내어 일찍이 기록하지 않은 것이 없었다. 대개 이렇게 핍박당하는 상황을 후세에 전하여 사람마다 다 알게 하지 않아서는 안 되기 때문이다.[25]

《존현각일기》 1775년 11월 27일자 일기이다. 이 글을 보면 정조가 일기를 기록한 목적을 크게 두 가지로 볼 수 있다. 첫 번째는 홍인한, 정후겸 등 외척 세력이 정조를 음해하려고 부언(浮言, 근거 없는 소문)을 만들어내고 있는데, 정조는 이에 대응하기 위해 사실에 근거하여 자신의 입장을 변론해야 했다. 부언은 정조의 말과 글을 단장취의(斷章取義)하여 확대하고 날조하는 양상으로 확대 재생산되었는데, 정조는 이를 매우 경계하며 일기 곳곳에서 자신을 변호하였다. 두 번째는 당시의 실상을 후대에 전하기 위함이다. 그 실상이란 세손 정조의 위상을 무시하고 왕위 계승 과정을 방해하며 정조를 핍박하는 것이

---

25) 김치인 외, 김경희·김광태 역, 2006, 《국역 명의록》, 민족문화추진회, 58쪽. 1775년 11월 28일 기사, "時凶徒廣布腹心 日夕伺察 余之一動一靜一語一默 無不探聽 以爲脅持之計 而和緩在內 故尤有甚焉 余凡於文字之間 雖一時吟詠之作 或藏之袖中 置之案上 則必俟間搜見 傳之厚謙 以此爲浮言之端 而亦以爲恐喝之資 故雖些小筆翰之事 亦不得任意爲之 日記所錄 尤不可宣露者 而艱辛記得 未嘗不錄者 蓋此迫隘之狀 不可不傳之來後 俾人人知之之意也". 이하 《명의록》 번역은 위 책을 따른다.

었다. 정조는 외척들의 권력 다툼에 치인 고단한 처지를 이렇게 적고 있다.

> 이때를 당하여 나는 한 몸뿐이라 저들의 말 한마디 한마디를 감히 그냥 지나치지 못하고 머리를 숙여 매우 애써 가며 명을 들었으니, 그 당류가 한마디 말을 하면 나는 "옳다" 하고, 한 가지 일을 행하면 나는 "좋다" 하였다. 잡고 놓고 주고 빼앗는 것이 전적으로 저들에게 달려 있었으니, 내가 두려워 겁이 나고 의심스럽고 불안하여 차라리 살고 싶지 않았던 마음을 상상할 수 있을 것이다.[26]

세손 정조가 외척 세력에 기가 눌려서 그들이 하는 말에 그저 동의할 수밖에 없는 처지였음을 절실하게 표현하였다. 자신이 겪은 마음고생을 '의심스럽고 불안하여 차라리 살고 싶지 않았던 마음'이라고 기록하면서, 정조는 이러한 모습을 후대의 독자가 상상해주기를 기대하였다. 자신이 겪은 고난과 불안한 마음을 기록하는 것이 불만의 토로가 아니라 훗날의 역사에 공표하는 것이었음을 염두에 둔 대목이다.

> 흥정당(興政堂)은 바로 내가 기거하는 곳인데, 처마 끝에 방울 줄을 달아 놓았다. 하나는 집경당(執慶堂)과 통하고 하나는 영선당(永善堂)과 통하게 되어 있는데, 영선당은 바로 화완이 거처하는 집이다. 정후겸이 하루 걸러 한 번씩 와서 그 어미를 만나게 되면 날이 저물도록 비밀히 이야기를 나누었는데, 어떠한 괴이한 말이 또 흘러들어올지 알 수 없었기 때문

---

26) 김치인 외, 위의 책, 8쪽, 1775년 5월 3일 기사, "當是時也 余則一身也 一言一辭 不敢放過 低頭聽命 猶恐不及 其黨出一言 則余曰諾矣 行一事 則余曰善矣 操縱予奪 專在於渠輩 則余之畏㤼危疑 寧欲無生之心 蓋可想矣".

에 나는 궁료를 만나고 있을 때라도 마음이 문득 요동치곤 하였다. 그럴 즈음 방울 소리가 나면 급히 "어느 곳의 방울인가?" 하고 물었는데, 곁에 있는 사람이 "영선당 쪽 방울입니다"라고 하면 나도 모르게 안절부절못하는 기색이 역력해졌다. 이는 궁료들이 일찍이 눈으로 직접 본 일이다. 아! 또한 슬프다.[27]

화완옹주의 양자 정후겸이 궁궐에 찾아와 자신을 음해하는 모의를 하지는 않을까 불안해하던 정조의 심정을 기록한 대목이다. 정후겸의 출입을 알아차리기 위해 문에 방울을 달고 조마조마하던 정조의 모습과 심경이 매우 자세하게 기록되어 있다. "마음이 문득 요동쳤다", "안절부절못하는 기색이 역력했다"는 대목에서 정조가 느꼈을 정신적 불안이 잘 드러난다. 그가 이렇게 불안해한 것은 정후겸 등이 자꾸만 악의적인 부언을 계속 생산했기 때문이다.

이 같은 말이 너무나 많아 내가 응답하기에 지쳤는데, 한나절을 쫓긴 상황을 다 기록할 수는 없고 분하고 답답한 것 몇 가지만 기록하였다. 이른바 말들이라는 것이 정후겸이 지어낸 것일 뿐만 아니라 모두가 저들의 꾸짖고 욕하는 말들이니, 그 말을 지어낸 죄를 따져보면 참으로 통탄스럽고 놀랍다.[28]

---

27) 김치인 외, 위의 책, 15쪽, 1775년 7월 11일 기사, "興政堂卽余起居之所 而簷角掛鈴索 一通集慶堂 一通永善堂 永善卽和緩所處之室也 厚謙間日來見其母則終朝密語 余則不知其何等怪奇之說 又爲流入 故雖對宮僚 心輒跳動之際 聞鈴聲出 則急問曰 何處鈴乎 傍人曰 永善鈴云爾 則余之氣色 自不覺其蒼黃 此則宮僚所嘗目覩者 吁亦慽矣".

28) 김치인 외, 위의 책, 33쪽, 1775년 10월 13일 기사, "似此等說 千言萬語 余疲於應答 半日迫隘之狀 不可盡錄 憤懣中只錄數條 而大抵所謂辭說 亦非特厚謙做出 無非渠輩詬罵之說也 究厥造言之罪 吁可痛駭也".

《존현각일기》 전반부를 살펴보면 정조를 가장 괴롭힌 것은 바로 근거 없이 지어낸 자신에 대한 악의적인 소문이었다. 이른바 근거 없는 낭설, 즉 "부언"이 조장되는데, 자신이 한 말에서 그 일부만 단장취의하여 과장하거나 왜곡한 것도 있고, 어떤 경우는 하지도 않은 말을 지어낸 것도 있었다. 정조는 일기 곳곳에서 이것을 해명하고 본래 일이 진행된 전후 사정이라든지 발언의 원래 취지를 밝히고 있다. 그리고 위의 인용을 보면 부언 때문에 한나절 동안 추궁 받은 상황을 "분하고 답답한 것 몇 가지만 기록한다."고 하여 그 억울한 심정을 토로하고 있다.

> 이때 여름부터 가을까지 또 가을부터 겨울까지 실컷 질리도록 들은 것이 부언이니, 부언은 곧 이른바 기기괴괴하게 지어낸 서연에서의 대화이다. 나는 본래 악(惡)을 미워하는 성질이 너무 지나쳐서 남의 악을 보면 나를 더럽힐까 여겨 피하려는 마음을 견딜 수가 없다. 그래서 그런 성질을 고쳐 보려고 노력하지 않은 것은 아니건만, 처음에는 내가 신하의 분수를 무시하는 흉도들의 마음을 분히 여겨 걱정하는 기색과 분노하는 뜻을 오히려 자제하지 못하였다. 다행히도 겸사서(兼司書) 홍국영이 비호하고 일깨워준 데 힘입어 그 이후로는 참는 공부에 힘써 부언과 잡담을 조금도 마음에 담아두지 않고 하루 이틀 이렇게 노력하니 점차 나아지는 것을 느꼈다. 저들은 또 내가 노력하여 참고 있는 것을 몰랐기 때문에 들은 부언을 나에게 모두 전하여 물었다. 그에 힘입어 보탬이 되는 공부가 더욱 매우 많았다. ……[29]

정조는 부언에 시달리면서도 점차 대응하는 방법을 익혀갔다. 시강원 관료들과 서연을 여는 것조차 주시되고 견제당하는 상황에서 정조는 처음에는 자신의 감정을 상대에게 여과 없이 드러내고 분노를 자제하지 못했다. 그러다가 나중에는 홍국영의 권고로 점차 감정을 절제하고 감추며 부언을 신경 쓰지 않게 되었다. 그러자 정후겸, 화완옹주 등이 부언을 확인하려고 정조에게 물어보았는데, 정조는 이를 통해 저들이 어떠한 음모를 획책하고 있는지 파악할 수 있었다. 그는 훗날 이 시기의 사건을 회상하면서 "지금 생각해보니, 그때 내가 감정을 드러내지 않은 것이 매우 다행스럽다."라고 하였다.[30] 세손 정조는 점차 감정을 숨기고 반대 세력의 만행을 비밀스럽게 기록하고 있었다.

> 대체로 홍인한은 나에게 외척이 되고 정후겸은 나에게 의친(懿親)이 되니, 속사정을 모르는 바깥사람들이 어찌 이 일이 이와 같은 줄 알겠는가. …… 저 흉도들은 비호하여 숨겨주지 않을뿐더러 천부당만부당한 기기괴괴한 부언과 거짓말을 날마다 지어내어 세상 사람들을 속여 혹하게 만드니, 이것은 이미 길 가는 사람도 다 알 수 있는 심보이다. …… 정후겸은 더욱 심하니, 눈으로 나를 쳐다보고 말로 나를 업신여기는 모습은 소경이나 귀머거리에게 보고 듣게 해도 분명히 알아차릴 수 있을 정도이다. ……[31]

---

29) 김치인 외, 위의 책, 38쪽, 1775년 10월 16일 기사, "時自夏徂秋 自秋徂冬 飫聞者浮言也 浮言卽所謂奇奇怪怪書筵酬酢也 余本疾惡之性太過 見人之惡 則不堪若浼之心 故非不欲加意於矯揉之工 而始也余憤凶徒無臣分之心 憂懣之色 憤怒之意 猶不能自制矣 幸賴兼司書庇護規警之力 從玆以後 勇於含忍之工 浮言雜談 一不掛心 一日二日 以此加工 漸覺進益 而彼輩亦莫知余意之在於含忍 故所聞之浮言 渠輩無不傳問於余矣 是以資益之工 益覺其甚多也".

30) 김치인 외, 위의 책, 49쪽, 1775년 11월 1일 기사, "到今思之 伊時余之不露辭氣甚幸".

31) 김치인 외, 위의 책, 66·67쪽, 1775년 11월 30일 기사, "大抵麟漢爲余外戚 厚謙爲余懿親 外人之不識裏面者 安知本事之如此乎 …… 而惟彼凶徒 不但不庇護而掩諱 以千不似萬不當怪怪奇奇之浮言虛說 日日做出 誑惑世人 則此已路人所知之心腸 …… 至於厚謙 尤有甚焉 目之視余 言之慢余 雖使瞽者見之聾者聞之 決無不曉之理也".

그리하여 정조는 홍인한과 정후겸의 만행을 위와 같이 요약적으로 언급했다. 둘 다 왕실의 외척으로 외부에서 보기에는 정조의 친위 세력처럼 보이고, 실제로 두 사람 모두 자신이 세손을 보호한다고 주장했다. 정조는 이것이 허울 좋은 구실이고 실제로는 그들이 자신을 음해하는 세력임을 위와 같이 기록해두었다. 그리고 자신을 핍박하는 그들의 모습을 그 구체적인 발언과 함께 장면화의 서술 방식으로 기록함으로써 정후겸 등의 불손함을 효과적으로 부각시켰다.

> …… 하루는 정후겸이 크게 떠들어대고 기세를 부리면서 내게 말을 하는데, 내가 그 모습을 보고 안색을 살피자 독을 사람에게 쏘아 살기(殺氣)가 골수에 스미는 듯하였으니 진실로 급박한 때였다. 그날 내가 그 안색과 말을 괴이하게 여겨 그에게 묻기를,
> "무슨 불평스러운 일이 있는가?"
> 하니, 답하기를,
> "조선(朝鮮)이 망하지 않는 게 다행입니다."
> 하여, 내가 묻기를,
> "무슨 일인가?"
> 하니, 그가 답하기를,
> "전하는 말을 부언이라 돌리고 싶지만 들은 바가 이미 빈말이 아니니, 빈말이 아니라면 이 어찌 괴이하고 놀라운 일이 아니겠습니까."
> ……
> 그가 또 말하기를,
> "궁관하고 상의 환후가 이러이러하다는 말씀을 하지 않으셨습니까?"
> 하여, 내가 이르기를,
> "괴이하다. 어찌 신하가 감히 말을 나눌 수 있는 일이겠는가."

하니, 그가 또 말하기를,

"궁관이 과연 북촌(北村) 사람은 모두 죽일 만하다는 말을 하지 않았습니까?"

하여, 내가 또 이르기를,

……

그가 또 말하기를,

"궁관과 밤낮으로 조용히 비밀스레 의논하시는 것은 무슨 일입니까?"

……

이 대목에서 정조는 "독을 사람에게 쏘아 살기가 골수에 스미는 듯하다."라는 구체적인 묘사도 사용하였지만, 주요한 서술 방식은 대화 장면을 하나하나 기록하는 장면화의 기법으로 정후겸의 불손함을 드러냈다. 정후겸은 정조가 영조의 환후를 언급하면서 "궁료들과 왕위 계승에 관한 말을 나누지 않았느냐?"고 추궁했다. 또 북촌을 언급하며 홍인한 등 "척신 세력들을 척결하자고 말하지 않았느냐?"고 추궁했다. 이날 일기는 정후겸은 계속해서 추궁하고 정조는 대답이 궁해서 쭈뼛쭈뼛 곤란해하는 모습이 점층적으로 제시되었다. 이를 통해 정후겸이 세손에게 함부로 대하는 만행이 적나라하게 드러나고, 이를 읽는 독자들로 하여금 공분을 느끼게 하는 효과를 거두었다.

정조는 반대 세력의 만행을 기록할 때는 장면화의 방법을 사용한 반면, 자신의 정통성과 즉위 과정에 직결되는 대리청정 문제에 대해서는 직접 인용의 방법으로 기록하였다. 즉, 영조의 발언을 정조가 듣고 이를 직접 인용하는 형식으로 기록하였다. 이것은 기록의 신뢰성과 정당성을 제고하는 서술 방법이었다.

…… "지금 내 기력에 대해서는 내가 이미 마음속으로 판단하고 있는 것이 있다. 예전 황형(皇兄)의 하교를 내가 지금까지도 공경히 외우고 있으니, 내 어찌 몸소 그대로 하지 않겠는가. 나이 어린 세손이 숙성하여 나를 지성으로 섬기니, 결코 내 기대를 저버리지 않을 것이다. 내 담후(痰候)가 그래도 더 심해지지 않았을 때 기무(機務)를 대리청정하게 하면 어찌 좋지 않겠는가. 나도 친히 볼 수 있을 것이니, 내게도 어찌 영광스럽지 않겠는가."[32]

이 대목은 영조가 '황형의 하교'를 언급하면서 세손에게 대리청정을 명하겠다고 한 하교를 직접 인용한 기록이다. 경종(景宗)은 세제(世弟) 영조에게 대리청정을 명하였다. 대신들이 만류하자 경종은 "나랏일을 세제가 함이 옳겠는가, 좌우(左右)가 함이 옳겠는가."라고 하교하며 대리청정의 뜻을 거듭 밝힌 적이 있다. 영조는 선왕의 하교에 권위를 기대어 정조에게 대리청정을 명하였다. 정조는 물론 이 명을 거두기를 청하였지만 이 발언을 일기에 기록하였다. 왜냐하면 일기의 다른 대목에 따르면, 승정원 기주관(記注官)들이 국왕의 대리청정 발언을 기록하는 것을 홍인한이 막았기 때문이다. 정조는 국왕의 중요한 발언을 사관이 사초에 기록하지 않는 것과 대신이 이를 막는 것에 위협을 느끼고, 자신의 일기에라도 이 사건을 주목하여 기록하였던 것이다.

---

32) 김치인 외, 위의 책, 29쪽, 1775년 10월 7일 기사, "以今日予氣 予已決斷于心者有之矣 昔皇兄下教 予尙今莊誦 予何不身親爲之乎 沖子夙成 事予至誠 決不負予所望矣 及予痰候猶不添加之時 代聽機務 則豈不好乎 予亦可以親見 於予亦豈不光鮮乎".

〈혹인에게 주다〔與或人〕〉

> 오늘의 처사는 곧 천경지의(天經地義)의 큰 도리요 민이물칙(民彝物則)의 큰 윤리에서 나온 것인데, 이 지위를 소유한 다음에 어찌 감히 스스로 갖고 있기만 하고 귀신을 바꾸어 사람으로 변화시키는 대의(大義)를 생각지 않는단 말입니까. 마음에 한번 결단했으면 일을 이루고 못 이루는 것은 모두 하늘에 맡겨야 합니다. 만일 곁에서 정탐한 일만 없다면, 성상의 지극하신 인자함에 의하여 반드시 밝게 살펴주시는 은혜를 입게 될 것입니다. 소고(疏藁)는 다시 고쳐 써야겠으니, 반드시 내일 이른 아침에 서로 만나서 상의해야겠습니다. 갖추지 않습니다.[33]

이 글은 《홍재전서》에 수록되어 있다. 이 편지를 보면 정조는 영조의 대리청정의 명에 사양하는 상소 절차를 밟으면서 궁극적으로는 대리청정을 시행할 의사를 보였다. 위 편지는 영조의 처사가 '천경지의의 큰 도리요 민이물칙의 큰 윤리'에서 나온 처사라고 칭송하면서 본인이 대리청정의 지위를 소유하면 '귀신을 바꾸어 사람으로 변화시키는 대의를' 실현하겠다는 의지를 보이며 상소문의 문구를 고쳐 쓸 것을 상의하는 내용이다. 《존현각일기》에도 본인은 대리청정을 선뜻 받아들이고 싶지만, 너무 노골적으로 받아들이면 외척 세력들이 절차상 문제를 제기할 수 있기 때문에, 상소문을 올리되 결국에는 이를 받아들이겠다는 의사를 표명해두었다.

그러나 정국의 상황은 여의치 않았다. 1775년 12월 2일의 《존현각

33) 《홍재전서》 권3, 〈혹인에게 주다〔與或人〕〉, 262-52, "今日之擧 卽天經地義之大道 民彝物則之大倫 有此位之後 何敢自有 而不思變鬼爲人之大義乎 決于心 事之成不成 都付之於天 萬一無旁伺 以聖上止慈 必蒙照諒之恩 疏藁 更須點竄 須於明早面商也 不備".

일기》에는 홍인한 등의 훼방으로 대리청정이 무산될 위기를 느낀 정조가 홍국영과 정민시를 불러 하유한 대화가 기록되어 있다.

> 나는 일찍 아비를 여의고 죽었어야 하나 죽지 않은 사람으로 대조(大朝)의 비호해주시는 은혜만을 믿었는데, 이제 옥후(玉候)가 날로 점차 위태로워 참소하는 역적과 간특한 무리가 안팎으로 선동하여 하지 못하는 일이 없다. …… 어제 오늘 계속해서 돌아가는 분위기를 살펴보니 일이 매우 급하다. 이제는 다른 도리가 없으니 그대들이 나를 버리고 떠나서 동으로 가든지 서로 가든지 하여 각기 몸과 집안을 보전하기만을 바란다. 나 또한 저들에게 불쌍히 봐달라고 빌어 끝내 석연히 해결이 안 되면 또한 변을 기다릴 따름이니, 다시 무슨 말을 하리오. ……[34]

실제 원문은 매우 길고 절실한 감정의 대화가 오가는데, 요약하자면 영조의 병환은 깊어가고 대리청정의 명은 홍인한 등의 방해로 시행되지 못하는 상황에서, 정조가 홍국영과 정민시에게 최후의 이별을 고하고 둘만이라도 살 길을 찾아 서울을 떠나라고 권하는 내용이다. 당신들은 누가 봐도 나의 사람이니 투항하더라도 해를 입을 것이다, 그러니 도망가라는 것이다. 《명의록》 전반에 걸쳐 홍국영과 정민시의 공로가 서술되어 있지만, 생략된 대목에서 홍국영이 모든 것을 포기하고 정조와 운명을 같이하겠다고 대답한 내용이 매우 감동적으로 서술되어 있다.

---

34) 김치인 외, 위의 책, 70·71쪽, 1775년 12월 2일 기사, "余以孤露宜死不死者 只恃大朝庇覆之恩也 而今則玉候日漸危綴而讒賊巨慝 內外交煽 無所不至 …… 昨今連察景色 則事甚急矣 今則無他道理 只願君等捨余而去 之東之西 各保身家 而余亦乞憐於彼輩 若至終不釋然 則亦將待變而已 復何言哉".

지금까지 《명의록》에 실려 있는 정조의 《존현각일기》를 통해 정조가 당시 불리한 정국 상황에서 개인의 일과 기록인 일기를 정치 문서화하는 과정을 검토해보았다. 그것은 일기를 가까운 미래의 증거 자료로 활용하거나 먼 미래의 역사 자료로 남기도록 하는 방식인데, 그 과정에서 신료들과 일기를 기획하고 의도적으로 기록을 계속했다. 내용적인 측면에서는 자신에 대한 악의적인 소문에 대응하기 위해 부언이 날조되고 확대 재생산되는 과정을 밝혔으며, 이것에 대한 자신의 입장을 변호하였다. 또한 외척 세력이 자신을 핍박하는 실상을 낱낱이 기록하되 장면화의 기법을 통해 그 불손함을 부각하였고, 자신의 정통성과 대리청정에 대해서는 영조의 발언을 직접 인용하여 그 신뢰성을 제고하였다.

4.

이상과 현실의 길항

세손 시절 정조의 문학 작품을 보면 성왕의 통치를 계승하겠다는 본인의 의지와, 영조 말년 정국에서 처신의 범위가 한정된 처지에서 오는 현실의 한계를 미묘하게 표현한 작품들이 있다. 비록 청년기의 작품이고 어떤 경우는 10대 시절의 작품이지만, 한문학적으로도 기법이 빼어나고 내포하고 있는 함의도 의미심장하다. 바로 이 지점이 정조가 반대파에게 시비 거리를 제공하지 않으면서도 문학으로 자신의 정치적 포부와 뜻을 은밀하게 표하는 데 능했음을 보여주는 대목이다. 제주도에 위리안치 되었다가 죽은 은신군(恩信君) 이진(李禛)을 제사지내는 글 〈제진문(祭禛文)〉이라든지, 갑신처분(甲申處分)에 대한 본인의 뜻을 밝히는 〈소종을 대종에 합치는 데에 관한 논(小宗合大宗論)〉 등 구체적인 작품을 검토해보면 이러한 사실이 잘 드러나 있다.

《홍재전서》〈춘저록〉에는 소년 정조의 여린 내면과 고뇌를 언뜻 내비치는 작품들이 종종 있다. 생부를 잃고 외척의 견제를 이겨내면서 겪었을 10대 때에 정조의 속내가 어떠했을지, 본인은 극도로 조심해서 드러내지 않았지만 문면에서 그 고충을 읽을 수 있다.

〈우연히 짓다〔偶作〕〉

선악도 구별 못하는 눈동자 없는 눈은 不分淑慝目無瞳
미욱하고 꽉 막혀 있기는 원래 목석과 마찬가지라네. 迷滯元來木石同
조그마한 한 점의 청수한 기운을 一點些兒清粹氣
누가 네 가슴 속에 붙어 있게 해줄거나 誰教存著爾胷中

정조가 10대 때인 1766년 즈음 지은 작품이다. 소년 정조가 '선악도 구별 못하는 눈동자 없는' 눈을 갖게 된 이유는 무엇일까, 왜 정조는 목석과 마찬가지로 꽉 막혀 미욱한 채로 있었을까. 섣부른 단정일지 모르겠지만, 시의 분위기에서 10대 때의 고민과 우울에 찬 자괴감을 느낄 수 있다. 이해 그는 〈소종을 대종에 합치는 데에 관한 논〉을 지어 소종의 종자가 대종의 종자가 되었을 때 본생부모(本生父母)를 숙부, 숙모의 예로 대우하는 것이 예에 맞다는 취지의 글을 지은 바 있다. 또한 한나라 역대 황제가 생부모를 황제로 추숭한 것의 잘못을 지적하고, 의리상 사친을 추숭하는 것은 종통(宗統)을 둘로 하는 혐의가 있다는 내용을 논하였다. 사도세자에 관한 언급은 한 번도 하지 않았으나 사도세자가 소종, 효장세자(孝章世子)가 대종에 해당하므로 정조의 입장을 이해할 수 있다.

그는 또한 누구나 다 겪었을 소년 시절의 모습을 지닌 한 자연인이기도 했다. 신기한 물건에 관심이 많았고 당대 유행하던 골동서화를 완호(玩好)하기도 했다. 훗날 패사소품(稗史小品)을 배척하면서 문체를 바르게 하려 했지만, 그 역시 소품가로 유명했던 도륭(屠隆)의 문집이나[35] 패사소품을 읽었음을 확인할 수 있다.[36]

〈앵무(鸚鵡)〉

묘하게 사람 말 깨닫는 게 앎이 있는 듯한데	妙解人言若有知
푸른 털 붉은 부리 더욱 기이하네.	翠毛紅嘴更堪奇
아로새긴 새장은 흡사 아교를 숨긴 것 같은데	雕籠恰似藏嬌様
붉은 소매 궁녀보다 자태가 더욱 곱구나.	紫袖宮娥較豔姿

신기한 앵무새를 보면서 화려하게 지은 영물시이다. 한 무제가 어렸을 때 모친이 무릎에 앉혀놓고 궁녀들 가운데 누구를 아내로 맞이하고 싶은가 물으니, 아교(阿嬌)라는 궁녀를 가리키며 그녀를 아내로 맞이하여 "금옥(金屋)을 지어서 그 속에 살게 하겠습니다."라고 하였다고 한다. 정조는 소년의 감성으로 한껏 멋을 내어 앵무새를 묘사하면서 아름다운 궁녀를 비밀리에 숨겨놓은 고사를 연결시킴으로써 소년의 상상력을 한껏 펼쳐보였다.

또한 정조는 젊은 시절에 진기한 기물에도 완물취향(玩物趣向)을 지녔다. 그는 중국에서 들여온 진귀한 태호석(太湖石)에 대해 다음과 같은 기문을 남겼다.

〈태호석기(太湖石記)〉

동정(洞庭)의 서쪽에서 나는 돌을 태호석(太湖石)이라 하는데, 질(質)은 견강(堅剛)하고 빛은 검푸르며, 곱고 윤이 나는 것은 마치 규장(圭璋)과

35) 《홍재전서》 권1, 〈춘화정에서 도장경의 운을 뽑아 읊다[春和亭 拈屠長卿韻]〉, 262-20.

36) 백승호·김영진·박철상, 2015, 〈규장각 소장 중국본에 압인된 정조의 장서인 고찰〉, 《한국한문학연구》 60, 한국한문학회.

같고, 예리하게 깎아지른 모양은 마치 모초(矛稍)와도 같으며, 우뚝우뚝 솟은 것들은 산봉우리의 모양 같고, 죽 벌여 있는 것들은 병풍의 모양 같으며, 괴상한 것은 동물이 쭈그리고 앉아 있는 듯하고, 우뚝 솟은 것은 사람이 서 있는 것 같기도 하며, 매끄러워서 기름기가 흐르는 듯하고, 아주 검어서 옻칠을 입힌 것 같기도 하며, 정채(晶彩)가 현란하고 상류(狀類)가 기이하여, 연운(煙雲), 설월(雪月), 계교(溪橋), 누대(樓臺) 등의 모든 형상이 영롱하게 뒤섞이고 혼연히 천연으로 이루어져서, 아무리 그림 솜씨가 뛰어난 사람이라도 그 기묘함을 탈취할 수가 없다. …… 내가 이것을 매우 열심히 구해오다가, 갑오년 봄에 고원(古苑)에서 얻어가지고 깨끗이 씻어 밝은 창문 앞에 놓아두고, 약관(藥罐)·향구(香甌)·문왕정(文王鼎)·선덕로(宣德爐)와 더불어 엄연하게 나란히 배열하니, 이 주먹만 한 크기의 돌 하나가 일천 암벽의 빼어남을 능히 다 온축하였다. …… 공자가 이르기를, "인(仁)한 사람은 산을 좋아하고, 지(智)한 사람은 물을 좋아한다." 하였는데, 어진 사람과 지혜로운 사람이 둘 다 좋아하는 것을 정원에서 찾자면 오직 태호석뿐이니, 이것이 바로 내가 태호석을 취한 까닭이다. 어찌 소인묵객의 완호라고 하겠는가.[37]

1774년의 작품이다. 인용한 부분을 보면 태호석의 기묘한 모습을 매우 상세하고 치밀하게 묘사하였다. 하나의 장면에 집중하고 그것을 장황하게 묘사하고 치밀하게 서술하는 것은 소품체 유기에서 발달한

---

37) 《홍재전서》 권4, 〈태호석기(太湖石記)〉, 262-58, "石之產洞庭西者曰太湖 質堅剛而色蒼黛 縝潤如圭璋 剔削如矛稍 矗立者爲峯 羅列者爲屏 恠者物蹲 竦者人立 滑而肪 黝而漆 晶彩絢異 狀類奇詭 凡烟雲雪月溪橋樓臺之形 玲瓏錯落 渾然天成 雖工於畫者 莫能奪其妙 …… 余求之甚勤 歲甲午春 得之古苑 薰而沐之 置之晴窓之前 與藥罐 香甌 文王之鼎 宣德之爐 儼然幷列 斯一拳之大也 能蘊千巖之秀 …… 子曰: 仁者樂山 智者樂水. 仁智之樂 得之庭宇 唯太湖石爲然 此余所以取之者也 豈騷人墨客之玩好云哉".

하나의 기법이다. 또한 중간 부분에 보면 태호석을 '매우 열심히 구해왔다'고 고백하는 부분이 있다. 정조가 평소 골동품에 대한 완호가 있었음을 넌지시 고백한 부분이다. 더군다나 태호석을 가져다가 약관, 향구, 문왕정, 선덕로와 나란히 진열해두었으니, 그가 평소 골동품을 소장해왔음을 여기서도 확인할 수 있다. 그럼에도 글의 마지막 부분에서는 완물상지(玩物喪志)라는 혐의를 피하기 위해서《논어》에서 "인자요산(仁者樂山) 지자요수(知者樂水)" 구절을 인용하여 자신의 골동 취향을 뒷받침할 근거를 제시했다. 명말청초의 골동 취향 문화를 재현하면서도 이것이 요산요수(樂山樂水)의 실현이라는 논리를 펴고 있으니, 젊은 날 정조의 완호 취향의 일단이라고 할 수 있다.

이상의 작품에서 정조가 청소년기에 고뇌에 빠졌거나 당대의 문화 취향에 영향을 받았던 점을 확인할 수 있었다. 동시에 정조는 국왕의 후계자로서 성왕(聖王)의 통치를 계승하여 이상 정치를 재현하고자 하는 소망을 가졌다.《홍재전서》〈춘저록〉에는 정조가 일찍부터 성리학적 세계관에 입각한 이상 정치의 뜻을 드러낸 작품이 다수 수록되어 있다.

〈행단에 오르다(登杏壇)〉

화기가 충만하고 은행나무 그늘졌는데	和氣冲然杏樹陰
농산(農山)의 화우(化雨) 속에 봄 거문고 소리 울리네.	農山化雨語春琴
이삼자는 각각 자기의 뜻을 말하지만	二三子各言其志
고기 뛰고 솔개 나는 게 바로 내 마음이라오.	魚躍鳶飛是我心

기구의 '은행나무 그늘'은 공자가 제자들과 강학하던 '행단'을 떠

오르게 하는 장소이고, 승구의 '농산' 역시 공자가 유람했던 산의 이름이다. '화우(化雨)'는《맹자》〈진심(盡心)〉 상(上)에서 유래한 구절로 군자가 덕으로 백성을 교화하는 것을 제철 단비에 비유한 말이다. 전구는《논어》〈선진(先進)〉 편의 유명한 구절, 즉 공자가 자로(子路), 증석(曾晳), 염유(冉有), 공서화(公西華)에게 각자 자기 뜻을 말해보라고 한 고사를 차용하였다. 정조는《중용》의 "연비려천(鳶飛戾天) 어약우연(魚躍于淵)" 구절을 활용하여 '도(道)'의 오묘한 이치를 살펴 아는 것을 평소 자신의 뜻이라고 밝히고 있다. 이처럼 정조는 짧은 절구 안에 유교 경전의 고사를 활용하여 이상적인 정치를 추구한다는 뜻을 보였다. 다음 한시에서도 성리학적 세계관을 기반으로 태평 시대를 구현하고자 한 정조의 의도가 잘 드러난다.

〈밤에 앉아서(夜坐)〉

조그마한 집이 물처럼 깨끗한데	小院淸如水
차가운 달빛이 등잔을 덮어주네.	高寒罨玉檠
나는 바야흐로 야기(夜氣)를 보존하고 있는데	吾方存夜氣
어떤 이는 혹 시정(時情)을 묻기도 하네.	人或問時情
처마의 풍경은 바람에 흔들리는데	簷鐸風來響
주렴엔 달빛이 스미어 환하네.	簾旌月透明
청컨대 증씨(曾氏)의 전을 볼지니	請看曾氏傳
공효를 거둠이 치평(治平)에 있느니라.	收效在治平

수련에서 정조는 밤에 깨어 있으면서 맑고 깨끗한 자연의 기운을 느끼고 있다. 함련의 시어 '야기(夜氣)'는《맹자》에서 말한 것처럼 한

밤중에 만물의 생장을 돕는 기운으로 인의(仁義)의 마음을 자라게 한다. 그래서 바깥 세상에 흔들리지 않는 한밤중의 깨끗하고 조용한 마음을 보존할 수 있는 것이다. 누군가가 시정을 물으며 심기를 어지럽게 해도 고요한 가운데 풍경 소리 울리고, 경련처럼 주렴에 달빛이 스며드는 가운데, 외물에 흔들리지 않는 마음을 통해 미련에서 치국의 도리를 깨달을 수 있는 것이다. 그것은 바로 증자가 전한《대학》의 팔조목에 있다는 것이 시의 주지이다. 즉《대학》을 읽어 '치국(治國), 평천하(平天下)'의 효험을 거두겠다고 시에서 말하였던 것이다. 정조는 평소《대학연의보(大學衍義補)》를 즐겨 읽어 늘 여기에 빠져 있었다고 고백할 정도였다.[38] 미래의 군주로서 태평 시대를 구현하고자 하는 희망을 시에 담았다.

〈희우(喜雨)〉

한 번의 비를 누가 내려준 건가.	一雨知誰賜
밤새도록 해갈의 은택을 골고루 입혔네.	通宵解澤均
소를 먹이기 위해 새벽에 일어나고	飯牛趁曙起
뻐꾸기 소리로 자꾸 날이 개길 점치네.	聞鳸占晴頻
푸른빛 더하니 평야가 윤택해지고	滋綠平蕪潤
누런빛 덮으니 수양버들이 새롭구나.	敷黃細柳新
농사 맡은 관리는 절후를 알아서	田官知節候
봄이 왔다고 농부들에게 고해주도다.	春及告農人

38) 《홍재전서》 권49, 〈대학연의보(大學衍義補)〉, 263-251, "惟予耽看此書 沈潛於燕濩之中".

봄비가 내려 세상이 윤택해지고 들판의 생명이 활발해지는 것을 기뻐한 시이다. 수련에서 혜택을 골고루 입혔다는 것은 자연의 은혜인 동시에 군주의 은혜가 세상 만물을 골고루 화육한다는 것과 겹쳐 읽힌다. 임금님의 선정이 하늘을 감응한 결과이므로 단비가 내리는 것이다. 함련은 단비에 백성들이 부지런히 생업에 임하는 모습이요, 경련은 자연물이 윤택해지는 모습이다. 미련에서 농사 담당관이 백성들에게 농사철을 알리는 것은《시경》이래로 군주가 농정을 잘 관리하는 태평 시대의 모습이다.

정조는 이와 같이 성리학에 기반을 둔 이상 정치를 재현하고자 했지만, 실상은 그렇지 못했다. 세손 시절 영조 말년의 정국에서 처신하는 데에는 한계가 많았다. 앞 장에서 살펴본 바와 같이 영조를 시종하면서 외척들의 견제를 이겨내는 데에도 어려움이 많았다. 1766년 정조가 불과 15세 때 지은 다음 글은 〈소종을 대종에 합치는 데에 관한 논〉인데, 1764년 영조가 정조에게 효장세자의 종통을 잇게 한 갑신처분과 관련하여 읽으면 그 의미가 심장하다.

① 예(禮)란 곧 천리(天理)의 절문(節文)이므로, 그 속에 사의(私意)를 섞어 넣어서는 안 되는 것이다. 그러므로 정(情)은 비록 한이 없더라도 의(義)가 있는 곳에는 곧장 그 정대로 행할 수 없는 것이다.《서경》〈중훼지고(仲虺之誥)〉에 이르기를, "의로써 일을 제재하고 예로써 마음을 제재하면, 후세에 남긴 것이 여유작작하리라〔以義制事 以禮制心 垂裕後昆〕." 한 것이 바로 이것을 이른 말이다.

② 상례(喪禮)에, 남의 후사가 된 사람이 자기 생가의 부모를 위해 복(服)을 내려 입도록 한 것은 무슨 까닭인가. 부모에 대한 사랑이 어찌 나가서 남의 후사가 되었다 해서 차이가 있기 때문이겠는가. 그러나 종통이

이미 중함에 사은(私恩)은 도리어 가벼워져서, 경중(輕重)이 이미 나누어지고 융쇄(隆殺)가 절로 달라진 것이다. 선왕이 예를 제정할 때에 한 몸〔一己〕의 사정(私情)으로 천지(天地)의 법칙을 손상시키지 않았다. 이에 자기를 낳아준 부모를 백숙부모(伯叔父母)로 칭하게 하여 후사가 된 곳에 전념해서 거기에 사은을 개입시키지 못하도록 하였으니, 그 뜻이 엄격하다 하겠다.

③ 비록 그러하나, 후사가 된 곳에 전념하더라도 또한 사은을 돌아보지 않은 적이 없었다. 낳아준 부모를 백숙부모로 높이고 자손으로 하여금 작위를 세습하여 영원토록 향사(享祀)를 올리게 하였으니, 대종에 있어서는 이존(貳尊)으로 혐의하게 되는 실례가 없게 되고 낳아준 부모에 있어서는 숭봉(崇奉)의 은혜를 다하게 됨으로써, 이 두 가지가 나란히 행해져서 서로 어그러지지 않을 수 있었다. 그런데 후세의 임금들이 사친(私親)에게 존칭을 올리고 그릇된 전례(典禮)를 사용한 경우로 말하자면, 성인이 제정한 예에 비추어볼 때 그 실례됨이 어떻겠는가.

④ 한나라 효선제(孝宣帝)는 사황손(史皇孫)의 아들로서 적사(嫡嗣)가 끊어진 때를 당하여 대종의 계통을 들어가 잇고, 이에 자기를 낳아준 아버지를 황고(皇考)라 칭하였으니, 효선제는 스스로 이것을 효로 여겼고 그것이 도리어 불효가 되는 것을 알지 못했던 것이다. 공자가 이르기를, "살았을 때는 예로 섬기고, 죽어서는 예로 장사 지내고, 예로 제사지내면 효라고 이를 수 있을 것이다." 하였으니, 살았을 때 섬기고 죽어서 장사 지내고 제사지내는 것을 일체 예에 따라서 하여 구차하지 않게 한 다음에야 바야흐로 효라 할 수 있을 것이다. 그런데 예에 어긋난 칭호로 높인 것을 효라 할 수 있겠는가. 정자(程子)의 말에 이르기를, "이미 남의 후사가 되었으면 자기를 낳아준 어버이는 이제 백숙부모가 되었는데, 이미 백숙부모가 되었는데도 오히려 다시 황고로 호칭할 수 있겠는

가. 임금은 높이 구오(九五)의 자리에 있으니 무슨 욕망인들 이루지 못하겠는가마는, 만고에 바꿀 수 없는 일정한 예법에 이르러서는 임금의 존귀함만으로 자기 임의대로 변개(變改)할 수 없는 것이다. 또 한 가지 정사나 한 가지 예가 모두 천하 사람이 보고 듣고 자손들이 본보기로 삼게 되는 것인데, 어찌 한 몸의 사은으로 천하의 대경(大經)을 문란케 하고 한때의 정리로 만세의 대방(大防)을 무너뜨릴 수 있겠는가." 하였다.

⑤ 아, 사람치고 누군들 자기를 낳아준 어버이를 숭봉하고 싶지 않겠는가마는, 선왕이 제정한 예에 이르러서는 어길 수가 없다. 어버이를 숭봉한다면서 선왕이 제정한 예에 어김이 있게 되면, 이른바 숭봉이란 것은 내가 말하는 숭봉이 아니다. 내가 말하는 숭봉이란, 곧 당연히 호칭할 말로 호칭하여 이존에 혐의가 되지 않도록 하는 것이다. 효선제는 이런 의리를 알지 못하여 예가 아닌 예를 행하였으므로, 애제(哀帝)에 이르러서 또 그 실례를 답습하여 과은(寡恩)하다는 참소와 실례했다는 비난이 앞뒤에 일어났으니, 이는 곧 효선제가 예로써 마음을 제지하지 못하여 후대에 잘못된 선례를 남긴 것이다.[39]

---

39) 《홍재전서》 권4, 〈소종을 대종에 합치는 데에 관한 논〔小宗合大宗論-丙戌〕〉, 262-59, "① 禮也者 天理之節文 而不可以私意參之者也 故情雖無窮 而義之所在 不得直行其情 仲虺之誥曰 以義制事 以禮制心 垂裕後昆 此之謂也 ② 禮爲人後者 爲其父母降者 何也 父母之愛 豈以出爲人後而有所間耶 然宗統旣重 私恩反輕 輕重旣分 隆殺自別 先王制禮 不以一己之私 而害天地之經 乃以所生親 稱爲伯叔父母 使之專意於所後 而不得以私恩間之 其義嚴矣 ③ 雖然 其專意所後 亦未嘗不顧私恩 尊之以伯叔父母 而使子孫襲其爵位 享祀無替 則在大宗無嫌貳之失 在所生盡崇奉之恩 二者可以幷行而不相悖也 後世人主之尊稱私親 加以謬典者 其視聖人之制 失禮爲如何哉 ④ 漢之孝宣 以史皇孫之子 當嫡嗣斷絶之時 入承大宗之統 而乃以皇考稱其所生 此孝宣自以爲孝而不知其反爲不孝之歸也 孔子曰 生事之以禮 死葬之以禮 祭之以禮 可謂孝矣 生事葬祭 一於禮而不苟, 然後方可以爲孝, 尊之以非禮之稱, 而可以爲孝乎 程子之言曰 旣爲人後 則所生之親 今爲伯叔父母 夫旣爲伯叔父母 則尙復以皇考稱之耶 人主尊居九五, 何欲不遂, 至於經常之禮, 不易之典, 則不可以人主之尊而任其變改也 且一政一禮 咸爲天下之觀聽 而子孫之師法 豈可以一己之私 而亂天下之大經 以一時之情, 而壞萬世之大防耶 ⑤ 噫 人孰不欲崇奉於所生之親 而至於先王制禮 則不可違也 謂之崇奉而有違於先王制禮 則其所謂崇奉者 非吾所謂崇奉也 吾所謂崇奉者 稱之以所當稱而不嫌於貳尊也 宣帝不識此義 而行非禮之禮 故至於哀帝 又踵其失 寡恩之譖失禮之譏 作於前後 此宣帝不能以禮制心 而垂裕後昆之過也".

전체 글을 내용 전개상 다섯 단락으로 나누었다. ①은 논의의 대전제와 핵심어를 제시한 단락이다. 이 글의 핵심어는 '예(禮)'와 '정(情)'이다. 소종의 종자(宗子)가 대종의 종자로 후계자가 되었을 때 생부모를 어떻게 대우하는 것이 옳은가에 대한 논의를 '예'와 '정'의 문제로 풀이한 것이다. '예는 천리의 절문'이니 사적인 정이 개입해서는 안 된다는 것이 이 글을 전개하기 위한 대전제이다.

②는 ①의 대전제를 대종의 종자로 입적한 후계자가 소종의 상에 상복을 자식의 예보다 내려입는 문제에 적용한 것이다. 이 경우 대종의 종자로 입적한 사람은 본생부모를 백숙부모의 예로 대하고, 상례 절차를 이에 준해서 따른다. 낳아준 은혜는 개인적인 정에 해당하고 종통의 중함을 지키는 것이 예에 맞기 때문이다.

③이 이 글의 관건인데, ①과 ②의 논리를 따르는 것 같으면서도 미묘하게 문세를 번복하고 있는 부분이기 때문이다. 즉 종통을 지키면서 사은을 표시하는 것은 대종에 혐이(嫌貳)의 실책이 없다는 것이 핵심이다. 즉 종통을 지키는 것과 사친에 정의를 표시하는 것이 병립할 수 있다는 것을 확인하였다. 그러나 역대 임금들이 종통의 질서를 어기면서 사친을 추존하는 것은 분명히 반대하였다.

④는 한 효선제가 생부 사황손을 추존한 것이 그릇되었다는 예를 든 예시 단락으로, 공자와 정자의 말을 근거로 들면서 그 한때의 개인적인 정으로 천하의 큰 예법을 무너뜨릴 수는 없다는 논리를 보강하였다. ⑤는 사친에 대해 예에 맞지 않는 숭봉을 해서는 안 되지만, 예에 맞는 숭봉은 가능하다는 결론이다. 예에 맞는 숭봉이란 근본을 둘로 하지 않는 것이다. 즉, 종통을 잇는 적자는 종통의 부모를 부모라 하고 본생부모는 백숙부모라 칭하는, 즉 걸맞은 칭호를 칭하여 근본을 둘로 두게 되는 실책이 없도록 하는 것이다.

이상의 글은《서경》같은 경전에 근거하여 경학을 논하는 형식을 취하였다. 논의의 전개 과정에서 공자와 정자의 학설과 역사의 사례 등을 근거로 들어 글의 권위를 높였고 글의 서술 방식도 고문의 글쓰기 방식을 정확하게 재현하였다. 당대 현실에 관한 이야기는 한마디도 들어 있지 않다. 그러나 이 글이 지어진 시점이 1766년으로 갑신처분 후 약 2년 뒤이고, 이 글에서 논하고 있는 사안이 효장세자의 종통을 이은 정조가 사도세자를 어떻게 대할 것인가의 문제에 적용할 수 있는 부분이기도 하다. 정조는 예치(禮治)를 준수할 것임을 분명히 하였다. 그리하여 효장세자의 종통을 분명히 확인하며 '근본이 둘이 아니라는' 것을 강조하였다. 또한 ③의 논의에 따르면 생부인 사도세자에 대해 같이 숭봉하는 사정(私情)을 표할 수 있다는 입장인데, 그것은 ④와 같은 국왕으로의 추존이 아니라 예에 맞는 사정임을 밝히고 있다. 이 글의 입장은 정조가 즉위 직후 내렸던 첫 윤음과도 상통하는 바 있다.

아! 과인은 사도세자의 아들이었는데, 선대왕께서 종통이 중요하기 때문에 나로 하여금 효장세자의 뒤를 잇도록 명하였다. 아! 지난날 선대왕께 올린 글에서 근본이 둘이 아니라는 나의 뜻을 잘 알 수 있을 것이다. 비록 예는 엄격하지 않을 수 없겠지만 정도 또한 펴지 않을 수 없다. 제사의 절차는 마땅히 '대부의 예로 제사지낸다'는《예기》의 취지에 따라야 하나, 태묘(太廟)와 동등하게 할 수는 없다. …… 이런 분부를 내린 뒤에 괴귀(怪鬼)와 같은 불령한 무리들이 이를 빙자하여 추숭하자는 의논을 한다면 선대왕께서 유언하신 분부가 있으니, 마땅히 형률로써 논죄하고 선왕의 영령께도 고하겠다. 모두 이렇게 알아야 할 것이다.[40]

이 윤음에서 '지난날 선대왕께 올린 글'이 바로 〈소종을 대종에 합치는 데에 관한 논〉이다. 정조는 소종의 종자가 대종을 잇게 되면 대종의 종통을 따라야 하고 소종의 본생부모는 숙부, 숙모의 예로 대우해야 함을 거듭 강조하면서, 사도세자에 관한 추숭 논의를 엄금하고 있다. 정조의 이 윤음은 국왕으로서 예치를 엄준히 행할 것이고 사도세자에 대한 사정을 표할 때에도 예치에 어긋남이 없게 준행하겠다는 것이 핵심이다. 훗날 정조는 이 논리에 따라 예치를 엄격히 준수하면서도 사적인 정을 펴는 사도세자 숭봉 사업을 진행했던 것이다.

정조는 외척이 주도하는 당대 정국의 현실 속에서 고단한 처지를 겪으면서도, 이처럼 본인이 추구하는 정치적 이상을 문학을 통해 밝히고 이상과 현실의 갈등 상황 하에서도 어느 하나를 포기하지 않고 그 해결책을 모색했다. 현실 정국에서 운신의 폭이 한정되어 있기에 문학을 통해 후일을 준비하고 자신의 정치적 이상을 계속 추구했던 것이다. 바로 이 점이 정조의 통치에 있어서 '문치(文治)'에 주의를 기울여야 하는 이유이기도 하다.

---

40) 《승정원일기(承政院日記)》 77책(국사편찬위원회, 1961), 영조 52년 3월 10일, "嗚呼 寡人 思悼世子之子也 先大王 爲宗統之重 命予嗣孝章世子 嗚呼 前日上章於先大王者 大可見不貳本之予意也 禮雖不可不嚴 情亦不可不伸 饗祀之節 宜從祭以大夫之禮 而不可與太廟同 …… 旣下此敎 怪鬼不逞之徒 藉此而有追崇之論 則嗚呼 先大王遺敎在焉 當以當律論 以告先大王之靈 咸須知悉".

2부

즉위 후의 문학:
문학을 통한 담론 생성과
통치 정당성 제고

문학(文學)은 시대마다 다른 양상을 띠었다. 전통 시대 문학은 현대인이 문학이라고 정의하고 있는 문학의 범위에 한정되지 않는 광범위한 영역을 포괄했다. 현대적 의미의 문학은 당시 '문장(文章)' 또는 '문사(文詞)'라고 일컬어졌다. 전통 시대 문학을 연구할 때, 당대의 창작과 향유 상황에 부합하는 관점에 입각할 필요가 있다.[1)]

2부에서 다룰 정조의 문학은 국왕이라는 특수한 입장이 반영된 문학이다. 전통 시대 국왕의 통치에 있어 문학은 중요한 위치를 점했다. 《시경》 이래로 시교(詩教)와 미자(美刺), 관풍찰속(觀風察俗)의 전통이 문학의 본질이라고 여겨졌고, 통치자는 문학을 통치의 핵심적인 요소로 간주하였다. 군주에게 문학은 경국(經國)과 관련되어 있었고, 정치에 있어서 난관에 봉착했을 때 글쓰기를 통해 이를 타개하는 양상을 보였다.[2)]

정조가 본인의 문학을 어떻게 생각했는지는 다음 글에서 잘 나타나 있다. 정조는 《홍재전서》가 1차적으로 정리되었던 1800년에 이를 보관하는 장을 만들고 다음과 같은 명문(銘文)을 작성하였다.[3)] 본인의 원고를 정리하는 시점에 본인의 저술에 대해 종합적으로 회고하는 내용으로 읽을 수 있으므로 아래에 그 핵심을 인용한다.

---

1) 이 글에서 논하고자 하는 문학이라는 용어는 현대의 순문학적인 협의의 문학이 아니라 전통 시대 광의의 문학을 지칭한다. 전통 시대의 '문학'은 인간의 지적인 저작 활동 전반을 지칭할 때가 많았다. 현대의 순문학으로서 '문학'이라는 개념은 전통 시대에는 '문사' 또는 '문장'이라 지칭했다. 백승호, 2013, 〈정조시대 정치적 글쓰기 연구〉, 서울대학교 박사학위논문.

2) 위 문제(魏文帝) 조비(曹丕)의 〈전론(典論)〉 참조. 이 글에서는 주 문왕이 불우했을 때 《역(易)》을 저술하고 주공이 예를 정리한 것을 문학의 대표적인 예로 들었다. 이러한 양상은 신유학 이후 사대부들의 저술 양상으로 이루어진다.

3) 《홍재전서》의 정리 작업은 1차적으로 1798년 가을 정조의 명에 의해 서호수(徐浩修)의 주도로 시작되었고, 1799년 완성되었다. 2차 정리 작업은 정조 사후 이만수, 김조순(金祖淳), 남공철(南公轍) 등에 의해 1801년 12월에 완성되었다. 이 정리본을 바탕으로 1814년 3월에 정리자(整理字)로 간행되었다. 자세한 내용은 정조, 임정기 외 역, 1998, 〈해제〉, 《국역 홍재전서》 1, 민족문화추진회, 2~9쪽 참조.

> 나는 3살 때부터 글을 배워 군자의 큰 도(道)에 대해 대략 들었으나, 일찍이 수사(修辭)를 잘한다고 스스로 인정해본 적은 없었다. 그러나 기무(機務)를 처리하고 국사를 경영하는 사이에 그 말을 형용하고 그 명성과 공적을 새기다보니, 공교롭게 하려고 한 것이 아닌데도 자연히 공교로워진 것이 있었다. 어찌 내가 문학을 좋아해서 그랬겠는가.[4]

위 인용문에서 정조는 자신의 문학 작품들이 통치 행위의 부산물로 산출되었다고 하였다. 그러나 문맥의 이면을 잘 읽어보면, 그에게 있어서 문학은 통치 행위에 수반된 결과물이지만 "공교롭게 하려고 한 것이 아닌데도 공교로워진 것이 있다."고 인정할 만큼 본인의 문학적 성취를 역설적으로 인정하는 대목으로도 볼 수 있다. 또한 정조는 본인의 문학 작품이 국가 경영의 과정에서 도출되었다고 밝혔다. "말을 형용한다."는 것은 본인의 글이 윤음(綸音)이나 책문(策文), 서문(序文), 갱재축(賡載軸)처럼 공식적으로 널리 반포되어 국가 사회적인 영향을 미쳤다는 것을 함축하고, "명성과 공적을 새긴다."는 것은 국가적인 사업이나 중요한 사실(史實), 충신 열사의 공덕을 금석문으로 영원히 기린다는 뜻을 함축한다. 이 역시 그의 문학 창작이 공식적이며 정치적인 배경 하에서 진행되었음을 의미한다. 즉 정조의 통치 행위와 문학 활동은 불가분의 관계였다고 하겠다.

정조가 이처럼 통치에 있어서 문학을 긴밀하게 활용할 수 있었던 것은 그의 문학 재능과 학문 연마가 뒷받침되었기 때문이다. 그가 젊은

---

4) 《홍재전서》 권53, 〈홍우일인재전서의 장명〔弘于一人齋全書欌銘〕〉, 263-335, "予自三歲授書 粗聞君子之大道 未始以修辭自許也 然而酬酢機務 經綸事爲之間 以形容其言語 刻畫其聲烈 則自有不期工而工者 豈予好文而然哉". 이하 《홍재전서》의 번역은 정조, 임정기 외 역, 1998, 《국역 홍재전서》, 민족문화추진회를 따르되, 논의를 위해 필자가 일부 수정한 부분도 있다.

시절 문학에 경도되었다는 사실은 아래와 같은 대목에서도 알 수 있다.

> 아직 보이지 못하거나 아직 수록하지 못한 작품들은, 내 태양증(太陽症) 때문에 문학을 통해 세상을 완롱하고 왕왕 헌걸찬 기운에 부림받은 바도 있었기에 원고 상자에서 꺼내 보이고 싶지 않은 것도 있었다. 그 가운데에는 남에게 말 못할 것은 없으니, 의리가 더욱 밝혀지고 규모가 더욱 정해지기를 조금 더 기다렸다가 비로소 함께 편집하더라도 늦지 않을 것이다.[5]

정조가 본인의 글 중에서 공개하지 않거나《홍재전서》에 수록하지 않은 작품이 있다는 사실을 언급한 부분이다. 정조가 태양증을 앓고 있어 밤늦게 잠을 자지 못했다는 것은 그가 심환지(沈煥之)에게 보낸 어찰에서도 확인되는 바이다.[6] 그는 잠 못 드는 밤에 작품 활동을 했는데, 그것들 중 일부는 미공개 원고로 남겨놓았다. "문학을 통해 세상을 완롱한" 작품은 일반 문인처럼 유희적인 기능에 치우친 작품일 것이다. "헌걸찬 기운에 부림 받은" 작품은 한때의 기상을 높이 과시하는 작품들이었기 때문이다. 즉 정조는 군주가 아닌 일반 문인과 같은 창작 경향을 보이는 작품을 미공개 상태로 둔 것으로 볼 수 있다. 또한 "의리가 더욱 밝혀지고 규모가 더욱 정해지기"를 기다려 공개하겠다는 작품은 대명의리와 관련된 내용일 가능성이 높다. 훗날 정치적 상황이 허락되는 시기에 공개할 것을 언급했다. 이 지점에서 정조가 비록 일반 문인과 같은 순문예적인 작품을 창작하기도 했지만,

---

5) 위의 글, "又其未及見聞而未及載錄者 以予太陽之證 因文玩世 往往有魁氣所使 不欲脫之巾衍於其中 旣無不可對人言者 則差待義理之愈明 規模之益定 始許其共編 亦未爲晚也".

6) 성균관대학교 동아시아학술원 편, 2009,《정조어찰첩》, 성균관대학교출판부.

군왕의 문학과 일반 문인의 문학을 구별하는 입장에서 후자에 가까운 작품들에 대한 공개를 신중하게 고려했고, 대명의리와 관련된 작품은 외교 문제를 고려하여 공개하지 않았음을 알 수 있다.[7]

정조는 문학을 통치 행위의 일부로 잘 활용한 군주이다. 위 인용문에서 보듯, 군주의 문학이 어떠해야 하는지를 의식하면서 문학 활동에 임했다. 그는 문학을 통한 통치, 즉 문치(文治)의 중요성과 이를 활용하는 방법을 잘 알고 있었다. 정조는 즉위 과정에서 외척과 권행(權倖)의 견제를 받았으며, 우현좌척(右賢左戚)의 정국 기조를 펼치면서 각 정파의 청류를 표방하는 사대부들을 중용하였다.[8] 그 과정에서 그는 문학에 모범을 보임으로써 정치적 영향력을 제고하고 사대부 출신 관료들의 지지를 얻으려고 했다.

그의 통치는 수많은 저술 활동의 연속이었다. 그는 글쓰기를 통해 군주가 추구하는 국가의 이상과 군주상을 제시했다. 또한 군주의 권위를 효과적으로 현시(顯示)하는 방법을 알고 있었다. 실제 정치 문제를 의중에 두고서 신하들과 시문으로 소통하였으며, 국가 차원의 기억을 형성하려고 하였다. 이러한 정조의 문학은 그가 군주라는 특수한 위치에서 글을 통해 통치의 정당성을 확립하고 정치 담론을 구축하려고 했던 '문치'의 일환으로 볼 수 있다. 이 부는 정조가 즉위 후 국왕으로서 했던 문학을 연구 대상으로 한다. 정조의 문학을 통해 군주의 문학과 통치에의 활용 양상을 파악하고, 그 과정에서 정조가 추구했던 '문치'의 구체적 양상을 정리하고자 한다.

---

7) 청나라와 외교 문제가 될 만한 대명의리와 관련된 글들은 훗날 《열성어제(列聖御製)》 별편에 별도로 편찬한 뜻과 같은 맥락에서 이해할 수 있다. 《열성어제》 별편에 대해서는 안장리, 2012, 〈'열성어제별편'에 나타난 대명의리론의 전개〉, 《열상고전연구》 42, 열상고전연구회 참조.

8) 정조 연간 우현좌척론에 대해서는 유봉학, 1999, 〈정조대 정치론의 추이〉, 《경기사학》 3, 경기사학회 참조.

1.

정학 진작과 군사상 구축[9]

정조는 성리학적 세계관을 군왕 차원에서 철저하게 구현하고, 이를 계층적으로도 확산시키려 하였다.[10] 이는 군주가 정치적 정통성과 학문적 정통성을 자임하는 현상으로, 유사한 현상이 정조와 동시대의 청나라 황제에게서도 확인된다.[11] 이는 시대적으로 보편적인 이념과 비전을 제시하여 군주에 대한 사대부 관료의 지지와 군주권의 정당

9) 김문식은 정조가 군사(君師)로서 지닌 면모를 저술과 실제의 측면에서 고찰하면서 그 전까지 산림이 주도하던 도통과 의리를 국왕이 주도하게 된 과정을 밝혔다. 김문식, 2007, 앞의 책, 태학사. 이 부에서는 정조가 추구했던 군사의 모습을 문학 영역에서 집중적으로 다룬다.

10) 정조가 이덕무, 박제가 등 서얼 문인들을 규장각 검서관으로 기용하고 규장각의 각리(閣吏)가 머무는 곳에 사호헌(司戶軒) 편액을 내려주면서 중인 계급까지도 포용하려고 했던 시도는 성리학적 세계관에 근거한 이상 정치를 이루기 위한 계층적 확산의 대표 사례라고 볼 수 있다.

11) 피터 볼(Peter Bol)은 청나라 황제들이 '도통(道統)과 정통(政統)'을 모두 대표한다고 주장함으로써 신유학(성리학)이 추구하는 "도의 비판적 기능이 소멸되었다"고 지적한 바 있다(피터 볼, 김영민 역, 2010,《역사 속의 성리학》, 예문서원, 245쪽). 정조가 청나라 황제의 통치 행위를 매우 심층적으로 검토하고 있었음을 보여주는 예는《홍재전서》의 정리 과정과 건륭제의《어제시집》 정리 과정의 유사성, 장서인 사용의 유사성의 측면에서도 확인할 수 있다. 그 유사성뿐만 아니라 이해의 세밀함의 차원에서도 정조의 이해 수준을 높이 평가할 수 있다. 정조는 건륭제의 장서인과 유사한 디자인의 〈극(極)〉 인장을 사용하였는데, 정조의 장서인에 대해서는 백승호 외, 2015, 〈규장각 소장 중국본에 압인된 정조 장서인 고찰〉,《한국한문학연구》60, 한국한문학회 참조.

성을 확립하는 과정으로 이해할 수 있다.

정조가 통치에서 문학을 중요하게 생각한 이유는 문풍의 변화와 사회의 변화 사이에 긴밀한 연관이 있다고 생각했기 때문이다. 정조는 "시는 마음 속 소리가 머문 바"라고 하였고[12] 문체의 성쇠가 정치의 성쇠와 상통한다고 보았다.[13] 그가 문학을 학문과 정치, 사회에까지 밀접하게 관련지으려 한 구상은《홍재전서》곳곳에서 보인다. 문학 경향이 시대의 다양한 모습을 반영한 것이라는 생각은 다음 대목에 요약적으로 잘 드러난다.

> 하물며 문장의 도가 커서, 치교(治教)의 높고 낮음, 풍속의 순박함과 박함, 인심의 바르고 거짓됨이 이 문장을 보면 그 높낮이와 성쇠를 열에 여덟아홉은 점칠 수 있음에랴.[14]

정조가 18세기 후반 사대부들이 명말청초의 문풍(文風)에 경도되어 있던 경향을 경계했던 것은 잘 알려진 사실이다.[15] 그는 명 말의 소품문(小品文)의 폐해가 사학(邪學, 즉 서학)보다 심하다고 비판하고, 소품문을 서학(西學)과 일맥상통하되 서학으로 빠져들게 되는 근본적인 원인으로 지적한 바 있다.[16] 언뜻 보면 양자 간에는 별로 관계가 없는

---

12) 《홍재전서》 권51, 〈시(詩)〉, 263-293, "詩者 中聲之所止也".

13) 《홍재전서》 권49, 〈문체(文體)〉, 263-257, "大抵文體隨世不同 而一世之間 亦或屢變 惟時之所尙 而其盛衰興替 未嘗不與政通矣";《홍재전서》 권50, 〈문체〉, 263-272, "文有一代之體 而與世道相汙隆 讀其文 可以論其世也".

14) 《홍재전서》 권163,《일득록(日得錄)》3, 267-193, "况文章之道大矣 治教之汙隆也 風俗之醇漓也 人心之正僞也 視此爲高下升降 而十卜其八九". 문학과 세도를 연결시키는 언급은 이외에도 여러 차례《홍재전서》에 실려 있다.

15) 《홍재전서》 권161,《일득록》1, 267-145, "明淸以來 文章多險怪尖酸 予不欲觀 今人好看明淸人文集 不知何所味也".

듯 보이나, 정조는 소품문이 성리학적 세계관에 균열을 만들고 서학에까지 귀결된다는 논지를 폈다. 그의 이러한 문학관은 문학이 사회를 반영하고 일정 부분은 사회에 영향을 미친다는 전통적인 문학관의 연장선상에 있다.

> 명 말의 문학은 초쇄(噍殺), 촉급(促急)하며 교활(狡猾)하고 잔달아 차마 똑바로 볼 수 없다. 이것은 전적으로 시대의 형세와 풍기가 그렇게 만든 것이다. 그 문장을 보고 그 시대를 생각해보니, 나도 모르게 모골이 송연해진다. 근래 진신(搢紳) 자제들 중에 그 문체를 즐겨 보는 사람이 많다는데, 그 문체가 어떠한지는 논외로 하더라도 이것이 과연 어떤 시절의 문체인데 도리어 그것을 본받고자 하는가. 이것은 진실로 어떤 마음인가. 세도(世道)에 해를 끼치는 것이 도리어 사학(邪學)보다 심하도다.[17]

밑줄 친 부분에 주목하면, 정조는 사대부 지식인이 사명감 없이 소소한 일상의 취미에 탐닉하는 것을 경계했음을 알 수 있다. 명말청초 문학에 경도된 사대부들의 창작 경향으로 인해 치세의 기상이 사라지고 문풍이 쇠미해지면, 명의 멸망과 같은 국가적 불행이 초래되지

---

16) "서양의 학문은 학문이긴 하나 어긋난 것이다. 소품문은 문학이긴 하나 어긋난 것이다. 그 시초를 거슬러 올라가본다면, 어찌 스스로 편파적이고 방탕하며 간사하고 도피하는 지경에 빠지고자 했겠는가마는, 한 번 변하면서 그 피해가 홍수나 맹수보다도 심하게 되었다. 또한 그 형세는 반드시 소품에서 비롯되어 점차 사학으로 빠져들게 되니, 길은 비록 다르지만 맥락은 서로 연결되어 있다. 오늘날 문장을 공부하는 자들은 사학을 두려워하는 것처럼 소품을 두려워해야만 오랑캐나 금수로 귀결되는 것을 면할 수 있을 것이다." 하였다. 《홍재전서》 권164, 《일득록》 4, 267-211, "西洋之學 學而差者也 小品之文 文而差者也 原其始 豈欲自陷於詖淫邪遁之地 一轉而甚於洪水猛獸 且其勢必自小品 浸浸入於邪學 路脈雖殊 線絡相引 今之攻文者 畏小品如畏邪學 然後可免夷狄禽獸之歸也".

17) 《홍재전서》 권164, 《일득록》 4, 267-211, "至於明末之文 噍殺促急 傾巧破碎 不忍正視 此專由於時勢風氣之使然 觀其文而想其時 不覺毛髮竦然 而近來搢紳子弟 多有喜學其體者 勿論其文體之如何 此果何等時而反欲效之 是誠何心哉 其爲害於世道 反有甚於邪學".

않을까 염려한 것이다. 그가 서학의 문제를 논하는 대목에서 명말청초의 문집과 고증학을 근본 원인으로 지목한 것도 동일한 맥락에서 이해할 수 있다. 즉 그는 풍속이 어그러지고 사치가 유행하면, 이단사설이 성행하고 성리학적 세계관이 무너질 수 있다는 우려를 매우 중요한 문제로 여겼던 것이다.

그렇다면 정조가 생각한 문학의 근본은 무엇이었을까? 정조는 문학이 경서에 근간을 두어야 한다는 생각을 근간으로 삼았다. 그가 세손 시절 자주 애용한 장서인(藏書印) 가운데 【대문장은 육경에서부터 나온다〔大文章自六經來〕.】라는 장서인이 있다.[18] 이 장서인은 외부에 주희의 〈훈학재규(訓學齋規)〉에 나오는 "책을 읽을 때는 세 가지가 이르러야 하니, 마음이 이르고 눈이 이르고 입이 이르러야 한다〔讀書有三到眼到口到心到〕."를 새겨두었다. 그가 세손 시절 수장한 중국본 경전류 도서에 압인한 장서인이다. 경사자집(經史子集) 사부(四部) 가운데 오직 경부(經部)에만 압인하였다. 문학과 학문에 있어서 육경과 주자의 학문론에 근간하겠다는 정조의 지향을 알 수 있게 해주는 한 사례이다. 즉위 이후에도 이러한 지향은 계속되었는데, 《홍재전서》에도 이를 뒷받침하는 언급이 여러 차례 수록되어 있다.

> 문학을 하는 도리는 마땅히 육경에 근본을 두어 그 강령(綱領)을 세우고, 제자백가의 책을 우익으로 하여 그 지취(旨趣)를 극진히 하며, 의리(義理)로써 물을 주고 영화(英華)로써 꽃을 피워서, 위로는 국가의 성대함을 알리고 아래로는 후세에 전범을 전하는 것이 바로 작가(作家)의 종지(宗旨)이다.[19]

18) 백승호 외, 2015, 앞의 글 참조.

정조가 위와 같은 언급을 한 것은 1785년이었고, 1797년에도 "의리나 문장에 있어서 육경의 올바름만 한 것이 없다."고 육경을 문학과 연결하여 언급하였다.[20] 즉 이러한 문학관은 정조의 생애를 관통하는 일관된 관점이었다. 정조가 외척과 권행의 견제를 이겨내고 즉위했다는 것은 주지의 사실이다. 그는 영조대의 기득권 세력과 타협하지 않는 대신에, 일찍부터 학문과 문학을 충실히 닦으면서 후계자로서 자질을 배양하였다. 앞 부에서 살펴보았듯이 그가 이 시기 지은 글들은 물론 경세와 애민을 표방하는 글도 있고[21] 동시에 정통적인 [illegible] 대명의리[22]를 표방하는 글도 있다.[23] 현재의 관점에서 전자를 긍정적으로 후자를 부정적으로 평가할 수 있겠지만, 당대에는 이 모든 글쓰기의 경향이 국왕 후보자에게 요구되는 자질이었다. 정조는 문학의 측면에서 이러한 과제를 훌륭히 수행하였다. 즉위 이후의 문학에서도 당대 문학의 새로운 경향보다는 국왕으로서 정통적인 입장을 강조하였다고 볼 수 있다.

이처럼 정학(正學)을 진작시키는 일관된 발언을 하면서 정조는 군

---

19) 《홍재전서》 권161, 《일득록》 1, 267-153, "爲文之道 當本之六經 以立其綱 翼以諸子 以極其趣 灌之以義理 潤之以英華 上可以鳴國家之盛 下可以垂後世之範 此乃作家宗旨也".

20) 《홍재전서》 권165, 《일득록》 5, 267-234, "予讀書頗多 而義理也文章也 無如六經之正".

21) 〈연등절 저녁(燈夕)〉, 〈삼가 숙묘의 〈추야〉 신장에 차운하다(敬次肅廟秋夜宸章)〉 등이 대표적인 작품이다.

22) 현대인의 관점에서 대명의리는 시대착오적인 국제관계관의 고집이라고 볼 수도 있을 것이다. 그러나 당대의 관점에서 대명의리는 단순하지 않았다. 요약하자면, 명의 멸망은 당시 사람들에게 문명세계의 종말을 의미했다. 정조 본인도 한시에서 "황도(皇都)는 바야흐로 잡초가 무성하고 문물은 모두 누린내 나는 먼지투성이라네(神京方鞠草 文物摠腥塵)."라고 이러한 의식을 표현한 바 있다.

23) 정조의 영사시(詠史詩)는 대명의리를 문학적으로 형상화한 한시가 다수를 차지한다. 〈신종 황제의 휘신에 느낌이 있어 삼가 짓다(神宗皇帝諱辰 有感恭賦)〉, 〈남한산성의 성가퀴가 시야에 들어오는 것이 마치 눈앞에 있는 것 같으므로 이 시를 읊어서 광주부윤에게 부치다(南漢雉堞入望 如在眼中 唫此寄城尹)〉, 〈의종 황제가 붕어한 날에 풍천의 생각을 어찌지 못하여 그저 율시 한 편을 읊는다(毅皇禮陟之辰 不任風泉之思 聊唫一律)〉 등 여러 작품이 그러하다.

사(君師)의 이미지를 구축하는 작업을 하였다.[24] 우선 다음과 같이 직접적인 발언을 통해 본인이 군사임을 자임하기도 하였다.

> 더구나 군사(君師)의 지위에 있으며 군사의 도를 행하는데 복희(伏羲), 신농(神農), 황제(黃帝), 요(堯), 순(舜)처럼 못하면서 선비들만 예스럽지 못하다고 책한다면, 그야말로 착한 것은 남에게로 돌리고 잘못은 자기 탓으로 치는 것과는 딴판이 아니겠는가.

> 내가 비록 부덕하기는 하나 군사의 자리에 있으니 마땅히 이 일로써 스스로 힘쓸 것이지만, 겸하여 시골에서 행실을 가다듬는 선비들도 기대하는 것이 있으니 각자 힘쓰기를 바라는 바이다.[25]

또한 후대 관료 사회의 주축이 될 문인들의 교육 방향에 깊숙이 관여하였다. 초계문신 및 성균관 유생의 책제(策題)에서 그 특징이 잘 나타나는데, 정조는 다양한 책제에서 학문의 방향을 교정하려고 하였다. 당대 유행하는 명말청초의 학풍을 비판하고 정학을 부양할 방법을 질문하는 아래 책제가 그 대표적인 사례이다.

> 왕은 말하노라.
> 속학(俗學)의 폐단이 심하다. 명말청초 제가들의 초쇄하고 간교한 문체가 출현하고부터 번잡한 문장과 여분의 글들이 찬란하게 꽃을 피워 해

---

24) 《홍재전서》 권10, 〈태학은배시서(太學恩杯詩序)〉, 262-159, "況予居君師之位 行君師之道 不能如羲農黃帝堯舜之聖 而徒責乎士也不古 則不其異於善則稱人 過則歸己者歟".

25) 《홍재전서》 권43, 〈양사가 사학을 논하여 아뢴 것에 대한 비답〔兩司論邪學啓批〕〉, 263-144, "予雖否德 在於君師之位 當以是自勉 而兼有望於林下飭躬之士 各思勉旃也".

학과 극담을 꿀처럼 달게 여기고 송나라 선비를 진부하다고 지목하며 당송(唐宋)의 팔가(八家)를 고정된 형태를 따르는 것이라고 비웃은 지가 어느덧 100여 년이 되었다. 서로 다투어 기괴하게 하기를 나날이 심하게 하고 다달이 성하게 하여 부지런히 세상을 시끄럽게 하고 시속을 현란하게 하는 소리를 만들어내니, 들뜬 생각은 속에서 함부로 나오고 습성의 유행은 밖에서 교차되어 고질이 되고 있다.[26] 대체로 학술이 의지하여 유지하는 것은 서적이고, 그곳에 혹처럼 붙인 것은 비단 유지할 수 없을 뿐만 아니라 도리어 문란하게 하고 더럽힐 뿐이다. …… 내가 근일에 제신이 서양 학설을 애써 배척하는 것을 보고 정성으로 정학을 밝히는 것이 이단을 물리치는 근본이 된다고 여기고 있다. 또한 일찍이 명나라 말기, 청나라 초년의 서책에 대하여 정학을 거칠게 하는 것이라고 하였다. 저들 속학의 포복하면서도 수치를 모르는 것을 어찌 다만 지식이 모자라고 견해가 비속하다고만 할 수 있을 뿐이겠느냐.

정조는 당대의 문인들이 서학이나 소품에 한눈팔지 않고 성리학에 몰두하게끔 하는 방법을 질문하였다. 그런데 정조 본인도 명말청초 서적을 독서한 흔적이 상당히 많다. 생략된 부분에서 정조가 언급한 명말청초 제가의 학설은 경학(經學), 총서(叢書), 문집(文集), 필기(筆記)를 아우르는 광범위한 독서 편력을 역설적으로 증명해준다. 이러한 사실은 규장각에 소장된 중국본에 압인된 정조의 장서인으로도 확인

26) 《홍재전서》 권50, 〈속학(俗學)〉, 263-282, "王若曰 甚矣 俗學之弊也 自有明末淸初諸家 噍殺詖淫之體出 而繁文剩簡 燦然茗華 詼諧劇談 甘於飴蜜 目宋儒爲陳腐 嗤八家爲依樣者 且百餘年矣 競相奇詭 日甚月盛 以孜孜於譁世炫俗之音 浮念側出于內 流習交痼于外 …… 夫學術之所賴而維持者書籍 而至其附贅懸疣 非惟不足維持 反有以汩亂之滓穢之 …… 予於近日諸臣之力斥西洋說也 惓惓以明正學 爲闢異端之本 而又嘗以明末淸初之書 爲正學之榛蕪 彼俗學之匍匐不知恥者 豈但曰識不逮而見太卑而已乎哉".

된다.[27] 정조가 속학에 관한 책문에서 보인 명말청초 학문에 대한 정확한 지식은 역으로 그가 명말청초의 서적에 상당히 정통했기에 가능한 것이었다.[28] 결국 정조는 명말청초 서적 수입 금지 조치로도 속학과 서학의 유행이 잦아들지 않자 학문의 다음 세대에게 스스로 스승 역할을 수행하였던 것이다.

그 대표적인 사례가 정조의 근신 김조순(金祖淳)에게서 발견된다. 정조는 젊은 그들을 지근에 두고서 학문과 문학의 방향을 인도하면서 모범적인 사례를 보이고자 했다.[29]

> 천신(賤臣)이 강경(講經)과 제술(製述)의 초계(抄啓)에 선발되어 장차《대학》을 응강(應講)하게 되었는데, 그 전날 밤에 사관으로 등연(登筵)하였다. 상이 하교하기를 "그대는《대학》서문(序文)을 읽으면 뜻이 환히 통하여 의심스러운 곳이 없는가? 서문에는《대학》전체의 해석이 담겨 있으니, 배우는 자가 먼저 서문을 이해해야만 경문(經文)을 읽을 수 있다." 하고 이어 몇 구절을 들어 글 뜻을 하문하셨다. 천신이 분명하게 대답하지 못하자, 상이 천신에게《대학》을 가져오도록 명한 다음에 책을 펼쳐 서문을 한 번 읽었다. 그러고는 상이 친히 손으로 구와 절을 가리키면서 일일이 분석하여 가르치시되, 심성(心性)의 근원으로부터 사물(事物)의 원칙에 이르기까지 수천 마디 말씀으로 자상히 일러주셨다. 그러다가 밤이 늦어서야 비로소 물러가라고 명하였다.[30]

1789년 정조는 초계문신이자 사관으로 있던 김조순이 석강(夕講)

---

27) 백승호 외, 2015, 앞의 글.

28)《홍재전서》권50,〈속학〉.

29) 안대회, 2000,〈정조의 문체 정책〉,《장서각》3, 한국학중앙연구원.

에 나오자, 그를 불러《대학》서문에 대해 논하였다. 김조순이 분명하게 대답하지 못하자, 직접《대학》을 갖고 오도록 한 뒤 구절을 짚어가며 심성의 근원과 명물도수(名物度數)에 대해서 많은 가르침을 베푼 뒤 한밤중이 되어서야 마쳤다고 한다. 정조가 김조순 같은 미래가 창창한 문신들이 모범적인 관각(館閣) 문인(文人)이 될 수 있도록 바르게 인도한 뒤 그들이 쇠미한 문풍을 회복하기를 기대했던 것이다.[31)] 이러한 군신 간 강학의 모습은 정조가 문학과 학문을 통해 근신들에게 그 모범을 보이고 이를 통해 정조의 통치에 동참하게끔 하는 시도였다고 평가할 수 있다.

정조는 성리학적 세계관이 충실하게 구현되는 국가와 사회를 표방하였다. 특히 주자와 송시열(宋時烈)에 대한 경도가 대단하였다.《양현전심록(兩賢傳心錄)》을 편찬한 데에서도 알 수 있듯이 정조의 송시열에 대한 경도는 매우 특별하였다.

> 내 일찍이 우리나라에 선정(先正) 우암(尤菴)이 있는 것이 송에 주자가 있었던 것과 같다고 생각하였다. 가령 그 학술의 순수하고 바름이나 규모(規模)의 공명정대함이나 해와 별처럼 빛나는 대의(大義), 성도(聖道)를 위해 잡목(雜木)이 우거진 길을 개척한 것 등등이 대체적으로 다 같다. 그 가운데 다른 점을 찾아 비교해보면, 선정은 다행히도 영릉(寧陵) 시대에 태어나 알고서 말하지 않은 것이 없고 거치지 않은 관직이 없으

---

30) 《홍재전서》 권162,《일득록》 2, 267-173, "賤臣被選於講製抄啓 將應講大學 前夕以史官登筵 上教曰 汝讀大學序 能通曉無疑否 序文却是一部大學全解 學者先解序然後方可讀經文耳 仍擧數句下詢文義 賤臣對不能了了 上命賤臣取大學來 披讀序文一遍訖 上親爲手指句節 一一剖析教諭自心性之原 以及名物之度 縷縷千百言 至夜分始命退".

31) 《홍재전서》 권162,《일득록》 2, 267-176, "近日文體之卑靡 視洪武年間 不啻什佰 上下全以粉飾鍛鍊爲能事 而不知大本大源之所在 此豈細憂也哉 挽回旣衰之風 賁飾休明之象 予嘗爲館閣諸臣勉之".

며 모든 국사가 다 그의 포부대로 전개되어나갔다. 이에 소인배들의 감정이 축적되어 결국 초산(楚山)의 화를 당했던 것이다. 반면 주자는 불행하게도 부릉(阜陵) 시대에 태어나서 말을 했다 하면 허다히 배척을 당하고 관직에서 내쫓긴 때가 많으며 포부를 펴내놓아도 저지당하기 일쑤였기 때문에, 소인배들의 감정이 축적되지 않고 그때그때 삭아버려 고정(考亭)에서 편안한 최후를 마칠 수 있었다. 이상의 내용이 같지 않으면서 같은 것인데, 사실은 같거나 같지 않거나 그 모두가 결국은 다 같아지고 만다. 그것은 마음의 법이 같기 때문이다.

아, 지금 주자 시대와는 400여 년의 차이가 있고 선정 시대와도 100여 년의 차이가 있는데, 이론(異論)이 떠들썩하고 횡의(橫議)가 기승을 부려 같은 것도 같다고 하지 않고 다르면 다른 점을 따져보지도 않는다. 그리하여 그럴듯하다고 생각되는 빛을 발산하는 성덕(盛德)마저도 거의 어둠 속에 가려져 빛을 잃고 있는데, 하물며 그 미묘한 마음의 법을 어디 가서 같은 점을 찾겠는가. ……

두 현인의 마음의 법이 깃들여 있는 이 책이야말로 세도(世道)를 안정시키고 사설(邪說)을 멎게 하는 데 절대적인 영향을 줄 것이다.[32]

첫 번째 단락에서 정조는 송시열의 학문과 행적이 주자의 그것과 유비적으로 일치하는 관계에 있다고 평가하였다. 즉 송시열은 조선

---

32) 《홍재전서》 권9, 〈양현전심록서(兩賢傳心錄序)〉, 262-148, "予嘗以爲本朝之有先正尤庵 猶宋之有朱子也 蓋其學術之純正 規模之磊落 大義之炳日星 聖道之闢榛蕪 大抵無不同 而以其不同者揆之 先正幸而生於寧陵之世 知無不言 官無不拜 設施注措 無不展布 故羣小之憾 蓄而未洩 卒被楚山之禍 朱子不幸而生於阜陵之世 言多見斥 官多見黜 設施注措 多見沮敗 故羣小之憾洩而不蓄 卒安考亭之簀 此其不同之同 而實則同與不同 無一之不同者 心法同故也 嗚呼 今去朱子四百餘年 去先正又百餘年 異論喧豗 橫議熾張 同不云同 異不究異 自其盛德光輝之相髣髴者 幾皆掩晦而不章 矧乎心法之微妙 將於何考其同 …… 是書也兩賢心法之所在 而靖世道息邪說 抑未必不有賴於此".

의 주자와 같은 인물이라는 평가이다. 둘 사이의 차이는 송시열은 조선 효종의 지우를 입었던 반면, 주자는 송 효종의 지우를 입지 못했던 점이다. 송시열에 대한 정조의 존경은 매우 각별하였다. 정조는 꼭 그를 선정신(先正臣), 대로(大老) 등 존경의 뜻을 담아 호칭하였다. 이러한 점은 정조의 장서인 사용에서도 알 수 있는데, 정조는 송시열의 《대로일고(大老逸稿)》를 위해 다른 책에는 사용하지 않았던 고유한 장서인을 다수 제작, 압인한 바 있다.[33]

두 번째 단락은 송시열의 학문적 업적이 정치적 이유로 폄훼되었던 당대 학풍을 개탄하였다. 정조는 주자와 송시열의 학문이 궁극적으로 합일한다는 데 의문을 제기하는 시각에 대해 문제를 제기하였다. 송시열과 주자는 학문적으로 동궤(同軌)인데, 이 점에 대해 이론이 횡행하고 있어 정작 둘 사이의 일치하는 심법을 전하기 어렵다는 내용이다.

마지막 단락에서는《양현전심록》을 편찬하면서 송시열을 기준으로 하는 주자학의 심법을 회복함으로써 당대 유행했던 명말청초의 학문이나 천주학의 폐해를 극복하고자 했던 편찬 의도를 밝혔다. 정조가 당대 초쇄한 학풍이 야기하는 폐단을 해결하기 위해 가장 중점을 두었던 것이 이와 같은 성리학적 세계관의 회복이었음을 다시 한 번 확인할 수 있다. 이와 같이 정조는 직접 학문 연구와 저술을 통해 성리학을 진작하였고, 이를 바탕으로 군사의 이미지를 구축하였다.

---

33) 자세한 내용은 김영진·박철상·백승호, 2014, 〈정조의 장서인-규장각 소장 조선본을 중심으로〉,《규장각》45, 서울대학교 규장각한국학연구원 참조.

2.
왕권의 현시

중세시대 동양의 군주는 예와 악을 통한 통치를 추구하며, 왕권의 정당성을 뒷받침할 여러 형태의 형상화 방법을 활용하였다.[34] 정조가 그의 시문을 통해서 구현하고자 한 바도, 크게 보아서는 군주가 성왕(聖王)의 이상적인 정치를 실천하고 있다는 정당성을 뒷받침하는 문학적 기법이라고 할 수 있다. 그는 형체가 없는 국왕의 권위와 권력의 정당성을 시문으로 형상화하였다. 여기서는 이러한 정조의 문학 활동을 보이지 않는 권위를 '드러내 보인다'는 뜻인 '현시(顯示)'라는 용어를 핵심으로 삼아 살펴보고자 한다.

정조는 국왕의 입장에서 독점적으로 사용할 수 있는 '군주의 언어'로 글쓰기를 수행하여 왕권을 구체적으로 현시하였다. 주제, 소재의 측면에서 당대의 문학적 상징 체계 안에서 국왕의 권위를 구체적으로 형상화하였다. 그는 학문과 저술의 상징적 권위를 최대한 활용했

34) Chen, Jack W., 2010, *The Poetics of Sovereignty: On Emperor Taizong of the Tang Dynasty*, Cambridge, Mass.; London : Harvard University Press, pp.48~51.

고, 태평성대를 자찬하는 문학 작품을 지었다. 또한 신하들에게 시를 지어주거나, 신하들과 시를 주고받는 문학 모임을 치세 연간 지속하였다. 때때로 공식적인 행사에서 행사의 의미를 널리 알리거나 그것의 의의를 기리기 위해 신하들과 대규모 갱재축을 공동으로 작성하기도 하였다.

이처럼 군주의 통치에 문학을 활용했다는 측면에서 보면, 정조의 문학은 순문학적 예술성보다는 목적성이 짙을 것이라고 예상하기 쉽다. 그런데 다음에 인용하는 정조의 작품에서 볼 수 있듯이, 정조의 문학 작품은 한문학 장르의 문체적 관습을 충실히 따르면서 문학성 또한 뛰어나며, 동시에 정치적 함의를 표하고 있는 성취를 보여주고 있다. 다음 작품을 예로 든다.

〈세심대에 올라 꽃구경을 하며 시를 읊어 여러 신하에게 보이고, 여기에 화답하게 하면서 차가 끓을 때까지 다 짓기로 시령(詩令)을 내리다〔登洗心臺賞花 口占 示諸臣和之 以茗熟爲令 辛亥〕〉

한가롭고 꽃다운 봄날에	暇日芳春節
세심대에서 속세의 소란함을 씻노라.	心臺洗俗喧
두 산이 참으로 문 하나로 통하니	兩山眞一戶
온 숲이 또한 같은 동산이구나.	千樹亦同園
아름다운 하늘빛은 고요하고	豔豔天光靚
우뚝하게 지세는 높구나.	登登地勢尊
자리에 백발노인이 많은데	坐間多皓髮
내년에도 오늘 같은 잔치를 벌이세.[35]	來歲又今樽

이 시를 한시 장르의 문체적 관습의 측면에서 감상하자면, 표면 구조상 수련은 파제(破題), 함련과 경련은 관련 경물 묘사(함련은 세부적인 규모의 경치, 경련은 큰 규모의 경치), 미련은 잔치에 참석한 인물에게 보이는 정조의 감회이다. 시의 전반부에서 경치를 읊조리고, 후반부에 시인의 소회를 드러내는 전형적인 율시의 전경후회(前景後懷) 구성 방법이다. 율시는 일반적으로 경물을 읊조리는 동시에 그것에 시인의 감정을 중의적으로 담아낼 때 작품의 성취가 높다고 평가된다. 정조의 이 작품도 그러한 점에서 높은 성취를 보여주었다. 어제시(御製詩)의 시구 하나하나가 율시의 기법에 맞게 정교하게 배열되어 풍경을 읊은 경물시(景物詩)로서 성취를 거두었다.

그런데 이 시는 동시에 시구 하나하나가 정치적 함의를 내포하고 있다. 정조가 시를 지을 때 이 점을 매우 신경 써서 시구를 배치한 점을 살펴보기로 한다. 먼저 시의 창작 공간인 세심대(洗心臺)는 봄날 도성의 꽃구경 장소로 유명한 곳이었다. 《한경지략(漢京識略)》에 "세심대는 인왕산 아래에 있으며 육상궁(毓祥宮) 뒤의 석벽에 '세심대'라고 글자를 새겼는데, 꽃나무가 많아서 봄철에는 구경하기에 적당하다."고 한 바 있다. 그런데 국왕 정조가 도성의 명소에서 군신과 단순히 상화(賞花) 모임을 한 것은 아니었다. 창작 배경이 되는 이날의 행차를 재구성해보면 다음과 같다.

《승정원일기》를 참조하면 정조가 세심대를 올랐던 날은 1791년 음력 3월 17일이었다.[36] 정조는 이날 영조의 어진을 봉심(奉審)하고 육

35) 《홍재전서》 권6, 〈세심대에 올라 꽃구경을 하며 시를 읊어 여러 신하에게 보이고, 여기에 화답하게 하면서 차가 끓을 때까지 다 짓기로 시령을 내리다〔登洗心臺賞花 口占 示諸臣和之 以茗熟爲令-辛亥〕〉, 262-83.

36) 《승정원일기》 탈초본 89책, 정조 15년 3월 17일 기사 참조.

상궁과 선희궁(宣禧宮)을 참배하였다.[37] 그러고 나서 신하들에게 "오늘 날씨가 참 좋으니 경들과 함께 꽃구경을 하겠다."고 명을 내리고 세심대에 올랐다.

세심대는 선희궁의 뒷산 자락에 있어 가까웠을 뿐만 아니라 사도세자와 관련된 명소였다. 이곳은 본디 사도세자의 신위를 모신 사당인 경모궁(景慕宮) 터로 비정되었는데, 영조 연간 권행 때문에 무산된 곳이다. 이곳은 또한 사도세자가 태어났을 때 박문수(朴文秀)가 와서 세자의 탄생을 경하하는 시를 지었던 곳이기도 하다. 정조는 사도세자에 대한 그리운 마음을 표하기 위해 봄철에 이곳을 찾아갔다고 밝힌 바 있다.[38]

수련에서 "속세의 소란함을 씻는다"고 했는데, 이는 누대의 이름을 파제한 것인 동시에, 위에서 설명한 사도세자의 사당 위치 비정 문제와 영조 연간 권행의 횡포에 관한 속세의 여러 번잡함을 씻어버리려는 정조의 의중을 담은 것으로 해석된다.《승정원일기》에서도 정조는 "마음을 씻는다"는 이 지명이 "진실로 우연히 그러한 것이 아니다"라고 언급한 바 있다.

함련에서 "두 산이 하나의 문으로 통한다," "온 숲이 모두 한 동산이다"라고 한 것은 실제 세심대가 선희궁 후원의 문을 통해 나아갈 수 있는 길목에 있고,[39] 인왕산과 북악산을 잇는 산세의 중간에 위치하였기 때문이다. 지명만 나열한 것 같지만 여기에도 정치적 함의가

---

37) 육상궁은 영조의 생모 숙빈 최씨의 신위를 모신 사당이고, 선희궁은 사도세자의 생모 영빈 이씨의 신위를 모신 사당이다.

38) 《정조실록》, 정조 19년 3월 7일.

39) 《홍재전서》 권182, 〈군서표기(羣書標記)〉, 〈세심대갱재축(洗心臺賡載軸)〉, 267-551, "宣禧宮後園 北連仁王之麓 由園門西迤北上 有洗心臺 臺以洗心名 因地而寓慕也 歲輒一臨以爲課 臨輒有詩以爲識 蓋臺之遊 始於辛亥 時以茗熟爲詩令 賡載者十六人".

담겨 있다. 이날 한쪽은 영조의 생모를, 다른 쪽은 사도세자의 생모를 모신 사당을 다녀온 창작 배경을 고려할 때, 정조가 왕으로서 종통을 지키고 있는 정치적 인격과 생물학적으로 사도세자의 뒤를 이은 개인적 인격을 모두 언급하고자 하는 의도를 세심대에서 좌우로 보이는 선희궁과 육상궁의 경물에 이입한 것으로 볼 수 있다.

미련에서는 '백발노인'을 언급하면서 매년 봄마다 이 시회를 상례화하자고 하였다. 시의 주석에 따르면, 이때 공조판서 이민보(李敏輔)가 75세, 예조판서 정창순(鄭昌順), 판돈영부사 이풍(李灃)이 65세였기 때문에 미련에서 '백발노인'을 언급한 것이다.[40] 정조는 이 시회의 의미를 각별하게 생각하여 이후 매년 이곳에서 군주와 신하가 지은 시들을 시축(詩軸)으로 만들어《세심대갱재축(洗心臺賡載軸)》으로 정리해 두었다.《군서표기》 해당 항목에 설명한 대로 정조의 세심대 시회는 사도세자에 대한 추모의 뜻을 담아 매년 정례화되었고, 정조는 처음 모임에서 노대신(老大臣)들의 축수(祝壽)의 뜻과 함께 시회의 상례화를 공식화하는 정치적 함의를 내포하는 시를 지었다. 그리고 이에 대한 신하들의 의견 제시 또는 동의를 구하기 위해 역시 신하들의 갱재시를 요구하였다. 위 세 명의 대신 외에도 채제공(蔡濟恭), 오재순(吳載純), 이만수(李晩秀), 윤행임(尹行任), 이유경(李儒敬) 등 16인이 시를 짓는 데 참여하였다. 1791년 이후 정조는 매년 봄 3월에 육상궁을 참배한 다음 근방의 연호궁(延祜宮)과 선희궁을 참배하고 세심대에 올라 신하들과 함께 꽃구경, 시 짓기, 활쏘기 등을 하였는데, 이 행사는 사도세자에 대한 추모의 뜻을 담는 행사가 되었다.

---

40) 《홍재전서》 권6, 〈세심대에 올라 꽃구경을 하며 시를 읊어 여러 신하에게 보이고, 여기에 화답하게 하면서 차가 끓을 때까지 다 짓기로 시령을 내리다〉, 262-83, "工判七十五歲一 提學判敦寧守禦使各六十五歲 下句及之".

이같이 정조는 문학의 장르적 관습을 지켜 시문을 창작하면서도 여기에 정치적인 함의를 담아내었다. 본인이 시를 이러한 방법으로 창작했기에, 그는 신하들이 창작한 시의 정치적 의미를 묻곤 하였다. 심환지와 이만수에게 보낸 편지에서 그 사례를 확인할 수 있다.[41] 정조는 1798년 3월 17일에 보낸 어찰에서 심환지가 지은 한시에 있는 "반나마 비었다"라는 구절의 의미를 물었다.[42] 누군가가 벽파에서 이탈한 것은 아닌지 그 정치적 함의를 물었다. 이만수에게는 자신이 어제시에서 미처 표현하지 못했던 정치적 의도를 이만수의 갱재시를 통해 구현하고자 하는 의사를 전했다. 이와 같은 정조의 문학은 형체 없는 권력을 문학을 통해 형상화하는 행위로 해석할 수 있다.

다음으로 정조는 시문에서 본인의 치세가 성왕의 이상 정치를 구현하는 태평성대임을 즐겨 언급하였다. 그것은 일방적인 선언이나 의지의 표방이 아니라 시문에서 객관적인 상관물을 묘사한다거나 은유한다거나 하는 문학적 기법을 통해 이루어졌다. 예를 들어 눈 내린 밤에 홍문관 관원들과 함께 지은 시의 한 연을 인용한다.

주렴 가에 상서로운 눈이 종횡으로 내리어	簾頭瑞雪集縱橫
높고 낮은 데 골고루 대지에 공평하게 내렸네.[43]	均著高低大地平

농경 사회에서 눈이 내리는 것은 훗날 가뭄을 해소하고 풍작을 예

41) 안대회, 2009, 〈어찰의 정치학 – 정조와 심환지〉, 《역사비평》 87, 역사문제연구소, 157~202쪽; 백승호, 2014, 〈극옹(屐翁) 이만수(李晩秀) 관각시 연구〉, 《한국한시연구》 22, 한국한시학회 참조.

42) 해당 한시는 《만포유고(晩圃遺稿)》, 〈육각봉 아래 화원의 작은 정자에서 운자를 정해 짓다〔六閣之下花園小亭拈韻〕〉이다. 안대회, 위의 글, 174쪽 재인용.

43) 《홍재전서》 권5, 〈눈 오는 밤에 옥당의 관원들을 소대하고 연구를 짓다〔雪夜召對玉堂官聯句〕〉.

견해주는 상서로운 징조로 여겨졌다. 정조는 눈에 대한 관습적인 상징에 더해 눈이 많이 내려 세상을 골고루 뒤덮고 있는 모습에 착안했다. 즉 눈이 어느 곳 하나 빠진 데 없이 대지를 덮어준 경물을 읊은 것이지만, 눈을 매개로 군왕이 만백성에게 선정을 베풀겠다는 뜻을 담았고 당시 시회에 참여했던 신하들도 이같이 이해했을 것이다. 본인의 치세를 태평성대로 현시하는 것은 정조의 시문 창작에서 일관되게 보이는 경향이다. 한시로서 문학성이 뛰어난 몇몇 작품을 들면 다음과 같다.

〈고양 아헌에서 삼가 선조(先朝)의 어제시에 화답하다〔高陽衙軒 恭和先朝御詩〕〉[44)]

고양군(高陽郡)이 조그맣지만	蕞爾高陽縣
그래도 밤에 군대를 주둔시킬 만하구나.	猶堪夜駐軍
산에 가득한 것은 모두 백성들이요	漫山皆赤子
들에 펼쳐진 것은 누런 벼로다.	布野是黃雲
햇볕은 일렁이는 깃발에 빛나고	日耀旌旗動
바람은 들려오는 군악 소리를 따르네.	風隨鼓角聞
할아버님 시 지으신 것 어제 일 같은데	璇題如昨日
한 번 읽으니 눈물이 줄줄 흐르네.	一讀涕紛紛

1778년 8월경 능행 도중 고양군에 머무를 때 지은 작품이다. 수련은 파제이다. 고양군에 머무른다는 시 창작의 객관적인 배경을 알려

44) 《홍재전서》 권5, 〈고양 아헌에서 삼가 선조의 어제시에 화답하다〔高陽衙軒 恭和先朝御詩〕〉.

주는 내용이다. 《승정원일기》 관련 기록을 살펴보면 임금이 머물 숙소 정비에 관해 대신들과 여러 차례 논의한 바가 실려 있다.[45] 정조는 파제를 통해 숙소에 대한 만족감을 보이며 신하들의 노고를 치하한 것이다. 함련 상구에서는 백성들이 임금을 보러 모인 상황을 묘사했고, 함련 하구에서는 가을철 풍년이 든 상황을 묘사했다. 임금님을 보려고 백성이 모인 것은 덕화(德化)의 표상이요, 풍년은 태평 시대의 표상이다. 정조는 덕화와 태평을 표상하는 데 그치지 않고 경련에서 태양, 바람 같은 자연물까지도 본인의 통치에 감응하는 모습을 시적으로 형상화하였다. 아울러 세손 시절 영조의 능행에 따라갔던 일을 회상하면서 선왕의 통치를 계승하는 모습으로 시를 맺었다. 영조의 어제시에 화답하는 작품이지만 선정의 포부와 태평성대의 기상을 그 안에 자연스럽게 녹여내었다.

1783년 《국조보감(國朝寶鑑)》을 완성하고 난 뒤 이 책을 찬집한 여러 신하들에게 보인 시에서도 문학을 통해 신하들의 노고를 치하하고 선정을 이루고자 하는 포부를 밝혔다.

〈찬집에 참여한 여러 신하들에게 보이다(示纂輯諸臣)〉[46]

열성조의 훌륭한 덕에 관한 일	列朝盛德事
우뚝하고 빛나니 잊을 수 있으랴.	巍煥可能忘
비록 명산에 비장한 《실록》이 있으나	縱有名山祕
오직 의지할 것은 상세한 《국조보감》이라네.	惟憑寶鑑詳

45) 《승정원일기》, 정조 2년 8월의 여러 기사에서 고양군 숙소 정비에 관한 언급들이 보인다.

46) 《홍재전서》 권5, 〈찬집에 참여한 여러 신하들에게 보이다(示纂輯諸臣)〉, 262-71.

제신은 선왕 모습을 더듬어 찾고　諸臣摸日月
소자는 선왕 그리는 마음 부친다네.　小子寓羹牆
일통의 책이 이루어졌으니　一統書成後
다스리는 계책 만세토록 영구하리.　治謨萬世長

수련은 선대 여러 국왕들의 업적을 기억하고 계승할 필요성을 밝혔다. 정조 이전에는 《사묘보감(四廟寶鑑)》, 《선묘보감(宣廟寶鑑)》, 《숙묘보감(肅廟寶鑑)》 등 3종의 보감이 있기는 했지만, 누락된 왕들이 많았다. 정조는 영조의 보감을 만들면서 누락된 선대 국왕의 보감을 모두 완성하는 작업을 추진하였다. 그리하여 정종(定宗), 단종(端宗), 세조(世祖), 예종(睿宗), 성종(成宗), 중종(中宗), 인종(仁宗), 명종(明宗), 인조(仁祖), 효종(孝宗), 현종(顯宗), 경종(景宗), 영조(英祖) 임금의 보감을 편찬하였다. 함련에서는 계승을 위한 문헌 중에 《실록》은 열람할 수 없으니 《국조보감》을 편찬하였다는 《국조보감》 편찬의 필요성을 밝혔다. 아울러 통치를 위해 필요한 기사를 재편집하였다고 책의 성격을 밝혔다. 경련에서는 '일월(日月)', '갱장(羹牆)' 고사를 사용하여 편찬 이후 이 책을 보는 신하들과 정조 자신의 감상 태도를 제시하고, 미련에서는 이 책을 바탕으로 치세를 다짐하였다. 《국조보감》의 편찬과 의의라는 관점에서 시상을 조직하고 여기에 정치적인 포부를 담아내었다.

다음에 인용하는 한시는 규장각 각신들에게 충성을 다하고 학문에 정진할 것을 면려하는 의도로 지어진 작품이다. 직접적인 목적성을 띤 작품에서조차 문학적 구성의 치밀함을 추구하는 정조의 시문 경향을 잘 보여주기에 인용한다.

〈황단에서 재계하던 날 밤에 이문원에 묵으면서 각신을 소견하고 짓다〔皇壇齋夜 宿摛文院 召見閣臣有作〕〉[47]

문장이라는 여사(餘事)로 어진 인재를 간택하여	文章餘事揀材賢
매양 정사를 논하며 경연에 참여하도록 허여하였네.	每許都兪侍法筵
가로세로 권축의 서책에는 도가 실려 있고	牙軸縱橫書載道
단정하고 깨끗한 빙함(冰銜)의 관리는 신선 같도다.	冰銜端潔吏如仙
용도각 아름다운 제도는 도리어 예전 제도와 같으니	龍圖美制還依舊
봉각의 새 처마인들 어찌 예전만 못하리오.	鳳閣新榮豈讓前
가장 기쁜 건 관청이 대궐과 가깝게	最喜官居天上近
금림(禁林)의 깊은 곳에 풍연을 관장함이로다.	禁林深處管風烟

이 시는 정조가 대보단에 모신 명나라 황제의 제사를 지내기 위해 규장각에 묵으며 재계하던 밤에 지은 것이다. 수련은 규장각에 우수한 인재를 발탁하였음을 인정하는 내용이다. 요 임금의 조정에서 문학이 뛰어난 신하들을 선발하여 군신 간에 자유롭게 정사를 토론했던 것처럼, 각신들이 자신과 함께 요 임금의 조정처럼 정사를 논했으면 하는 바람을 담았다. 함련은 규장각에 서적이 많이 수장되어 있고, 규장각 관직이 빙함, 즉 청요직임을 밝혔다. 경련은 규장각과 유사한 역할을 했던 중국의 관서와 비교했는데, 용도각(龍圖閣)은 송나라 진종(眞宗) 때 고사이고 봉각(鳳閣)은 당나라 때 고사이다. 규장각의 설치 및 제도가 송대 황제들의 어진과 어제를 보관하는 용도각 제도와

---

47) 《홍재전서》 권5, 〈황단에서 재계하던 날 밤에 이문원에 묵으면서 각신을 소견하고 짓다〔皇壇齋夜 宿摛文院 召見閣臣有作〕〉, 262-71.

유사하게 운영되었기 때문에 이를 언급한 것이고, 봉각은 이즈음 규장각이 이사하였기 때문에 언급한 것이다. 미련은 규장각과 편전이 가까워 각신들이 궁중의 여러 풍경을 함께할 수 있음을 언급했다. 이는 궁궐의 아름다운 풍경을 각신들과 함께하는 것이 기쁘다는 표면적인 의미 외에 그들이 궁궐 깊은 곳에서 근신으로서 국사에 참여하는 국정 운영의 동반자가 됨을 의미하는 것이다. 따라서 정조는 규장각 설립의 취지와 제도, 설비 등을 이야기하면서 각신들을 근신으로 여기겠다는 뜻을 밝힌 것이다. 이처럼 정조는 평범한 율시에 본인의 정치적 의중을 담아내곤 했다.

참고로 영조의 어제시문은 본인의 소회를 직설적으로 피력하거나 구성의 측면에서 문학적인 수사나 기법을 사용하지 않고 뜻을 전달하는 데 집중하는 측면이 있었다. 즉 제왕이 시문을 완농(玩弄)한다는 혐의를 피하고 '사달(辭達)'이라는 면모를 부각하려는 의도가 보인다. 반면 정조의 시문은 시상의 구성과 조직의 치밀함, 단어의 선택이라는 측면에서 볼 때 최상급 문인의 작품에 비겨도 손색이 없다. 다만 정조는 이러한 문학적 수사와 기법에 본인의 정치적 목적을 결합하는 데 주안점을 두었다. 그리고 그 이질적인 두 요소가 매우 긴밀하게 엮여서 국왕의 권위와 권력을 드러내 보이고 통치의 전모를 밝히는 데 공헌하였다.

3.

군신 간의 소통

정조는 신하들과 시문을 통해 소통하려고 하였다. 그는 측근에게 시문을 내리다가 점점 그 범위를 확대해나갔다. 그리하여 동덕회(同德會) 구성원, 규장각 각신, 각신의 자제, 친척들까지 시문의 수창 범위를 넓혔다. 초창기의 동덕회 시회가 최측근 모임으로 정조 즉위에 성심을 다해 공을 세운 궁료 출신 관료들의 단합 모임이었다면, 정조 연간 후반부에 열린 군신 수창은 원자(훗날의 순조)와 각신들의 자제들까지 널리 포괄하는 대를 이은 충성을 다짐받는 모임이었다.

그 과정에서 등장한 논리가 '정구팔황 호월일가(庭衢八荒 胡越一家)'라는 언급이다. 정조는《일득록》〈정사〉2에서 다음과 같이 이야기하였다.

> 상이 이르기를, "내가 사람을 등용할 때에는 실제로 편벽되이 매이는 뜻이 없고 오직 인재만을 취한다. 그래서 전첩(殿帖)에 '팔황을 뜰이나 앞길처럼 살피고 호월을 일가처럼 여긴다(庭衢八荒 胡越一家)'라는 여덟 글자를 써놓았다. 조정 신하들이 나의 이러한 뜻을 인식한다면 필시 마

음과 생각을 바꾸어 감히 알력을 일으키지 못할 것이다." 하였다.

또한 정조는 창덕궁 중희전(重熙殿) 곁 소주합루(小宙合樓)에 팔분체로 '정구팔황 호월일가' 여덟 자를 써서 당의 문 위에 걸었다. 그리고 위의 문구를 장서인으로 제작하여 정조 연간 후반부에 제작한 서적에 압인하였고, 때로는 그 서적을 신하들에게 하사하기도 하였다.

정조는 이 문구를 탕평의 의지와 공평한 인재 등용의 뜻으로 풀이하였는데[48] 그 방법론이 위의 군신 수창의 과정에서처럼 군신 간의 관계를 유교의 가족 윤리 체계 안에 끌어들여 군주에 대한 충성심을 유도하는 것이었다. 이러한 사례는 명 영락제(永樂帝)가 '화이일가(華夷一家)', 청 건륭제(乾隆帝)가 '중외일가(中外一家)'를 내세우며 동아시아 문명권의 통합과 군주권 강화를 시도했던 움직임과 유사하다.

그리하여 정조는 군신 간 수창할 때 '일가(一家)'라는 표현을 종종 사용하였는데, 원자였던 순조가 참석했던 시회에서는 신하들 보기를 '일가'처럼 본다고 하며 대를 이은 충성을 부탁하기도 하였다. 아래는 반제(泮製)에 선발된 유생들과 각신, 승지, 사관 등과 함께 지은 연구 가운데 정조가 지은 부분만 인용한 것이다.

원기를 양성하여 일가의 봄을 이루니　　養來元氣一家春
술 마시고 문학 논하며 또한 참됨을 보이라.　　樽酒論文又見眞
……

---

48) 정조는 이가환(李家煥)이 당파적 공격을 받자 역시 '정구팔황(庭衢八荒)'의 논리로 이가환을 두둔하였다. 《여유당전서(與猶堂全書)》 문집 15, 〈정헌 묘지명(貞軒墓誌銘)〉, 282-326, "肆予特書燕寢之扁 曰蕩蕩平平室 以庭衢八荒四大字 遍題八窓之楣 昕夕顧諟 作我息壤 於是乎篳路藍縷 披自草萊 家煥特其中一人耳".

글을 읽어야 바야흐로 그 시대에 쓰이나니 讀書方可爲時用
재상이 모두 이런 모임으로부터 나왔다오. 宰相皆從此會人

이상은 선발된 유생에게 학문 정진을 부탁하며 훗날 재상의 재목이 되기를 기대한다는 내용의 어제이다. 역시 예비 관료들을 '일가'의 논리로 포섭하고 있다.

정조는 신하들과 함께 시를 수창하고 문학을 통해 교유했으며, 서적 편찬 등 공동 연구 작업을 통해 학문적으로도 소통하였다. 세손 시절 그는 시강원 관원들과 시를 수창하였고, 즉위 직후에는 동덕회를 열고 시를 수창했다. 초기의 군신 수창은 정조의 측근 육성이라는 의미를 지닌 모임이었다. 이러한 문학 교류는 점차 그 규모가 확대되어 국가의 공식 행사의 의미를 밝히고 국가의 화합을 선전하는 데 널리 활용되었다. 그 결과물은 48권의 갱재축으로 정리되었다.[49]

정조의 군신 수창과 측근 세력 육성의 대표적인 사례는 동덕회이다. 이 모임은 정조 즉위에 성심을 다한 소규모 측근 신하들의 모임이었다. 정조는 서명선(徐命善)이 대리청정을 방해하던 홍인한, 정후겸을 논핵하는 상소를 올렸던 12월 3일에 매년 동덕회 모임을 가졌고, 외직에 나가 있어 불참하게 된 신하들에게는 별도의 시를 지어 보냈다. 다음은 동덕회 최초의 모임에서 정조가 신하들에게 보인 시이다.

---

49) 정조의 군신 수창에 대해서는 백승호, 2016, 앞의 책 참조; 이미진, 2014, 〈정조의 연구시 창작과 그 의미〉, 《대동한문학》 41, 대동한문학회 참조.

〈동덕회(同德會)〉[50]

하늘 문에 저녁 구름 헤치고	閶闔排雲夕
함지에서 가을 해를 떠받쳤네.	咸池擎日秋
이 모임 백 년 동안 길이길이	百年長是會
덕을 함께하고 또 복도 함께하리라.	同德又同休

기구와 승구는 서명선을 비롯한 동덕회 신하들이 정조 즉위에 공을 세운 것을 비유적으로 표현한 것이다. '창합(閶闔)'은 하늘 문인 동시에 궁궐 문이기도 하므로 궁궐을 의미하고, 구름은 임금의 총명을 가린 홍인한, 정후겸 같은 권행을 비유한다. 함지는 해가 진다고 하는 전설상의 연못이다. 여기에서 해를 떠받친다는 것은 서명선, 홍국영, 정민시 등이 목숨이 위협받는 1775년의 상황에서 정조의 즉위를 뒷받침한 일을 마치 해가 지기 전에 태양을 떠받친다는 적절한 비유로 표현한 것이다.

그런데 이 시는 공신들을 치하하는 데 그친 것이 아니다. 전구와 결구는 표면상 길이길이 복을 함께 누리자는 의미로 보인다. 동덕은 《서경》의 '동심동덕(同心同德)'에서 유래한 말로 복심(腹心)의 신하를 지칭할 때 쓰이는 단어이다. 그러나 이 시는 정조가 '동덕'의 의미를 중의적으로 활용했다고 해석해야 시의 묘미를 제대로 파악할 수 있다. 즉 결구를 번역할 때 "덕을 함께할 때, 복도 함께 누릴 수 있다"는 의미로 보아, 정조의 측근 신하들이 정조의 통치에 부응할 때 심복으로 국정을 함께 이끌어갈 수 있다는 대전제로 번역하는 것이다. 즉 정

50) 《홍재전서》 권5, 〈동덕회(同德會)〉, 262-71.

조와 동덕회 신하들은 운명을 함께하는 공동체이기도 하지만, 그것은 덕을 함께 닦을 때 가능하다는 의미이다. 공신들이 자신들의 공적을 믿고 권력을 누리다가 불행한 결말을 맞았던 전례는 역사에서 수없이 찾을 수 있다. 정조는 최측근 신하들에게 "덕을 함께 할 것"을 강조하며 정국을 담당한 대신들에게 처신을 경계하게 한 것이다. 그리하여 모임 이름을 '동덕회'라고 정한 취지를 측근들에게 이해시키고 이 모임이 최측근 간 결속 모임에 그치지 않도록 하였다.[51]

군주가 신하들과 시를 주고받는 것은 한 무제의 백량대 고사에서 유래한 것으로, 군신 간의 화합과 평화로운 시대를 널리 알리는 일종의 문학적 과시라고 할 수 있다. 군주는 시를 보이며 자신의 의중을 알리고 신하에게 이에 부응할 것을 요구할 수 있다. 측근과의 시회 동덕회에서 시작한 군신 수창은 규장각 각신, 나중에는 대신들과 그 자제들까지 모이는 대규모 시회로 확대되었다. 이러한 군신 수창 모임은 근왕 세력 육성은 물론, 이른바 '소장함집(少長含集)'의 모임이 되어 대를 이은 결속을 표명하는 중요한 모임이 되었다.[52]

정조는 규장각 각신이 외직으로 나아갈 때 시를 지어 보내는 것을 상례로 삼았다. 정조가 박종보(朴宗輔)에게 보낸 어찰을 보면 각신이 외국으로 나가니 으레 시를 지어 보내야 하는 법이라고 하는 언급이 있다.[53] 다음 인용하는 시는 규장각 제학이었던 김종수가 평안도관찰사로 나아갈 때 전별의 의미로 준 시이다.

---

51) 시의 4구를 이렇게 해석할 수 있는 근거는 《홍재전서》 권8, 〈동덕회축서(同德會軸序)〉에서 착안하였다.

52) 정조와 신하들 간의 연구시 수창의 예는 백승호, 2016, 앞의 책, 22~31쪽에서 자세히 다루었으므로 여기서는 생략한다.

〈평안도관찰사로 나가는 제학 김종수에게 주어 보내다(賮提學金鍾秀出按關西)〉

경 보내는 회포를 정히 끊어내기 어려운데	送卿懷緖正難裁
경의 어머니는 응당 편안하게 잘 가시겠지.	板輿知應穩往廻
여색과 재물 멀리함은 본래의 경계 있으니	遠色廉財存素戒
강산이 아무리 좋아도 과음만 주의하게나.	江山雖好惜深盃

이 시는 1778년 작이다.《몽오집(夢梧集)》의 연보를 보면 이때 정조가 미처 전별시를 써놓지 못하여 즉석에서 시를 불러주고 김종수에게 받아 적게 하였다.[54] 즉석에서 지은 시라 시의 구성상 특기할 점은 없으나, 정조가 측근의 개인적인 사정을 돌아보고 있는 모습은 주목할 만하다. 김종수 외에도 정조는 여러 대신에게 개인적인 관심을 보였다. 1796년 11월 그믐날 정조가 심환지에게 보낸 어찰에는 부인의 병세를 물으며 약제를 보낸 것이 확인되고, 1799년의 어찰에는 아들 심능종(沈能種)의 과거 낙방을 위로하는 편지도 보인다.[55] 아래 인용

53) 국립고궁박물관, 2011,《정조어찰》, 국립고궁박물관, 98·99쪽. 정조는 제학을 지냈던 유언호가 사신으로 나아갈 때에도 시를 지어 보내주었다.《홍재전서》권6,〈연경에 가는 원임 제학 유언호에게 주어 보내다(賮原任提學兪彦鎬赴燕)〉, 262-81.

54)《몽오집(夢梧集)》,〈몽오김공연보(夢梧金公年譜)〉, 245-596, "十月 辭朝 宣醞賜宸章 奉大夫人赴箕營 -上引見宣饌曰 今將遠出 予心不勝悵然矣 公曰 犬馬之戀 臨行益切 臣憂愛之悃 不敢以內外有異 臣之平日願忠於殿下者 略具於向來所陳册子中 倘蒙時賜觀覽 留神採納 則臣雖外出何異於昵侍左右乎 臣惟以聖體日康 聖德日隆 仰祝而去矣 上曰 予心實不勝悵然 欲以文字爲贈 適有事太廟 未及成矣 遂口呼七言絶句一首 命公書之 御製詩曰 送卿懷緖正難裁 板輿知應穩往廻 遠色廉財存素戒 江山雖好惜深盃 公書訖 起而拜謝曰 恩眷至此 臣惟有感泣 不知所達矣 上曰 財色二字 非卿所當戒 予以酒爲卿戒也 命以大斗斟酒 敎曰 雖戒酒 而今當遠別 此爵不可不盡飮也 公進前受而飮之".

55) 안대회, 2009,〈어찰첩으로 본 정조의 인간적 면모〉.《대동문화연구》66, 성균관대학교 대동문화연구원, 163·164쪽 참조.

하는 편지를 보면 정조가 심환지 아들의 경력까지도 걱정하는 모습이 드러나 있다.

> …… 이 밖에 비변사의 공사(公事)에 제급(題給)[56]하는 것 따위는 스스로 판결하여 주었건 공의(公議)를 따라서 하였건 개략적인 내용을 그대로 적어 보이도록 하라. 이것은 절대로 직접 쓰지 말고 종(種, 심능종)을 시켜 붓을 잡고 대략 기록하도록 하라. 비단 경에게 수고로운 일이기 때문만이 아니라, 종(심능종)의 이력을 위해서라도 반드시 이대로 하는 것이 어떠한가? 이만 줄인다.[57]

이 인용을 보면 심환지가 공무로 처리하는 여러 일의 경과를 정조에게 알리되, 필사 작업을 직접 하지 말고 아들 심능종을 시켜 대필하도록 하라는 내용이다. 아들이 아버지의 문서를 대필하면서 문서 작성 요령과 국사의 대강을 알 수 있게 하려는 배려였다. 신하의 일을 집안일처럼 챙기는 모습을 이러한 점에서도 확인할 수 있다. 이처럼 정조는 신하에게 절실한 문제가 무엇인지 파악하고 있었고, 시나 편지를 보내어 관심을 보였는데, 그 관심의 정도가 위와 같이 매우 세심하였다.

정조가 이만수에게 보낸 편지에서 자신의 〈경봉각(敬奉閣)〉 시에 대해 그 의미를 이러저러하게 부연하여 화답하여 올리라고 한 것도 정조가 군신 간에 시를 주고받을 때에 본인의 정치적 의도를 구현하

---

56) 제사(題辭)를 매기어 내어줌. 지령(指令)을 내어줌.

57) 성균관대학교 대동문화연구원, 2009, 앞의 책, 392·393쪽, "外此如備局 公事之題給者 無論自爲決給與從公議爲之 須以概略這這錄示之 此則切勿親書 使種也執筆概錄 則不但在卿則勞 在種也爲履歷 必也依此爲之如何 姑此".

고자 했음을 알 수 있다.[58] 정조는 본인이 시를 짓고 그 작품에 정치적 의미를 담은 뒤, 신하들에게 알리는 데 세심한 주의를 기울였다. 온유돈후(溫柔敦厚)한 시의 전통을 따르느라 그 뜻이 명확히 전달되지 않았을 경우, 이만수나 이복원(李福源)과 같은 신하들에게 그 뜻을 부연할 것을 부탁하였다.[59]

> 간밤에 잘 지냈소이까? 화답한 시 가운데, 뜻이 분명하지 않은 곳이 있소이다. 내 시의 첫 연 '요(堯)와 나란하다'라는 구절은 마땅히 밝게 드러내어야 할 것이오. 지난날 이학(理學)과 수학(數學)이 거의 정자(程子)와 소옹(邵雍)의 적통에 근접할 정도로 깊이 있는 자가 있어 그 입론이 세상에 전하는데, 그 설이 기이하게 맞는 것이 많은 듯하오. '일찍이 요가 등극한 지 25년에 단군(檀君)이 개국하였고, 요가 70년을 다스렸는데 단군은 1,200년을 다스렸소. 홍무(洪武) 25년에 우리나라가 개국하였으니 우리나라의 국조(國祚)가 마땅히 1,200년이 넘을 것이다.'라는 이 설은 참으로 좋소. 나는 원 시에서 먼저 내 뜻을 보였으니 경이 화답한 시 주석에서 이 뜻을 밝히는 것이 좋겠소. 다시 즉시 합중(閤中)에 써서 보내는 것이 어떻겠소? 이만 줄입니다.

인용한 정조의 편지에서는 '내 시의 첫 연' 구절의 의미를 분명하게 설명하는 시를 지어서 바치라고 하였다. 여기서 정조가 말하고 있

---

58) 정조, 《정묘어찰(正廟御札)》, 앞의 책, "宿來益勝耶 賡詩中 命意有未曉處 吾詩初聯唐堯竝立之句 當發揮 昔有邃於理學數學之幾接程子 邵翁之統者 立論之流 傳於世 而其說多奇中 嘗以爲唐堯登極二十五年 檀君開國 而堯爲七十載 檀君爲一千二百年 洪武二十五年 我國開國 我國國祚當過一千二百年 此說甚好 吾則原韻 先示微意 尊則須於賡詩註解此義爲可 更卽書送閤中 如何如何 姑此".

59) 백승호, 2014, 앞의 글; 백승호, 2016, 앞의 책 참조.

는 '내 시'란 정조가 지은 〈삼가 경봉각에 제하다〔謹題敬奉閣〕〉이다.[60] 1799년 정조는 대보단을 참배하고 경봉각을 대보단의 서쪽으로 이건하도록 명하였다. 경봉각이 완성되자 정조가 친히 어제시를 지어 대명의리를 선양하는 뜻을 담았다. 그는 이때도 신하들에게 이 취지를 받들어 갱재시를 올리게 하였다. 정조의 시는 다음과 같다.

〈삼가 경봉각에 제하다〔謹題敬奉閣〕〉

강한이 만 리 파도 일으키며 바다로 흘러	江漢朝宗萬里濤
황제의 광대한 은혜가 역사에 기록되었네.	皇恩浩蕩注麟毫
요 임금과 나란하니 산하가 견고한데	唐堯竝立山河鞏
주(周) 직(稷)의 거듭된 빛에 일월이 드높다.	周稷重光日月高
초목도 모두 지금의 조선을 알지니	草木皆知今鰈域
풍운은 아직도 옛 곤룡포에 담겨 있다네.	風雲猶帶舊龍袍
별빛 비친 북원에 새 건물 들어섰으니	昭回北苑瞻新構
백세토록 우리 동방이 적도(赤刀)를 받들리라.	百世吾東奉赤刀

경봉각은 명나라에서 온 칙서와 어필을 보관하던 전각이었다. 조선이 중화 문명과 그 운명을 함께하였고, 상수학적(象數學的)으로도 교묘하리만큼 우연의 일치를 보여준다는 점을 강조했다. 정조는 시에서 요 임금이 개국한 뒤 25년 만에 단군이 나라를 열었고, 마찬가지로 명 태조가 개국한 뒤 25년 만에 조선이 개국했으므로, 단군이

60) 경봉각(敬奉閣)에 대해서는 김문식, 2004, 〈조선 후기 경봉각에 대하여〉, 《서지학보》 28, 한국서지학회, 참조.

1,200년간 나라를 다스렸던 것과 마찬가지로 조선도 1,200년간 이어질 것이라는 의도로 "요 임금과 나란하니 산하가 견고하다"라는 시 구절을 썼다. 정조는 이만수에게 어찰을 보내 이만수가 이에 화답하는 시를 지을 때 본인이 의도한 바를 주석에서 밝히라고 했다. 제4구의 '중광(重光)'은 주나라의 대대로 내려오는 성덕(聖德)을 칭송하는 말인데, 이 단어로 명나라와 나란한 조선의 유구한 역사를 표현했다. 제6구의 '풍운(風雲)'은 경봉각에 봉안한 명나라 황제들의 조칙을 지칭한다. 이것을 보니 마치 명 황제를 직접 뵙는 듯한 느낌을 받았다는 내용을 읊은 것이다. 제8구의 '적도(赤刀)'는 주 문왕이 주(紂)를 정벌할 적에 썼다는 적색으로 장식한 보도를 말한다. 역시 존주대의(尊周大義)와 관련된 기물로 북벌(北伐)을 의미하는 구절이다. 경봉각을 이건하는 사업은 존주대의를 밝히는 국가적인 사업이었고, 정조는 본인이 다 밝히지 못하는 세세한 부분을 신하가 천명할 수 있도록 어찰을 통해 지시한 것이다.

정조는 신하들에게 선물 또는 호를 내려주면서 그 연유를 밝힌 글을 지어주었고, 그러면서 그 글에 정치적 입장을 내포하였다. 1796년 정조는 활쏘기를 마치고 이만수에게 나막신과 함께 나막신 명을 지어주었다.[61] 평소 그가 조정에서 물러나면 나막신을 신는다는 말을 듣고, 그 세속적인 욕심이 없는 탈속적 지향을 높이 평가해서 나막신을 내린 것이다. 그리고 그 자리에 있던 신하들에게 이에 화답하는 글을 짓도록 하였다.[62] 그런데 그 내용을 보면 다음과 같은 구절이 나온다.

---

61) 이만수가 정조를 보필하여 관각문학을 전개한 양상은 백승호, 2014, 〈극옹 이만수 한시 연구〉, 《한국한시연구》 22, 한국한시학회 참조.

62) 이때 지은 작품을 모아서 〈목극명갱재축(木屐銘賡載軸)〉을 만들었고, 김조순, 이시원, 김이영, 유원명, 성해응, 홍희준, 홍석주, 김희락, 김희주, 이희발 등 15인의 문인들이 화답하여 명을 올렸다.

신발 소리로 한나라 현인을 알아채었고	聲識漢賢
나막신 신은 이는 우경(虞卿)이 되었네.[63]	躡爲趙卿

위 구절에서 신발 소리로 한나라 현인을 알아챘다는 것은《한서(漢書)》의 '정숭(鄭崇)' 고사를 원용한 것이다. 정숭이 상서로서 자주 글을 올려 간언하니 황제가 "내가 정상서의 신발 소리를 알겠노라."고 한 바 있다. '우경(虞卿)'이 되었다는 것은, 우경이 나막신 신고 등나무 줄기로 엮은 삼태기를 이고서 조(趙) 효성왕(孝成王)에게 유세하니 상경(上卿)으로 삼았다는 고사이다.

즉 정조는 표면적으로는 이만수의 탈속적 생활을 칭찬하였지만, 그 이면에는 이만수를 '상경' 즉 판서로 임용하겠다는 뜻을 신하들에게 넌지시 비춘 것이다. 이 자리에 심환지, 윤시동(尹蓍東) 등 노론 대신들도 갱재명(賡載銘)을 올렸다. 심환지의 갱재명에서도 우경의 일을 언급하였으니, 정조의 의중을 신료들이 이해한 것으로 간주할 수 있다. 실제로 정조는 심환지에게 어찰을 몰래 보내서 이만수를 판서에 임명하는 파격 인사를 단행하려고 했으나[64] 다른 신하들의 반대로 명을 물린 적이 있고, 심환지에게 다음을 기약하는 내용의 편지를 다시 보낸 바 있다.[65] 이만수는 정조의 예외적인 은혜에 감읍하여 자신의 호를 극옹(屐翁)이라고 하고, 어제명과 다른 신하들의 갱재명을 모아서 〈사극집(賜屐集)〉이라는 문집을 만들고 자기 집에 그 나막신을

63) 《홍재전서》 권53, 〈내각 직제학 이만수에게 하사한 목극에 대한 명문(賜內閣直提學李晩秀木屐銘)〉, 263-334.

64) 당시 이만수의 형 이시수가 우의정으로 재직 중인 상태에서 이만수를 이조판서로 임명하는 인사를 강행하려 한 것은 탕평 정국의 운영 원리에 위배된다는 여론이 있었다.

65) 성균관대학교 동아시아학술원 편, 2009, 앞의 책 참조.

모셔두고 〈극옹루기(屐翁樓記)〉를 지었다. 이러한 일련의 행적들이 훗날 이만수의 정치적 자산이 되었다.[66]

이만수가 이처럼 정조의 전적인 신임을 받았던 것은 《주서백선(朱書百選)》, 《오경백선(五經百選)》 등 정조 연간 어정서(御定書) 편찬 및 교감 과정에서 정조와 긴밀한 교감을 했고, 그의 문체 또한 순정하여 시속의 폐단을 교정할 것을 기대할 정도였기 때문이었다. 국립중앙도서관 소장 《정묘어찰(正廟御札)》을 보면, 정조는 이만수 외에 다른 신하들과도 어정서 편찬 작업을 함께 했고 그들의 성실함과 노력 여하에 대해 일정한 평가를 하고 있다.[67] 앞의 어찰을 보면 정조는 책의 강목에 해당하는 근간을 설정한 뒤, 세세한 학술적 주문을 신하들에게 일일이 부탁하였다. 이를 잘 따르는 신하도 있었고 기대에 미치지 못한 신하도 있었다. 이만수의 경우 문학과 학술의 측면에서 정조의 기대에 충실하게 부응한 신하라고 볼 수 있다.[68] 이만수는 책의 초고 단계에서 자료를 수집하고 초록하거나 원고의 일부 집필을 담당하였던 것으로 보인다. 훗날 《오경백선》이 편찬되었을 때 정조가 본인의 장서인이 압인된 책을 이만수에게 내려주었고, 이만수는 책의 맨 뒷면에 발문을 쓰고 【신이만수(臣李晚秀)】라는 본인의 장서인을 압인하였다. 학문과 문학을 통한 군신 간 교유의 대표적인 사례이다.[69]

---

66) 이만수의 극옹루(屐翁樓)에 대해서는 이종묵, 2016, 《조선시대 경강의 별서: 남호편》, 경인문화사, 188~190쪽 참조.

67) 국립중앙도서관에 소장된 《정묘어찰》의 내용을 보면, 정조가 수권 작업을 맡긴 한만유(韓晚裕)에게 불만의 뜻을 표출한 대목이 있다.

68) 정조, 《정묘어찰》, 앞의 책.

69) 이 책은 책의 권수에는 정조의 장서인이 압인되어 있고, 책의 맨 뒷면에 이만수의 장서인이 압인되어 있다. 사대부 간에 책을 공유할 때 우정의 징표로 장서인을 함께 찍는 경우가 있는데, 그것과 유사하다. 정조와 이만수의 경우는 군신 관계이기 때문에 장서인 압인 위치가 일반적인 사대부의 압인 위치와 달랐던 것으로 보인다.

잘 알려진 초계문신 제도도 정조가 학문과 문학을 통해 다음 세대 학자들의 문풍과 학풍에 영향을 미치고자 한 시도라고 볼 수 있다.[70] 정조는 문학을 관료의 중요한 능력으로 여기고[71] 초계문신들이 제술(製述)에 있어서 정통적인 문체로 대책문(對策文)을 쓰도록 유도하였다. 그리고 그 범위를 점차 확대하여 대책의 대상을 성균관 유생들에게까지 확대했다. 1798년 초계문신 응제(應製)에, 전강(殿講)을 우수한 성적으로 통과한 성균관 유생들도 응시하게 한 것이 그 대표적인 예이다. 정조는 응시한 유생들에게 은 술잔에 술을 하사한 뒤 신하들과 유생들에게 시를 짓게 하였다. 이때 지은 시를 묶어서 《태학은배시집(太學銀杯詩集)》이라는 책을 편찬하였다.[72] 군신 간의 수창은 현재 남아 있는 자료로 판단하자면 영조 연간 본격적으로 시작되었다. 그 이전에는 국초의 태조, 정종, 태종, 세조의 연구가 몇 수 남아 있고, 시축은 세조, 성종, 선조 연간의 것이 남아 있다.[73] 정조는 신하들과 시를 수창하고 그 범위를 광범위하게 확장하였다.

정조는 신하들과 문학을 통해 소통함으로써, 한편으로는 자신의 정치적 입장에 동조하는 근왕 세력을 육성하고 다른 한편으로는 그

---

70) 초계문신 제도에 대해서는 정옥자, 1981, 앞의 글; 김문식, 2000, 〈군사 정조의 교육 정책 연구〉, 《민족문화》 23, 한국고전번역원.

71) 《홍재전서》 권162, 《일득록》 2, 267-165, "古之爲士者 設令倖而登第 若無文學 不得爲渠所當爲之官 今之有勢家子弟 雖蚩蠢無文 一闡科名 則經幄淸銜 無少枳礙 人孰肯攻苦服勞於文字之業乎 此未必爲士者古優今劣 實朝廷用人之法 今不如古 無所勸懲而然也 可勝歎哉".

72) 초계문신 제도에 대해 정약용이 비판한 바는 유명하다. 정조가 정통적인 문학 형식을 초계문신 강제에 고집함으로써 보여주었던 시대적 한계에 대해서 심경호, 2016, 〈정조의 문체 정책과 제술부과〉, 《진단학보》 127, 진단학회에서 자세하게 지적한 바 있다. 박현모도 정조의 '군사'론에 대해 비판적으로 서술한 바 있다. 박현모, 2000, 〈정조의 군사론 비판〉, 《한국실학연구》 2, 한국실학학회, 143~172쪽.

73) 김남기, 2006, 〈조선시대 군신의 창화와 그 의미-규장각 소장 갱재축과 연운축을 중심으로〉, 《한국한문학연구》 38, 한국한문학회 참조.

소통의 범위를 확장하여, 자신의 치세가 태평성대이며 많은 이들이 국왕의 생각에 동의한다는 권위를 과시하는 효과를 거두었다. 그리고 전통 시학의 작법을 통해 국왕의 정치적 의중을 은밀히 드러내고 신하들의 동의를 받는 성과를 도출하였다. 정조 본인이 시문뿐만 아니라 저술과 출판에 있어서 능력을 보이고, 후대 학문을 담당할 세대와 시문을 통해 적극적으로 소통함으로써 그들이 장차 국왕의 학문과 문학 경향에 부응하게 했다.

4.
국가 공동체의 기억 형성

정조는 조선 개국 초의 사적부터 선왕 영조의 행적까지 국가적으로 중요했던 역사적 사안을 정리하고 기록하는 작업을 치세 연간 줄곧 진행하였다. 정조의 문헌 편찬 작업은 숙종, 영조 이래 계속된 국가의 기능 회복과 왕권 강화의 측면에서 해석될 수 있다. 정조는 임·병 양란 이후 국조의 고사나 전적 등이 불분명해졌기 때문에 이러한 것들을 회복하여 선왕의 정치를 '계술(繼述)'하려고 하였다.[74] 《열성지장통기(列聖誌狀通紀)》, 《국조보감》[75], 《증정문헌비고(增訂文獻備考)》의 보완 등 사업은 이러한 의식의 연장선상에서 진행되었다.

정조는 이러한 문헌을 편찬한 뒤 그 문헌의 편찬 의도 및 경과를 밝히는 서문, 발문, 비문 등 각종 문체의 글을 작성하였다. 본 장에서는 이러한 계술의 방향을 크게 세 가지로 구분하여 살펴보려고 한다.

---

74) 《홍재전서》 권8, 〈열성지장통기서(列聖誌狀通紀序)〉; 《홍재전서》 권26, 〈관경대 자성 곡식의 관예일에 내린 윤음〔觀耕臺粢盛穀觀刈日綸音〕〉 등 다수의 글에서 선왕의 정치를 계술하겠다는 정조의 의지를 확인할 수 있다.

75) 정조 연간에 정종, 단종, 세조, 예종, 성종, 중종, 인종, 명종, 인조, 효종, 현종, 경종, 영조 임금의 보감을 편찬하였다.

첫째, 국초의 열성(列聖) 및 대신(大臣)에 관한 문헌 및 사적 발굴, 정리이다. 둘째, 임·병 양란의 충절을 기리고 대명의리를 선양하는 것이다.[76] 셋째, 사도세자 관련 기록의 재정비 사업이다. 정조는 1779년 《열성지장통기》를 보완하면서 다음과 같이 말하였다.

> 이 책은 숙조(肅祖) 무진년(1688, 숙종 14)에 편찬하기 시작하여 사업을 속행해 영고(英考, 영조) 무인년(1758, 영조 34)에 완성을 본 것인데, 목조(穆祖)에서 경묘(景廟)에 이르기까지 밖으로 요순(堯舜)의 심법(心法)과 안으로 태임(太任), 태사(太姒)의 부덕(婦德)이 다 실려 있어 내용이 참으로 훌륭하다. 그중에서도 우리 영고의 50여 년에 걸쳐 남기신 빛나는 업적과 우리 진고(眞考, 사도세자)의 만년토록 계도(啓導)하고 도와주신 아름다움과 정성성모(貞聖聖母) 및 효순성모(孝純聖母)께서 남기신 훌륭하고 빛나는 내치(內治)가 모두 장덕(狀德)으로 꾸며져 방책(方冊)에 기록으로 남아 있는 것이다. 기(記)에 이르기를,
> "선조의 덕업을 들추어내 세상에 알리는 일은 효심을 제고하는 것이다. 선조들의 아름다운 사적이 있는데도 모르고 있다면 그것은 밝지 못한 일이요, 알고 있으면서도 전하지 않는다면 그것은 불인(不仁)한 일이다."
> 하였다. 이 소자(小子)는 그것이 두려워서 삼가 사신(詞臣)을 명하여 양조(兩朝)에 있었던 다른 사실들을 기록으로 엮어 그 아래에 붙여둠으로써 태사(太史)가 빠뜨린 부분을 보충하도록 하였다. ……

---

76) 대명의리에 대해서는 다음 논문 및 저서 참조. 유봉학, 1988, 〈18~19세기 대명의리론과 대청의식의 추이〉, 《한신논문집》 5, 한신대학교; 권오영, 2004, 〈남한산성과 조선 후기의 대명의리론〉, 《한국실학연구》 8, 한국실학학회; 정옥자, 1992, 〈정조대 대명의리론의 정리 작업-〈존주휘편(尊周彙編)〉을 중심으로〉, 《한국학보》 18, 일지사; 우경섭, 2013, 《조선중화주의의 성립과 동아시아》, 유니스토리.

나 소자가 감히 숙조와 영고에 대해 계술한 것이 아니라, 다만 이 자리를 지키고 있으면서 그리워하고 사모하는 정성을 여기에 담아 보려는 것뿐이다.[77]

정조가 겸양의 말로 "감히 계술한 것이 아니다"라고 했지만, 치세 연간 그의 업적을 보면 영조를 비롯한 국조 열성의 사적을 충실하게 파악하고, 그것을 당대의 정치에 적용할 수 있는 방법으로 구현하였다는 것을 알 수 있다. 그 과정에서 정조 본인의 국정 운영이 별도의 새로운 작업이 아니라 국조 열성 작업의 연장선상에서 진행된다는 당위성을 획득하였다. 그 대표적인 것이 규장각 설치 때 문헌을 고증하여, 양성지(梁誠之)가 세조에게 건의하여 규장각을 설립하게 된 고사를 변증한 사례이다. 양성지와 규장각의 고사는 유명하므로 그 부분에 대한 논의는 생략하고, 여기에서는 그러한 국조 고사를 대하는 정조의 자세를 볼 수 있는 대목을 논하고자 한다.

처음에 내가 규장각을 설치할 때 어떤 사람이 말하기를 "제도를 수립하면서 모름지기 본조(本朝)의 것을 준행하여야지 하필이면 송조(宋朝)의 것입니까?" 하므로, 내가 "그렇다" 하고 곧바로 대제학 문양공(文襄公) 양성지가 세조에게 올려 세조가 그것이 시행할 만하다고 누차 칭찬한 것을 가져다 조서를 내렸다. 그런 뒤에 조정의 의논이 모두 합쳐져 규장각의 제도가 수립되었으니, 이 규장각의 제도를 경영한 사람은 문양공

77) 《홍재전서》 권8, 〈열성지장통기서〉, 262-127, "是書也始編於肅祖戊辰 續成於英考戊寅 起自穆祖 逮至景廟 外而堯舜之心法 內而任姒之壺德 莫不畢載 吁亦盛矣 洪惟我英考五紀巍煥之業 眞考萬年啓佑之休 粤若貞聖聖母黃裳贊治之化 孝純聖母彤管叶夢之則 厥有狀德 布在方册 記曰揄揚先祖 所以崇孝 有美而不知 不明也 知而不傳 不仁也 小子爲是之懼 謹命詞臣 撰次兩朝文字系于下 以補太史之闕 …… 予小子 非敢曰于肅祖于英考 繼述焉耳 亶寓小子踐位慕羹之忱而已".

이며 지금은 특별히 신명스럽게 여기고 있다. 그러니 그가 규장각에 끼친 공로가 무성하지 않은가. …… 우리나라가 오랫동안 태평을 누려 함양이 쌓이고 깊은 인애와 영원한 도리가 억대(億世)가 되어도 다함이 없어 선왕께서 물려주신 제도가 장차 차례대로 수립이 될 것이다. 그렇게 된다면 이 책은 진실로 제도를 경영하는 증거와 귀감이 될 것이며, 규장각의 제도는 특별히 그 시초가 되는 셈이기에 우선 책머리에다 적어 후인(後人)을 기다린다.[78]

위 인용문을 보면 정조가 규장각을 처음 만들려고 했을 때 신하들의 반대가 있었음을 알 수 있다. 그 반대 논리는 굳이 송나라 고사를 따르면서까지 우리나라에 없는 제도를 만들어야 하는가 하는 것이었다. 정조는 이러한 반대 논리를 극복하기 위해 본인이 설치하고자 하는 어제(御題)와 어진(御眞)을 보관하고 학사(學士)를 초치(招致)하는 제도가 이미 세조 연간에 기획되어 있었으나 미처 그 계획을 완수하지 못했음을 양성지를 통해 입증했다.

이처럼 국초의 고사를 정리하는 사업을 펼친 것은 세월이 오래되어 잊힌 국가적 차원의 중요한 기억들을 되살려내고 이를 공통의 기억으로 인지시키기 위함이었다. 국초 관각 대신의 여러 제안 중에서 양성지가 올렸던 주의나 잡저를 정리하는 사업은 정조 당대의 정책적 필요 때문에 참고자료로 활용되었다. 훗날 정조는 양성지의 문집 《눌재집(訥齋集)》을 간행해주었다. 자신이 펼치고자 하는 정책을 신하

78) 《홍재전서》 권55, 〈양눌재의 주의, 잡저, 고금시권 앞에 쓰다〔題梁訥齋奏議雜著古今詩卷〕〉, 263-348, "始予置奎章閣 或曰 立制 須遵本朝 何必宋朝云爾乎 予曰 諾 迺取大提學文襄公梁誠之所以獻于光廟 光廟所以亟稱其可行者以詔之 然後廷議咸而閣制立 則是閣之經制者文襄 而今特神明之耳 其爲有功於閣也 不亦茂乎 …… 我國家升平緜遠 涵養積累 深仁久道 億世未艾 而先王遺制 將次第有立 然則斯卷也固經制之左鑑 而閣制特其權輿 姑書卷首 以待後人".

들이 반대할 때 정조는 본인 통치의 권위는 선왕의 업적을 계술함으로써 생긴다는 점을 문헌을 통해 증명하고 정책을 추진했다.

정조는 1795년 박은(朴誾)의 《읍취헌집(挹翠軒集)》을 간행해주면서 당대 명말청초의 초쇄한 문풍을 교정하고자 하였다. 그는 박은의 문학 경향에 대해 다음과 같이 높이 평가하였다.

> 읍취헌은 시를 잘하여 국풍(國風)의 여향(餘響)이 있고 동방의 끊어진 학통을 일으켰다 할 수 있다. 나는 특별히 읍취헌의 시가 시의 근본에 거의 가까이 다가간 점을 아낀다. 읍취헌이란 고(故) 교리(校理) 박은의 호이다. …… 문집은 본래 한 권이었는데, 일찍이 홍문관의 옛날 전적을 열람하다가 《천마잠두록(天磨蠶頭錄)》에 원집(原集)에 기재되지 않은 것이 많음을 발견하고, 모두 채록하고 정리하여 네 권으로 만들었다. 대저 악(樂)이 피폐해진 지가 오래이다. 임방(林放)이 예의 근본을 묻자 성인이 "훌륭하다" 하셨으니, 나도 이 책에 대해 그렇게 말하노라.[79]

이 언급에서 정조는 박은의 시를 《시경》의 '국풍의 여향'이라고 평가하였다. 이것은 그의 시가 《시경》 정신을 계승, 구현하고 있다는 뜻이다. 글의 끝부분에서는 원래 1책이었던 《읍취헌집》을 4책으로 증보했다고 하였다. 실제로 정조는 세손 시절부터 읍취헌의 시를 좋아하여 시강원 관원들이나 규장각 학사들을 시켜 읍취헌의 시에서 빠진 부분을 찾고 모으는 작업을 하였다. 그리하여 그는 박은의 일실된 시

---

79) 《홍재전서》 권55, 〈증정한 읍취헌집의 책머리에 쓰다〔題增訂挹翠軒集卷首〕〉, 263-357, "挹翠善於詩 有國風之遺響 爲東方絶學之倡 而予特愛挹翠之於詩 儻庶乎詩之本 挹翠軒者 故校理朴誾之號也 …… 集本一卷 嘗閱弘文舊籍 見天磨蠶頭錄 多有原集所不載者 悉加采輯 釐爲四卷 夫樂之槳也久矣 林放問禮之本而聖人大之 予於斯卷亦云".

를 찾고 시문의 편차를 다시 바로잡았으며, 이를 정사하여 어람용 필사본을 따로 만들어두었다.[80]

이 서문의 내용은 당대 박은에 대한 일반적인 평가와 다른 점을 지적하고 있다. 박은에 대한 일반적인 평가는 주로 그가 요절한 시인으로서 불우함을 직설적으로 토로하거나 기발한 시상을 전개하는 등 강서시파(江西詩派)적인 경향을 보인다는 것이었다. 그런데 정조는 그의 문학이 《시경》의 전통을 잇고 있다고 평가하였다. 마지막 부분에서 《논어》에 나오는 "임방이 예의 근본에 대해서 물었다."는 구절을 박은의 《읍취헌집》에 비견했다. 박은의 시가 경전에 근거한 문학의 근본에 가깝다고 평가한 것이다.

이처럼 자신이 좋아하는 시인의 시집을 간행한다든지 그 시집의 제발(題跋)을 쓸 때 본인의 문학관 내지는 시인에 대한 평가를 표현함으로써, 정조는 군주의 문학적 취향을 드러내었다. 군주가 문학 취향을 드러낸다는 것은 단순히 개인적인 기호를 드러내는 것이 아니었다. 당대 문학 경향을 좌우할 수 있는 중요한 전범을 제시하는 것이었다. 그가 간행한 조선 문인의 문집은 몇 종 되지 않았기에 그러한 전범의 효과가 분명했다고 하겠다.

정조는 또한 태조, 신덕왕후, 신의왕후와 관련된 사적을 발굴하는 데 공을 기울였다. 〈독서당 옛터에 세운 비명〔讀書堂舊基碑銘〕〉, 〈치마대 옛터에 세운 비명〔馳馬臺舊基碑銘〕〉, 〈두 성인이 탄생하신 옛터에 세운 비〔兩聖誕降舊基碑〕〉 등 국초 제왕들의 사적에 대한 비석을 세웠다. 태조가 탄생한 회갑년인 1755년에 영조는 영흥(永興)의 흑석리에

80) 이 정사본에는【세보(世寶)】라는 장서인을 압인하여 각별히 아꼈던 뜻을 표했다. 정조의《읍취헌집》편찬에 대해서는 백승호, 2014,〈정조의 신료 문집 간행과 그 정치적 의미-《읍취헌유고》를 중심으로〉,《민족문화》43, 한국고전번역원 참조.

기적비(紀蹟碑)를 세웠다. 정조는 이를 본받아 태종이 탄생한 회갑년인 1787년 태종 탄생지인 귀주에 기적비를 세웠다. 그밖에 덕원에는 목조(穆祖)의 사적을, 경흥(慶興)에는 익조(翼祖)와 도조(度祖)의 사적을 기념하여 비석을 세웠다. 또한 태조 이성계가 독서하던 곳, 말 달리던 곳을 기리는 비를 세우고 여기에 새길 명을 제작하였다. 국가가 처음 발흥한 유적을 기리고 백성들에게 이를 알리고자 한 것이다.[81] 특히 신덕왕후의 사적은 당시까지도 불분명하였는데, 이에 대해 탐문하고 그 실제를 규명하는 작업을 신중하게 하였다.

> 버드나무 잎에 관한 고사는 신의왕후[82]가 태조보다 나이가 두세 살 어리고 문벌로는 좌의정의 손녀이니 당시에 반드시 육례와 주량(舟梁)의 의례가 갖추어져 그 문을 휘황찬란하게 가득 메웠을 텐데, 어찌 개울가에서 이러한 만남이 있었겠는가? 이 설이 비록 문적이 있다고는 하나 결단코 믿기가 어렵다. 서울과 시골에 처가 하나씩 있다는 우암의 설도 또한 반드시 그렇다고 여길 수 없는데, 하물며 개국 이전에 있었던 신의왕후의 장례에 대해서랴. 어떤 사람이 일찍이 광평대군(廣平大君)의 후손 이우형(李宇亨)의 집에서 버드나무 잎에 관한 사실이 신덕왕후와 관계가 있음을 알았다고 하였으나, 이것은 곡산(谷山, 신덕왕후의 본관)의 질박한 말임이 틀림없소. 대저 곡산 백성들이 무지해서 그 말이 속임수가 아니겠지만, 필경 근거할 만한 문적이 있은 연후에야 비석에 그 말을 쓸 수 있을 것이오. 혹시 문적과 사실을 널리 상고해보았는가?[83]

81) 《홍재전서》 권15.

82) 1337~1391년. 본관은 안변(安邊). 증문하시랑찬성사(贈門下侍郞贊成事) 한유(韓裕)의 증손이고, 증문하좌정승(贈門下左政丞) 한규인(韓珪仁)의 손녀이다.

1799년 정조가 이만수에게 보낸 어찰에 나오는 내용이다. 어찰에는 태조가 목이 말라 우물가에서 물을 찾자 훗날 왕후가 될 처자가 버들잎을 물 위에 띄워주었다는 이야기가 언급되어 있다. 정조는 민간에서 전해 내려오는 이 전설 같은 이야기를 역사의 영역에 편입하는 과정에서, 그 진실성을 면밀하게 검토하였다.

정조는 이 편지를 보내기 전인 1795년에 이미 함흥과 영흥 본궁에 태조, 목조(穆祖), 익조(翼祖), 도조(度祖), 환조(桓祖)의 위패를 모시고 제사의식을 정리한 바 있다.[84] 그런데 제사 절차를 정한 것에 그치지 않고 계속해서 국초의 열성에 관한 사적을 탐문하였던 것이다. 아마도 별도의 책자를 기획하고 있었던 것 같은데, 이만수에게 보낸 몇몇 어찰들을 통해 미루어볼 때, 근거가 확실할 때까지 자료와 문적을 찾아서 검증하는 작업을 계속 했던 것으로 보인다.

선왕의 업적을 계술하여 문헌을 정리하는 것이 신료들의 정책적 동의를 이끌어내기 위한 작업이었고, 국왕이 선호하는 문풍을 보이며 시문집을 정리 편찬하는 것이 당대 문학 경향을 교화하려는 수단이었다면, 국초 열성의 행적을 기념하는 비석을 세우고 문헌을 정리하는 작업은 조선왕조 개국의 정통성과 신비함을 일반 백성들에게 널리 알리기 위한 작업으로 해석될 수 있다. 다만 그것은 철저한 문헌 고증을 바탕으로 한 것이었다.

정조의 국가적인 문헌 정리와 기억 형성 작업의 두 번째 중요한 경

---

83) 《정묘어찰》, 국립중앙도서관 소장본, "楊葉事 齊陵年甲少聖祖二歲 地閥則左政丞之孫女 當時必具六禮舟梁之儀 爛其盈門 安得有溪上之遇也 此說設有文蹟 決難徵信 尤庵京外二妻之說 亦未必爲然 況齊陵之葬 在於得國之前乎. 有人言嘗從廣平之孫李宇亨家 得知楊葉事實係貞陵地是谷山質言而無疑 大抵谷氓無知 其言非詐而必有可據之文蹟 然後可以措辭於碑記 間或廣攷文蹟事實耶".

84) 《홍재전서》 권9, 〈함흥영흥본궁의식서(咸興永興本宮儀式序)〉, 262-147.

향은 임·병 양란 때 충절을 지킨 신하들을 기리고 대명의리를 선양하는 것이었다. 정조가 대명의리에 충실했다는 점은 사후에 정리된 《열성어제》 〈별편〉 수록 작품에 잘 드러나 있다. 그는 대명의리를 문학적으로 형상화한 작품이 혹시라도 국외에 전파될 경우 외교적 문제가 생길 수도 있었기 때문에 "의리가 조금 더 밝혀지길 기다려" 훗날 공개하려고 하였다. 〈별편〉 수록 작품들은 《홍재전서》를 간행할 때에는 창작 시기에 맞게 본편 안에 재배치되었다.

또한 정조는 《국조보감별편(國朝寶鑑別編)》을 편찬하였다. 정조가 국초 열성의 선정을 현실 정치에 활용하기 위해 《국조보감》을 정리하는 사업을 진행했음은 앞서 살펴본 바 있다. 이 《국조보감별편》은 정조가 인조조 이후의 '존왕양이의 의리에 관계되는 내용'을 분리하여 별편으로 만든 책이다. 편찬 의도는 정조가 《열성어제》에 〈별편〉을 둔 의도와 동일하다. '범례'를 보면 정조는 인조, 효종, 현종, 숙종, 영조 5대의 선왕들이 대명의리를 지키고 이를 실천한 사례를 별도의 책으로 편차하여 우리나라가 대명의리를 지키고 있음을 보이고자 하였다. 국내적으로는 대명의리를 지키되 이를 청나라에 노출시키지 않는 신중한 처사로 위와 같이 〈별편〉을 편차해둔 것이다. 이와 같은 대명의리에 대한 정조의 처신은 문학 작품에도 적용되었다.

〈상사(上使)로 심양에 가는 우의정 이복원에게 주어 보내다〔贐端揆李福源充上价赴瀋陽〕〉

황제가 장차 이번 8월에 동쪽으로 유람하여 심양에 오려고 하는데, 우리나라에서는 으레 사신을 보내어 황제의 행차를 맞이하게 되어 있으므로 우의정을 상사로 삼았다. 보상(輔相)은 내가 조석으로 의지하는 바이

거니와, 경(卿)은 잘 아프기도 하는데, 내가 어찌 경을 거듭 수고롭게 하려는 것이겠는가. 생각건대 지금의 사명 수행은 경이 아니면 해낼 수가 없다. 아, 신년(申年) 이래로 모든 우리 상하(上下)가 누군들 비통과 수치를 꾹 참고 지내지 않겠는가마는, 저들이 우리를 후하게 대우한다면야 우리가 어찌 꼭 예의를 어길 필요가 있겠는가. 그러므로 거기에 바칠 방물(方物)을 내가 이미 정전(正殿)에 임어하여 일일이 펼쳐보고, 또 경으로 하여금 친히 행사(行事)하여 '유사(有司)가 이미 다스렸을 것이다.'라고 말하지 않도록 하는 바이니, 이는 형세가 그렇게 할 수밖에 없을 뿐만 아니라 예가 곧 그러한 것이다. 비록 그러하나 황단(皇壇)이 저기에 있으니 비풍(匪風)과 하천(下泉)의 생각이야 어찌 차마 하루라도 마음속에 잊을 수 있겠는가. 시를 지어주는 데 있어 분개한 회포가 절로 말 밖에 드러난 것이 있으니, 모름지기 이것은 숨겨두고 내보이지 말아야 한다.[85]

옥백이 평상시에 연경으로 들어갔는데	玉帛尋常入薊幽
유월 달에 허둥지둥 또 사신 행차 떠나네.	棲棲六月又征輈
원·웅(袁·熊)이 싸우던 곳엔 별궁이 장엄할 게고	袁熊戰處離宮壯
요동의 학이 날아오는 옛 성곽에서 시름겨우리라.	遼鶴飛來故郭愁
고상한 풍도는 의당 예의를 징험케 하려니와	雅度須教徵禮義
웅장한 시문은 응당 잗단 소리를 씻어버리리.	雄詞應遣洗啁啾

85) 《홍재전서》 권5, 〈상사로 심양에 가는 우의정 이복원에게 주어 보내다〔贐端揆李福源充上价赴瀋陽〕〉, 262-072, "皇帝將以今八月 東游至瀋陽 我國例遣使迎候 乃以端揆充上价 輔相予所倚而朝夕也 卿且善病 予豈欲重勞之 顧以今之專對 非卿莫可也 噫 涒灘以來 凡我上下 孰不忍痛包羞而彼待我厚 我豈必愆于禮乎 故其所賣方物 予旣臨殿閱視 且令卿親行 事毋曰夫旣或治之 不惟勢之所使然耳 禮則然 雖然 皇壇在彼 匪風下泉之思 寧忍一日忘于中也. 以詩贐之 慷念之懷 自有形于言表者 須祕之勿宣也".

중원의 인사들이 만약 우리 사정을 물어보거든 中原人士如相問
압록강은 여전히 굽이굽이 동으로 흐른다고 하게나. 鴨水依然萬折流

수련은 파제 격으로 청 황제의 심양 행차로 인해 비정기적인 별도의 사신 행차를 떠나야 하는 상황을 설명한 것이다. 함련은 심양이 속한 요동 지방의 고사를 써서 정조의 심경을 표현한 것이다. 상구의 '원·웅'은 원응태(袁應泰)와 웅정필(熊廷弼)을 지칭한다. 모두 요동 지방을 지켰던 명나라 장수로 청나라 군대와 맞서 싸웠다. '요동의 학'은 정령위(丁令威) 고사를 사용한 것이다. 과거 명과 청이 싸우던 전장터에 청 황제의 별궁이 세워지고 명나라의 옛 성곽은 허물어진 것에 명 멸망에 대한 비분강개한 감정을 의탁한 것이다. 경련은 이복원이 사신 행차에서 보일 풍모와 예의 그리고 문학적 능력을 칭찬한 것이고, 미련은 조선이 여전히 대명의리를 존숭하고 있다는 사실을 노골적이지 않게 '만절필동(萬折必東)' 비유로 답하라는 언질이다.

시와 함께 지어준 서문을 보면 정조는 이미 청나라의 우위가 압도적인 국제 정세에서 대명의리를 표면적으로 드러내는 것은 위험하고 그렇게 할 필요도 없다고 하였다. "저들이 우리를 후대한다면 우리도 예를 어길 필요가 있겠는가."라든지, 《맹자》의 고사 "유사가 이미 다스렸을 터인데, 내가 무슨 말을 하겠는가."처럼 이복원이 사신 왕래 중에 청나라에 대한 반발심을 드러내며 비협조적인 태도를 보이지 않도록 일단 경계한 것이다.

그러나 이 시를 보면, 주나라의 쇠퇴를 한탄하고 슬퍼한 《시경》의 〈비풍(匪風)〉과 〈하천(下泉)〉을 언급하면서 명나라의 멸망을 슬퍼하는 본심을 비유하며 정조의 본심이 대명의리의 존숭에 있음을 밝히고 있다. 때문에 정조는 자신이 이복원에게 지어준 전별시문을 남에게 보이지 말고 숨기라고 했다.

정조는 임진왜란 때 조선에 왔던 제독 이여송(李如松)의 사당을 짓고 그 후손에게 제사를 받들게 하고 벼슬을 내렸다. 1788년에 지은 기문을 보면 다음과 같은 내용이 있다.

> 이공 여송(李公如松)은 원래 조선 사람으로 자기 5세조(世祖)가 명나라로 귀화하여 영원 훈위(寧遠勳衛)를 세습해오다가, 만력 임진년에 왜놈들이 미쳐 날뛰며 우리나라를 쳐들어와 한 달 만에 팔로(八路)를 꽉 메우자, 그때 천자(天子)가 우리나라를 돌보아 공을 제독(提督)에 임명하고 요동, 계구(薊丘), 보정(保定), 산동의 군대들을 통솔하고 가서 왜적을 소탕하게 하였다. ……
>
> 공의 손자 응인(應仁)이 공의 유언에 따라 중국에서 우리나라로 귀화해 와 그 후 자손들이 번창하여 엄연히 우리나라의 한 겨레붙이를 이루고 있는 것이다. 다만 생활이 너무 빈곤하고 또 예에 어두워 별자(別子)가 다른 나라에 살면서 자기 조상에 대해 제사 모시는 예를 알지 못하고 있기에, 내가 공의 후손에게 명하여 공의 부조주(不祧主)를 세우게 하고 자금을 대주고 사당까지 지어 대대로 제사를 모시게 했다.[86]

이여송은 명나라 제독이다. 그런데 정조는 이여송의 제사를 조선에서 지내도록 하고 사당도 지어주고 물질적인 뒷받침도 해주었다. 정조는 이 조치의 정당성을 《주례》에서 찾아주었다. 임진왜란 때 큰

86) 《홍재전서》 권14, 〈제독 이공 사당기(提督李公祠堂記)〉, 262-240, "李公如松 本朝鮮人 自五世祖 內附明朝 世襲寧遠勳衛 及萬曆壬辰 倭奴猖獗 大寇我疆域 旬月之間 充斥八路 天子恤焉東顧 詔公提督遼薊保定山東諸軍 往剿之 …… 公之孫應仁 又以公遺訓 自中土徙居我邦 則椒聊遠條 雲仍繁昌 寧遠緖餘 儼然成海東一族矣 惟是貧無齎藉 且矇禮經 不能行別子在他國之祭 予命公後 立公爲不祧之主 而給貲建廟 世祀勿替".

공을 세운 명나라 장수이고 이여송의 선계가 조선에서 유래했으므로, 그의 공덕을 기리는 것이 큰 잘못은 아닐 것이다. 게다가 경전에 근거가 있음에야 말할 것도 없다. 그런데 정조가 하필 이 시점에서 이여송의 제사를 논하는 것은 역시 대명의리의 선양 문제와 결부되어 있다. 사당이 완성되자 정조가 지어 보낸 치제문을 보면 다음 구절이 있다.

공의 후손이 동방에 있으니	公孫在東
그럴 만한 이유가 있습니다.	理有使然
……	
북쪽에 대보단이 있으니	北有報壇
안식(安息)하시고 떠나지 마소서.[87]	安且無違

결국 정조는 이여송의 후손이 제사를 받드는 것과 조선이 명나라 유민을 받아들이고 대보단을 세워 명나라 황제들의 제사를 받드는 행위의 정통성을 겹쳐 보이고자 한 것이다. 이여송의 방계 후손이 조선에서 제사를 받드는 '그럴 만한 이유'가 있는 것처럼, 조선도 대명의리를 지켜 대보단의 제사를 받들 만한 이유가 있다는 것의 배비(排比) 관계를 이여송 사당과 제사를 통해 보여주었다.

아울러 정조는 양난에서 국가를 위해 충성을 다하고 희생된 사람들을 기리는 작업을 하였는데, 이순신(李舜臣)의 《이충무공전서(李忠武公全書)》, 양대박(梁大撲)의 《양대사마실기(梁大司馬實紀)》, 김덕령(金

---

87) 《홍재전서》 권21, 〈제독 이여송에게 부조의 특전을 정하고 집을 사서 사당을 세우는 날에 치제한 글(提督李公如松定不祧之典 購第建祠日致祭文)〉, 262-335.

德齡)의 《김충장공유사(金忠壯遺事)》, 임경업(林慶業)의 《임충민공실기(林忠愍公實紀)》 등을 어명으로 편찬하게 한 것이 그 대표적인 예이다.

이 가운데 양대박 부자의 문집 《양대사마실기》를 주목할 필요가 있는데, 그것은 양대박이 서얼 출신이라는 점과 그의 《실기》 편찬이 정조가 문헌 정리를 통해 국가적인 기억을 정리하는 양상의 전형을 잘 보여주기 때문이다.

양대박은 임진왜란 초창기에 관군의 전황이 불리할 때 의병을 일으킨 인물이다.[88] 그는 전라도 지역에서 1592년 4월경 최초로 의병을 창도(唱導)하고 6월경 고경명(高敬命)과 함께 3,000여 의병을 일으켰다. 그러나 안타깝게도 3개월 뒤인 7월에 과로로 사망하였다. 전략 전술적으로 보면 그가 의병 활동을 한 것은 3개월 남짓한 짧은 기간이었다. 그런데 정조는 양대박의 공이 낮게 평가되었다고 보고 그의 공적을 아래와 같이 높이 평가하였다. 정조는 양대박이 동일한 업적을 남긴 다른 의병장이나 장수에 비해 제대로 된 평가를 받지 못했다고 여기고 그의 문집을 간행해주면서 다음과 같이 발언하였다.

> 임진년의 왜란에 가장 먼저 의병을 일으킨 이들은 초토사(招討使) 고경명과 창의사(倡義使) 김천일(金千鎰), 의병장 양대박이다. 그러나 고경명과 김천일의 절의는 지금까지 부녀자들도 일컫고 있는 데 반해 양대박에 대해서는 역사를 논하는 선비들까지도 그의 이름을 말하는 이가 드무니 그가 세운 공이 달라서가 아니다. 다만 조정에서 선양하는 정치가 극진하지 못해서 그러할 뿐이다.

88) 양대박의 창의와 그것이 임진왜란에서 했던 역할에 대해서는 노영구(2017)의 발표와 질의 토론에서 참조하였다. 노영구, 〈명량해전에 대한 몇 가지 이해의 방향〉, 문헌과해석 발표문(2017년 10월 13일).

양대박은 두 아들 경우(慶遇), 형우(亨遇)와 함께 시를 잘하였던 것으로 알려져 일찍이 문집이 세상에 전해졌는데 책판이 불에 타버렸다. 나는 일찍이 타다 남은 사본(寫本)을 보았는데, 행간에 기이한 기운이 감돌아 그가 말에 올라 적을 토벌하고 말에서 내려 격문을 초하던 모습을 상상할 수 있었다. 나는 마음속으로 기이하게 여기고 있었는데 마침 표장(表奬)의 은전을 시행하는 것이 합당하다고 말하는 대신이 있어 마침내 양대박에게 병조판서를 증직하고 시호와 정려를 내렸다. 그리고 궐 안에 보관하고 있던 문집과 《창의록(倡義錄)》을 내각에 내려주어 직각 김근순(金近淳)에게 명하여 합본으로 1책을 만들도록 하였다. 앞에는 창의한 사실을 서술하고 다음에 양대박의 시문을 싣고 경우와 형우의 시문을 뒤에 붙이고 후인들이 찬미한 글들을 부록으로 실었으며, 책머리에 교서(教書), 비답(批答), 제문(祭文)을 실었다. 호남 감영에 내려보내 인쇄하여 오래도록 전하게 하였다. 이로써 내가 충신을 숭상하고 공(功)을 찬양하는 뜻을 기록하는 바이다.[89)]

정조는 1796년 8월 9일 양대박 부자에게 증직하고 문집을 간행하라는 명을 내리면서 "이 사람이 창의한 것은 고경명보다 앞섰고, 용단을 내린 것은 충무공 이순신보다 나았으며, 나라를 위해 몸을 바쳐 충성한 것은 그 둘과 같았다."고 평가하였다.[90)] 임진왜란 때 이처럼

---

89) 《홍재전서》 권184, 〈양대사마실기 10권(梁大司馬實紀十卷)〉, 267-581, "壬辰龍蛇之難 首先擧義旅者 招討使高敬命 倡義使金千鎰 義兵將梁大樸是已 然敬命千鎰之節義 至今爲婦孺之所共道 大樸則尙論之士 鮮有能擧其名氏者 非其所就之有殊也 特朝家發潛闡幽之政 有所未至而然耳 大樸與其二子慶遇 亨遇 俱以能詩稱 曾有文集行于世 而板本不戒于火 予嘗得見其斷爛寫本 奇氣勃窣行間 可想其上馬討賊下馬草檄之狀 予固心奇之 會大臣有言合施表奬之典者 遂贈大樸兵曹判書 賜諡旌閭 且下內藏文集及倡義錄于內閣 命直閣金近淳合釐之爲一書 先敍倡義事實 次敍大樸詩文 而慶遇亨遇詩文系焉 附之以後人讚述 弁之以敎批祭文 下送湖南營 鋟梓壽傳 以識予尙忠敉功之意云".

큰 공훈과 절의를 보인 양대박이 그동안 잘 알려지지 않았던 것은 정조의 말대로 '조정에서 선양하는' 조치가 미진했기 때문이지만, 정조가 이렇게 높이 평가한 이유는 그가 임진왜란 초기에 관군의 전황이 불리한 상황에서 창의하여 전국적인 의병 활동이 일어나는 데 도화선 역할을 했기 때문이다. 즉 정조는 양대박이 비록 서얼 출신이기는 하지만, 국가에 충성을 다한 인물은 나라에서 그 행적을 기리고 충절을 포상한다는 전례를 만들었던 것이다.

그리하여 정조는 1796년 양대박에게 병조판서를 증직하면서 그의 문집을 간행하라고 명했는데, 1799년《양대사마실기》의 편찬으로 귀결되었다. 이 책의 체제를 보면, 권1은 창의(倡義), 권2는 포충(褒忠), 권3~5는 양대박의 유고, 권6은 양대박의 공을 기리는 시, 여타 문인들의 차운시를 수록하였다. 권7~10에는 양경우의 유사와 유문, 권11은 양형우의 유사와 유문이 부록되었다.[91]

《양대사마실기》의 편찬 작업은 단순히 작가의 유문을 모아 문집을 내는 성격의 사업이 아니었다. 정조는 양대박 부자가 서자라는 고단한 처지임에도 국가를 위해 앞장서서 충절을 바친 점을 기리기 위해 양대박 부자에 관한 일종의 '스토리텔링'의 성격으로《실기》편찬 작업을 진행했던 것이다. 그리하여 당대 시인으로 이름났던 양대박 부자의 시문보다 그의 창의에 초점을 맞추고, 관련 자료를 수집하여 의병장으로서 양대박 부자의 인물형을 창출하였다. 또한 김조순에게는 전을, 윤행임에게는 〈운암승전비(雲巖勝戰碑)〉를, 민종현(閔鍾顯)에게는 신도비명을, 남공철(南公轍)에게는 묘표를 새로 짓게 하여 기존에

---

90) 《정조실록》, 정조 20년 8월 9일.

91) 《양대사마실기》의 편찬에 대해서는 강혜선, 2000,《정조의 시문집 편찬》, 문헌과해석사, 250쪽 참조.

지어져 있던 글들에 더하도록 하였다.

즉 의병장 양대박을 국가가 현창하고 걸맞게 대우한다는 이미지를 보여주기 위해 권차를 '창의', '포충' 이후 유문으로 정하였고, 그 문집이 단순한 시문 모음에 그치게 하지 않고 인물에 대한 종합적 이해를 도모하기 위해 양대박이 쓴 시문 외에 관련 자료를 집대성했으며, 당대 문신들에게 그를 기리는 글을 쓰게 한 것이다. 그렇게 해서 정조는 양대박에 대한 기억을 국가적 차원에서 형성하고 '스토리텔링' 했다. 국가를 위해 '창의'하면 '포상'받는다는 구도를 제시해주고, 여기에 신분에 관계 없이 모든 신료와 백성이 참여할 것을 제안하는 형태가 바로 《양대사마실기》 편찬과 양대박에 대한 증직 사업이었던 것이다.

정조의 이와 같은 처사는 충신열사의 공로를 나라가 제대로 평가하겠다는 의지의 표현이다. 게다가 양대박의 경우는 신분 때문에 그 공업을 제대로 평가받지 못했다. 정조는 지배 이념을 충실히 구현한 인사들을 신분에 상관없이 제대로 대우하였다. 정조는 이러한 글을 통해 국가에 충절을 보인 인물을 국왕이 현양하고 공훈을 내린다는 상징적인 의미를 강조하였다. 그리하여 충절은 양반들만의 것이 아니며, 공을 세우면 국가가 현양해준다는 것을 보이려 하였다. 정조는 임·병 양란의 기억을 정리하고 제대로 평가하여 지배이념을 좀 더 넓은 계층으로 확산시키고자 했다.

마지막으로 정조는 사도세자와 관련된 기록을 정리하려고 하였다. 사도세자의 기록은 정조 즉위의 정통성과 관계되는 중요한 문제이다. 정조는 세손 시절인 1776년 2월 4일 영조에게 임오화변(壬午禍變) 당일의 《승정원일기》 기록을 지워줄 것을 청한 바 있다.[92] 당시 상황이 세상에 알려지는 것이 고인이 된 사도세자에게, 아들로서 매우 황송한 일이었기 때문에다. 일기 기록이 없어진 대신에 정조는 사도세자에 관한 기록을 정리해서 남겼는데, 그것이 바로 1789년에 작성된 〈현륭원지(顯隆園志)〉이다.[93] 정조가 《승정원일기》 세초를 영조에게 부탁드린 것은 당년의 사실일 것이고, 〈현륭원지〉를 정리하여 글로 기록한 것은 정조가 다시 정립한 부친의 모습이다. 즉 개인으로서는 생부이자 국가적으로는 세자였던 사도세자에 대한 기억을 재정리한 것이다. 정조는 인물의 일생을 정리하는 기법인 서사의 장면화, 상략(詳略)의 기술을 사용하였다. 즉 사도세자의 일생에서 부각할 면모는 하나의 장면처럼 세세하게 묘사하고 장면화했고, 임오화변과 같은 껄끄러운 역사적 사건에 대해서는 언뜻 언급하고 부차적으로 스쳐 지나가듯이 서술하였다.

정조가 사도세자의 일생에서 강조하고 싶었던 첫 번째 덕목은 타고난 성품의 뛰어남과 검소함이었다.

> 언젠가 궁중에서 팔괘떡(八卦粉糕)을 만들어 올리자, 팔괘(八卦) 모양을 어떻게 먹느냐고 하면서 먹지 않았고, 이어 복희도(伏羲圖)를 보고는 좌우를 시켜 앞에다 걸어두게 하고는 자주 절을 하면서 경의를 표했는데, 그후 역학(易學)에 조예가 깊었던 것이 여기에서부터 시작된 것이다. 가을에는 처음으로 사부 상견례(師傅相見禮)를 행하고 《천자문》을 읽었는데, '치(侈)' 자를 배우면서는 입고 있는 반팔 상의와 자색 비단옷과 진주 모자를 가리키며 이것이 바로 사치라고 하면서 즉석에서 벗어버리기도 했다. 언젠가 영묘께서 명주와 무명 중 어느 것이 더 좋으냐고 묻자

92) 《영조실록》, 영조 52년 2월 4일.

93) 사도세자와 해당 일자 《승정원일기》의 세초에 대해서는 정병설, 2012, 《권력과 인간》, 문학동네 참조.

> 무명이 좋다고 대답하고, 또 어느 옷을 입으려고 하느냐고 묻자 무명옷을 입겠다고 대답하여 영묘께서 기쁜 마음에 제신에게 그 얘기를 하셨다는 것이다. 그리하여 성장해서는 늘 무명옷만 입을 정도로 검소하신 덕이 천성적으로 타고난 것이었는데, 나라 사람들이 다 알다시피 적(賊)들은 그것을 도리어 매화(媒禍)의 발판으로 이용했던 것이다. 이것은 나라 사람들이 다 아는 것이다.[94]

사도세자의 유아기 고사 중 한 대목이다. 사도세자가 사리 분별을 겨우 할 줄 아는 어린 나이 때부터 하도(河圖)와 낙서(洛書)를 존중할 줄 알아 훗날 역학에 조예가 깊었다든지, 천성이 소박함을 좋아하고 사치를 싫어하는 검소한 성품이었다든지 하는 점을 강조하였다. 반면 훗날 사도세자의 소복(素服) 문제로 부자 간에 의혹이 있었던 사건에 대해서는 언급만 하고 사도세자를 변호하는 구실로 삼고 넘어갔다.

다음으로 정조는 사도세자가 보였던 영조를 모시는 각별한 정성이라든지 부친을 향한 효성스러운 모습을 강조하였다.

> 언젠가 영묘를 모시고 앉았을 때 영묘께서 묻기를, "우리 조정의 벼슬아치들이 예로부터 당론이 있는데 그것을 없애려면 어떻게 해야겠는가?" 했더니 모두를 평등하게 대우하고 등용도 똑같이 하면 된다고 하여 영묘께서 크게 감탄했고, 또 영묘께서 혹시 밤늦도록 일을 보시면 반드시 의관을 정제하고 단정히 앉아서 취침을 기다린 후에야 비로소 잠

94) 《홍재전서》 권16, 〈현륭원지(顯隆園誌)〉, 262-263, "宮中嘗以八卦粉糕進 不御曰 形象八卦 其可食乎 尋見宓羲圖 命左右揭于前 屢拜而致敬 邃於易學 權輿乎此 秋始行師傅相見禮 讀千字文至侈字 指所御半臂衣及紫羅珠帽曰 此侈也 卽去之 英廟嘗問紬與綿孰勝 對曰 綿勝 又問服何者 對曰 當服綿 英廟喜而對諸臣言如此 及成長 常御綿衣 昭儉之德 根自天稟 而賊謀反 以爲媒禍之階 此國人之所共知也".

자리에 들었다. 독서 때면 언제나 시간이 다하도록 지칠 줄을 몰라 영묘께서는 늘 그러지 못하게 했으며, 만약 병이 나서 영묘께서 친림하시면 피곤한 빛을 내보이지 않고 반드시 의관을 갖추고 일어나 앉았다.[95]

영조에 대한 사도세자의 효심은 〈현륭원지〉 곳곳에서 보이는 이 글의 주제이기도 하다. 정조는 또한 영조 역시 아들의 효심을 가납하는 모습을 곳곳에 배치하여 부자 간에 효도와 자애로 맺어진 각별한 정의를 형상화하였다. 다음으로는 대리청정 시기 사도세자의 업적을 요약적으로 제시하였다.

겨울에 왕명으로 삼복(三覆)을 실시하여 사형을 결정했는데 온전하게 살린 자가 많았다. 그리고 그 후부터는 해마다 그리하였다. 밤에 궁관을 불러 밤늦도록 강론하다가 귤을 내려주었는데, 귤을 다 먹고 나니 쟁반 속에 시가 있어 궁관들이 즉석에서 화답한 일도 있었다. 갑술년에는 각도의 환곡(還穀)에 대해 부익(裒益)의 정책을 시행하여 서민들의 고충을 덜어주고 대동(大同)의 군포(軍布)를 돈으로 대신 방납하는 것을 금하기도 했으며, 재지기〔齋隷〕가 임금이 내린 은 술잔을 밤에 들고 나갔다가 나졸에게 체포된 일이 있었는데 그 때문에 태학의 유생들이 권당(捲堂)을 하자 하교하기를, "대조께서 유학을 중시하신 덕스러운 뜻이 어떠하였는가. 그런데도 감히 그까짓 작은 일로 소란을 피워 성묘(聖廟)에 사람이 없게 만들어서야 될 일인가." 하고 본병(本兵)의 장을 엄중히 추고하고 유생들은 다시 입재하도록 권한 일도 있었다.[96]

---

95) 위의 글, "嘗侍英廟坐 英廟問曰 我朝搢紳 自古有黨論 何以則已乎 對曰 一視竝用則可 英廟大加嘉歎 英廟視事 或至夜分 必整衣端居 候就寢乃寢 每讀書 必竟晷忘倦 英廟常令止之 有疾 英廟若臨視 必進衣起坐 未或以憊色見於外".

위 인용문을 보면 정조는 사도세자가 대리청정 시에 여러 업적이 있었다고 열거하였는데, 그 대목을 정리하면 다음과 같다. 첫째, 형정(刑政)을 인자하게 폈다. 둘째, 강학을 게을리하지 않았다. 셋째, 신료들과 시를 수창하며 소통하려고 했다. 넷째, 서민의 고충을 덜어줄 여러 정책을 폈다. 다섯째, 일의 근본을 알고 기강을 잡았다. 또한 정조는 사도세자가 영조와 정치적 입장이 같았다는 것도 중요한 사실로 적고 있다.

> 겨울에 날씨가 추우면 죄질이 가벼운 죄수들을 모두 석방하기도 했고, 을해년 역변(逆變) 때는 주상이 직접 장전(帳殿)에 납시어 죄수들을 친국하시고 소조를 곁에 있도록 명하셨는데, 소조께서 이르기를 "신임년(辛壬年)의 상소문에 관계된 육적(六賊)들, 그리고 조태구(趙泰耉)와 유봉휘(柳鳳輝) 등에게 지금에야 비로소 역률(逆律)을 추시(追施)하여 이제 의리(義理)가 처음으로 밝아지게 되었다. 그 점을 모두 알아야 할 것이다." 하였다.[97]

이 대목은 영조 연간 중요한 정치적 전환점 중 하나인 1755년 을해옥사(乙亥獄事)에 관한 기사이다. 을해옥사는 나주 벽서 사건이라고도 하는데, 영조는 이 벽서의 문제를 소론 강경 세력이 영조 즉위의 정통성에 문제를 제기하여 신임의리(辛壬義理)에 반한 것이라고 보고 매

96) 위의 글, "冬 承命行三覆 決死囚 全活者多 自後 每歲如之 夜召宮官講論至漏分 賜貢橘于宮官 橘盡盤中有詩 宮僚卽席拚和 甲戌 令諸道還穀 行裒益之政 俾除小民切苦之瘼 禁大同軍布代錢防納 太學儒生 以齋隸 持御賜銀杯而夜出 爲邏卒所捕 遂捲食堂 敎曰 大朝重儒之德意何如 敢因微事起鬧 致令聖廟無人可乎 重推本兵長 仍命勸入齋儒".

97) 위의 글, "乙亥逆變 上御帳殿鞫囚 命小朝侍坐 敎曰 辛壬疏下六賊及耉輝 今始追施逆律 自此義理始明 不可不知也 講綱目敎曰 卽墨之堅守不下 似是威王時受賞之大夫 嘗有保障之功 得力於是日矣".

우 엄격하게 다루었다. 위 대목은 사도세자가 영조의 신임의리를 굳게 지키며 영조와 정치적 입장을 같이 했음을 알게 해주는 대표적인 사례라고 하겠다.

또한 정조는 사도세자를 갈등 상황에서도 한결같이 영조를 위하고 타인의 잘못도 자신의 잘못으로 덮어주는 덕이 있는 모습으로 그렸다. 반대 세력의 신하들이 부자 간에 오해를 조장하고 사실이 아닌 날조된 이야기를 영조에게 전했을지라도, 사도세자가 본인의 덕으로 이를 다 품고서 본인의 수양에 힘쓴 모습을 '일화'의 기법으로 소개하였다.

> 소조가 원래 술을 좋아하지 않는 것은 궁중 누구나가 다 아는 사실인데, 당시에 그와 상반되는 말을 하는 자가 있자 소조께서는 남을 탓하지 말라는 성훈대로 모든 것을 자기 탓으로 돌리는 영지를 내리고 또 주상께도 과음을 한 것으로 고하였다. 없는 사실을 있다고 한 것이 도리어 불성실한 것이라고 좌우에서 말하자, 소조는 지극히 인자하고 총명하신 성상께서 스스로 그 허실을 판단하실 일이지 내가 어떻게 감히 내 입으로 변명을 하겠느냐고 답하였다. 얼마 후 주상께서 그 소식을 듣고는 매우 기뻐하시면서 "그러한 말들이 떠돌게 만든 것은 내 불찰이다."라고 하시면서 누차 감오(感悟)의 뜻을 보이고, 또 전교를 내려 성의(聖意)를 중외에 밝히기도 하였다.[98]

98) 위의 글, "小朝素不近杯酌 宮中大小之所知 而時有相反之說 小朝以聖訓無勉之意下旨 反躬自咎 亦以過飮 告于上前 左右以無是而曰有是 反爲不誠答 以至慈至明 自可辨燭其虛實 我何敢以自明之說 發諸口乎 俄而上聞下旨責躬 甚嘉悅 敎曰 此等辭說之流行 皆予之過 屢示感悟之意 又下傳敎 示聖意於中外".

이상에서 살펴본 〈현륭원지〉의 서술 방식은 사도세자의 효성과 성군으로서의 자질을 부각시키는 데 중점을 둔 인물 일생 서술의 모범적인 글이다. 실제 사실은 역사에 기록되는 것이므로, 사도세자의 일생을 중심으로 사건에 대한 사실적인 서술은 생략하였다. 사도세자의 죽음과 임오화변에 대해서는 당일 벌어진 일에 대한 언급을 생략하고, 이이장(李彝章), 한익모(韓翼謩), 권정침(權正忱), 이심원(李心源), 윤숙(尹塾) 등 사도세자를 구원하고자 위험을 무릅썼던 신하들의 일화를 나열하였다. 그리하여 정조는 효성스럽고 군주로서 자질이 충분했던 세자와 그에게 충성을 다한 여러 신하의 전기로서 〈현륭원지〉가 기능하도록 부친의 일생을 재구성했다.

이상으로 정조가 국왕으로 즉위하여 펼친 '문치'의 여러 측면에 대해서 검토해보았다. 정조는 〈홍우일인재전서의 장명(弘于一人齋全書欌銘)〉에서 통치 행위가 문학과 불가분의 관계임을 인정하였다. 정조는 비록 순문예적인 작품을 창작하기도 했지만, 군왕의 문학과 일반 문인의 문학을 구별하는 입장에서 수준 높은 문학 작품에 정치적인 함의를 담아내었다. 그는 문학을 통한 통치, 즉 문치의 중요성과 이를 활용하는 방법을 잘 알고 있었다.

마지막으로 1800년 정조가 본인의 문집을 완성한 뒤 자신의 글에 대해 언급한 짧은 발언을 인용하면서, 정조의 통치에 있어서 문학이란 무엇이었는가를 정리하고자 한다.

> 《홍우일인재전서(弘于一人齋全書)》란 곧 내가 저술한 것이다. …… 학문은 공자와 맹자를 종주로 삼고 정치는 옛날 삼대의 왕도정치를 숭상하며, 격물(格物)·치지(致知)·성의(誠意)·정심(正心)으로 덕목을 삼고 예의와 염치로 세속의 규범을 삼았으니, 문사(文辭)는 의사를 전달하면 그만

> 이었다. 평소 수집하는 것을 별로 좋아하지 않아서 흩어져 없어지는 대로 내버려두었는데, 입 밖에 나오면 문장이 이루어지는 것이 적지 않았다. 일찍이 조잘거리거나 흥얼대는 풍속이 마음에 거슬리는 바가 있어서 마침내 시초(詩草)는 불살라버리고 문(文)만 몇 편 남겨두었다. …… 다만 내가 상제를 대하고 백성들에게 베풀고자 하는 생각으로 어렵고 큰 왕업을 계승하여 부지런히 백성을 보호하고 인재를 구하는 것에 급급하면서, 인이 아닌 집은 거처하지 않으며 의가 아닌 길은 밟지 않았던 것을 문자로 기록한 것이되, 내 마음속 깊은 곳에서부터 흘러나온 것이니, 또한 절로 속일 수 없는 것이도다.[99]

정조가 말년에 본인의 문학을 핵심적으로 요약한 대목이다. 정조가 국왕으로서 인과 의의 정치를 펼치면서 그것을 문자로 기록한 결과물이 《홍재전서》로 정리되었다는 내용이다. "인이 아닌 집은 거처하지 않으며 의가 아닌 길은 밟지 않았던" 정조의 문학은 '인정'을 펴고자 했던 '홍재' 정조의 통치 행위 과정을 문자화한 것이었다.[100]

---

99) 《홍재전서》 권53, 〈홍우일인재전서의 장명〉, 263-335, "弘于一人齋全書者 卽予所著述也 …… 學則宗鄒魯 治則尙三代 入德則曰格致誠正 範俗則曰禮義廉恥 而辭達而已也 雅不喜收聚 任其散佚 而失口成篇 不爲不多 嘗於啁哳唫呀之俗 礙我心者有焉 遂以詩草 畀之炎火 文則留若干篇 …… 顧予對越敷錫之眷 丕承艱大之投 勤於保民 急於求賢 宅非仁勿居 路非義勿踐 登之文字 從腔血流出 則亦自有不可誣者矣".

100) 정조의 호 '홍재(弘齋)'는 《논어》에서 '인(仁)'을 군자의 책무로 논한 '군자홍의(君子弘毅)' 장에서 유래한 것으로, 정조 본인이 군주로서 인정(仁政)을 펴겠다는 의지를 담아 붙인 호이다. 《논어》, 〈태백〉, "曾子曰 士不可以不弘毅 任重而道遠 仁以爲己任 不亦重乎 死而後已 不亦遠乎".

3부

신료와의 영향 관계:
문치의 이상과 현실

앞서 2부에서는 정조의 문학을 '문치(文治)'라는 개념을 중심으로 검토해보았다. 이를 통해 정조가 문학을 통치에 활용한 몇몇 유형을 구체적으로 확인하였다. 문학이라는 단어가 현대의 의미보다 그 외연이 넓어 인간 지식의 문헌적 총체를 지칭하던 시기에, 문학의 문제는 사회, 정치적으로 파급력이 컸다. 정조는 문학의 이상을 제시하여 이를 통치에 활용하려 하였고, 이를 통해 성리학에 기반을 둔 이상 국가를 건설하고자 하였다. 여기에 동참하고 그 의의를 부연(敷衍)하는 글쓰기를 수행한 문인들도 있었고, 국왕의 권위에 포섭되지 않는 문인들도 있었다.

정조가 문치를 표방하고 육경에 근거를 둔 문학을 문학의 전범으로 설정하였다고 하더라도, 이를 수용하는 신민으로서는 각자의 처지에 따라 그 정도와 영향 관계가 다를 수 있었다. 정조를 지근에서 모시면서 국가 대소사를 논의하는 데 주도적으로 참여한 대신과 정조의 신민이기는 하지만 조정의 논의에 전혀 참여할 수 없었던 일반 유생은 정조의 문치가 끼친 영향의 정도가 달랐을 것이다.

3부에서는 정조의 문학을 중심에 두고 정조의 문치와 관련된 신료들의 문학을 연구하되, 다음과 같은 구도로 진행하고자 한다. 첫째, 정조 연간 정조의 문학 경향에 적극적으로 동조하고 정조의 문치를 보좌한 인물로 정조 사후에도 정조의 문학관을 유지 또는 재생산한 인물들의 문학에 대한 연구이다. 둘째, 초계문신 제도에 의해 문학 경향을 계도 받거나 규장각 각신으로서 정조의 문치를 구현한 인물들의 문학에 대한 연구이다. 셋째, 본래부터 정조의 문학과 별로 관계없이 독자적인 문학 경향을 지녔던 인물들의 문학과 정조와의 관계에 대한 연구이다.

1.

문치의 보좌와 부연: 대신과의 상호 관계

정조가 펼치고자 했던 문치의 취지에 공감하고 그것이 의미하는 바를 구체적으로 부연하는 작업을 한 인물들이 있다. 주로 정조의 측근에서 문치를 보좌한 대신들이 이에 해당한다. 정조는 본인의 정치적 의중을 글로 표현할 때 간략하고 정제된 문장을 사용하였다. 그리고 본인이 못다 표현한 내용에 대해서는 대신들에게 따로 편지를 보내거나 하교하여 이러이러한 의도를 부연하라고 명하곤 하였다. 정조의 서적 편찬 방식도 이와 유사하다. 정조가 편찬하고자 하는 서적을 구상하면 각신과 규장각 속관들이 실무 작업을 진행하였다. 책이 완성되면 정조가 서문을 쓰고 대신은 같은 책에 대한 발문 등 부연하는 글을 써서 정조의 의중을 구체화하였다. 이 모든 과정에 정조가 깊숙하게 관여하는데, 사안에 따라 본인이 직접 밝히기 곤란한 부분에 대해서는 대신들의 글에 기대기도 하였다. 이러한 사례는 김종수, 채제공, 이복원 등 측근 대신들의 글쓰기에서 공통으로 나타난다.

우선 김종수의 경우를 살펴보기로 한다. 그는 정조의 고단했던 세손 시절부터 시강원 관료로서 측근에서 보필했고, 즉위 후에는 동덕회의 일원으로서 정조 즉위의 정통성에 관한 의리주인(義理主人)으로 인정받았다. 김종수는《명의록》편찬에 찬집당상(纂輯堂上)으로 깊이 관여했다. 정조가 여러 신하에게《명의록》을 찬집하라고 하교한 정황을 살펴보기로 한다.

> …… 대리청정할 때의 역신(逆臣)들이 신축년과 임인년 때의 역신들보다도 심하였는데, 신축년과 임인년의 논의가 아직까지도 시끄럽게 그치지 않고 있고 오직 이 의리는 1년도 되지 않아 점차 해이해지고 있으니, 이 또한 국맥(國脈)이 떨쳐지지 못하여 그러한 것인가. 이대로 나아간다면 안면을 점차 바꾸는 자들이 흉하고 거짓된 논의를 창도하여 몰래 역적들을 옹호해서 하늘의 토벌과 승리를 다투려 한 이후에야 그만둘지 어찌 알겠는가. 괴귀스러운 정상은 섬뜩하고 불측하여 미리 헤아리기 어려우니 어찌 꼬치꼬치 말할 것이 있겠는가. ……[1]

이렇게 말하면서 정조는 본인의 세손 시절 일기였던《존현각일기》를 내려주기까지 하였다. 인용문에서 정조는 즉위 후에도 본인의 정통성이 완전히 확립되어 있지 않다고 불만을 토로했다. "의리(義理)가 1년도 되지 않아 해이해졌다."는 것은 1777년 홍계능(洪啓能)과 관련된 자객 침입 사건, 홍상범(洪相範)의 역모 사건을 언급한 것이다. 역모 사건을 물리적으로 진압한다고 해서 반란으로 흔들린 본인의 정통성이 회복되는 것은 아니었다. 잠재된 역모의 가능성을 불식시키

---

1) 《홍재전서》 권30, 〈명의록을 찬집하는 신하들에게 거듭 유시하는 하교〔申諭明義錄纂輯諸臣教〕〉, 262-493, "聽政之逆 有浮於辛壬 而辛壬之論 至于今崢嶸不息 惟此義理 不出一年 漸欲解弛 是亦國脈不振而然乎 馴此不已 其稍換頭面者 安知不倡爲凶譎之論 陰護賊邊 角勝天討而後已哉 恠鬼情狀 閃忽叵測 有難逆覩 何必索言".

고 국왕의 대의를 천명하기 위한 문학적 작업이 필요한 시점이었다. 김종수는 《명의록》 찬집당상 중 한 명으로서 《명의록》을 완성하고서 다음과 같은 〈명의록발(明義錄跋)〉을 작성하여 정조 즉위의 정당성을 강화하였다.

> 옛날에 공자가 《춘추》를 지으시자 난적(亂賊)들이 두려워하게 되었다. 이때 왕실이 미약하여 상벌이 제대로 시행되지 못하므로 공자가 노나라의 역사에 의탁하여 대의를 밝히고 큰 법을 세웠던 것이니, 이는 마지못해서였다. …… 그러나 세변(世變)이 무궁하고 인심이 의혹되기 쉬워 거실(巨室)과 세족(世族)으로서 나라를 원수처럼 여기고 임금을 속이는 자가 왕왕 문견(聞見)과 언의(言議)의 차이에서 비롯되어 마침내 역적이 되기에 이르고야 말았다. …… 이에 글을 짓지 않을 수가 없어 미욱한 자는 깨우쳐주고 완악한 자는 바로잡아주었으니, 이것이 《감란록(勘亂錄)》과 《천의소감(闡義昭鑑)》을 짓게 된 이유였다. ……
>
> 왕법이 거행되고 국시가 크게 정해졌으나, 척리의 권세가 중하여 일찍부터 온 세상 사람을 모두 복종하게 하고 궁성의 일이 비밀스러워 바깥사람들이 알 수 없는 바가 있었다. 온 세상이 모두 복종하는 마음이었으므로 바깥사람들이 알지 못하는 일을 당하면, 어찌 하루아침에 역순(逆順)의 향배를 분명하게 분별할 수 있었겠는가. 우리 전하께서 찬집청(纂輯廳)을 열도록 명하고 일기(日記)를 내리신 것과 신들이 명을 받들어 편찬하여 밤낮으로 감히 조금도 게을리하지 못한 것은 모두 이로써 천하의 대의를 밝혀 한 세상의 보고 듣는 사람들을 잘 알게 하려는 것이었다. 일찌감치 분변하고 분명하게 일러주어 미욱한 자를 깨우치고 완악한 자를 바로잡는 일이 《감란록》이나 《천의소감》을 만들 때보다 더욱 급하였으니, 바로 《춘추》와 길은 다르되 귀추는 한 가지이다.[2)]

김종수가 이 글에서 표방하는 바는 크게 두 가지로 정리할 수 있다. 첫째, 《명의록》을 《춘추》에 비기는 것이다. 《춘추》는 역사의 엄정한 평가를 의미한다. 공자는 노 애공(魯哀公) 14년 획린(獲麟)의 대목에서 《춘추》 집필을 그만두었다. 군주와 신하의 도리가 불분명한 난세를 한탄하는 뜻을 보인 것이다. 인용문에서도 '거실세족(巨室世族)'을 언급하면서 정조의 즉위를 방해한 척신들을 상기시키는 대목이 있다. 정조 즉위의 정당성을 밝히는 《명의록》이 난신적자(亂臣賊子)를 글쓰기로 징토(懲討)한 《춘추》와 유사하다는 논리를 내세웠다. 《명의록》의 집필 의도와 문제의식을 밝히고 있다.

둘째, 《감란록》, 《천의소감》, 《명의록》의 계보적 관계를 표명하였다. 《감란록》은 이인좌의 난을 평정하고 탕평의 이념을 표명한 책이다. 《천의소감》은 영조의 세제 책봉과 즉위의 정당성을 밝힌 책이다. 김종수는 《감란록》과 《천의소감》을 종합하는 위상으로 《명의록》을 위치시켰다. 《존현각일기》에서 홍인한과 정후겸 등이 정조를 핍박한 사실이 명징하게 드러나 있고, 그 뒤에 이어진 차자, 전문, 전교, 상소, 범례, 그리고 사건 처리 과정 등에서 정조 즉위의 방해 세력을 징토한 과정이 잘 정리되어 있다. 그런데 《감란록》을 언급한 것은 "천하의 대의를 밝혀 한 세상의 보고 듣는 사람들을 잘 알게" 하려 했다는 대목에서 알 수 있듯이, 《명의록》을 출간하여 세상에 널리 알리고 이 의리에 동의한 사람은 정조의 탕평 정국에 포용하겠다는 뜻을 밝

2) 《명의록(明義錄)》, 〈명의록발(明義錄跋)〉, "昔孔子作春秋而亂賊懼 是時王室微弱 誅賞不行 故孔子托之魯史 以明大義立大法 蓋不得已也 …… 世變無窮 人心易惑 巨室世族之讎國家而誣君父者 往往始於聞見言議之差 而終至爲逆而後已 …… 於是乎書不得不作 而迷者以牗 頑者以格 此勘亂錄闡義昭鑑所由作也 …… 王法克擧 國是大定 惟是戚里勢重 早令擧世皆伏 宮省事祕 有非外人所知則以擧世皆伏之心 當外人不知之事 其何以一朝曉然於逆順向背之分乎 我殿下之命開纂局頒下日記 臣等之承命編摩 夙夜不敢少懈者 皆將以明天下之大義 曉一世之耳目也 其辨之早諭之明 以牖迷而格頑者 視勘亂闡義之時 尤有急焉 而直與春秋之書 殊塗而同歸者也 ……".

히기 위함이다. 바로 이 부분이 《명의록》의 성격을 밝힌 긴요한 대목이다.

김종수는 세손 시절 정조의 궁료로 있으면서 정조 즉위에 크게 공헌하였으며[3], 정조의 우현좌척의 정국 기조를 지지하는 등[4] 정조의 정치적 입장을 대변하는 글쓰기를 계속하였다. 궁료에서 조정의 대신으로 점점 역할이 증대되던 김종수에게 정조는 "네가 조석으로 지근에 있을 수 없으니, 네가 노력을 바칠 것이 이 책에 있지 않겠는가?"라고 하며 그에게 주의류(奏議類) 산문을 정리하기를 바랐다. 이에 김종수는 《역대명신주의요략(歷代名臣奏議要略)》을 편찬하여 정조에게 올린 바 있다. 그는 원본에 해당하는 《역대명신주의(歷代名臣奏議)》에서는 그 분량이 미미했던 군덕(君德)과 청언(聽言)을 강조함으로써, 군주가 덕을 수양하고 신하들의 간언을 가납할 것을 의도했다.[5] 《일성록》 1781년 8월 24일 기록을 보면 다음과 같은 내용이 있다.

> 지난번 연석(筵席)에서 '본각(本閣)의 강의(講議)를 내려보내주십사'라는 말이 있었으므로, 초계문신의 강의 책자를 내려보내고 경이 살펴본 뒤에 올려보내라는 뜻으로 하유하였다. 국조 명신들의 주의(奏議)를 초출(抄出)하여 편집(編輯)하는 일은 거의 되어가는가? 근래에는 오래도록 고사(故事)가 없었으니, 만약 마음에 맞는 부분이 있으면 바로바로 등문(登聞)하라고 일체로 일제학(一提學)에게 하유하라.[6]

---

3) 김종수는 서명선, 홍국영, 정민시, 이진형과 함께 동덕회의 구성원이었다.

4) 김종수가 세손 시절의 정조에게 척신 정치를 비판하며 사대부 중심의 정치를 강조한 것은 김종수, 《몽오집(夢梧集)》 권3, 〈춘궁시강일기(春宮侍講日記)〉, 245-506 참조.

5) 백승호, 2017, 〈규장각 소장 《국조명신주의요략》에 대하여〉, 《진단학보》 129, 진단학회.

이 인용문의 맥락을 이해하기 위해서는 김종수의《몽오집》에 있는 〈규장각고사(奎章閣故事)〉를 함께 참조해야 한다. 〈규장각고사〉의 첫머리에 이렇게 쓰여 있다.

> 신이 바야흐로 어명을 받들어《명신주의(名臣奏議)》(《역대명신주의요략》)를 편차하였습니다. 책 속의 격언 가운데 경계가 될 만한 것들을 아래에 조목별로 나열하여 각중(閣中) 고사(故事)로 갖추어두니, 성상께서 살피시기 바랍니다.[7]

위에서 인용한 두 글을 보면 정조가 김종수에게 '고사(故事)'를 올리라고 명하였고 김종수도 이에 부응한 사실이 드러나 있다. 정조가 김종수의 글을 통해 문치에 도움을 받고자 했음을 알 수 있다.《몽오집》〈규장각고사〉는 김종수가《역대명신주의요략》을 편찬하는 가운데 정조에게 치도(治道)의 요략이 되는 중국과 조선 선현들의 어록을 정리하고 그것에 대한 자신의 의견을 부연한 내용이다. 김종수가 이와 같은 방식으로 평소에도 정조의 문치에 협조하고 그 입장을 함께 논의하였음을 확인할 수 있는 자료이다. 예를 들어 다음 인용문을 살펴보기로 한다.

> 선정신(先正臣) 이이(李珥)가 다음과 같이 말하였습니다.

---

6) 《일성록(日省錄)》, 1781년 8월 24일, "敎曰 向於筵中 有本閣講議下送之言 抄啓文臣講議册子下送 卿其看閱後上送之意 下諭 奏議抄編役 幾就緖否 近久無故事 如有會意處 續卽登聞事 一體下諭于一提學".

7) 《몽오집》 권3, 〈규장각고사(奎章閣故事)〉, "名臣奏議臣方承命編次矣 書中格言之可作箴規者 條列于左 用備閣中故事 冀垂聖照". 김종수가 정조의 명을 받아《국조명신주의요략》을 편찬하는 과정은 백승호, 2017, 앞의 글 참조.

"주자의 말씀에, 무릇 광명정대하고 탁 트여 통달하며 뜻이 고상하고 원대하여 조금도 의심할 만한 것이 없는 것은 군자(君子)요, 더러운 인물에 비위를 맞추며 서로서로 숨겨주며 지렁이처럼 얽혀 있고 서캐나 이처럼 잔달은 것은 반드시 소인(小人)이라고 하였습니다. 요점은 군주를 사랑하는 자는 군자요 작록을 사랑하는 자는 소인입니다. 소인은 작위와 봉록만을 마음에 두고 있으니 진실로 자신을 이롭게 할 수는 있겠으나, 비록 군부가 망하고 국맥이 상하더라도 돌아보지 않습니다. 군자는 그렇지 않습니다. 진실로 군주를 바로잡을 수 있다면 다른 것은 연연하지 않습니다. 의가 직분을 지키는 데 있으면 군주의 명도 따르지 않는 경우가 있고, 의가 극진히 간언하는 데 있으면 임금의 분노도 피하지 않습니다. ……[8]

이이의 《성학집요(聖學輯要)》에서 군자와 소인을 논한 부분을 절록하였다.[9] 《성학집요》에 군자와 소인을 논한 대목은 분량이 꽤 많은데, 김종수가 고사로 올린 조목은 몇 조목 되지 않는다. 그런데 그가 굳이 군자와 소인을 논한 언급 가운데 이 부분을 초록한 이유가 있다. 그것은 김종수가 〈규장각고사〉에 인용하지 않고 생략한 부분에 권행과 외척에게 아당(阿黨)하는 소인의 행태를 비판한 부분이 있기 때문이다. 《성학집요》는 당대인에게 잘 알려진 저술이므로 굳이 외척을 비판하는 대목까지 인용해서 논란을 불러일으키기보다는, 앞부분만 언급해서 우현좌척이라는 정치적 기조를 상기시키는 헐후(歇後)의

---

8) 위의 글, "先正臣李珥曰 朱子有言曰 凡光明正大 踈暢洞達 磊磊落落 無纖芥可疑者 必君子也 其依阿淟涊 回互隱伏 糾結如蚯蚓 瑣細如蟣虱者 必小人也 大要愛君者君子 愛爵祿者小人 小人惟以爵祿爲心 苟可以利身 則雖罔君父傷國脉 不顧也 君子則不然 苟可以正君 則他無所戀 義在守職 則君命有不從 義在盡言 則天威有不避".

9) 《율곡전서(栗谷全書)》 권24, 〈성학집요-6(聖學輯要-六)〉.

효과를 기대한 것으로 보인다.

> 신(김종수)이 삼가 살펴보건대 군자와 소인의 구분은 예로부터 논한 사람이 많습니다만, 이처럼 상세하고 핵심적으로 논한 것이 없습니다. …… 아! 명의(名義)는 국가를 유지하는 큰 둑이요 군자가 도움을 받고 소인이 등을 돌리는 바입니다. 아! 시대에는 태평과 난세가 있습니다. 모름지기 태평 시기에 이 큰 둑을 세우고 이러한 인물들을 거두어들여야 바야흐로 드러나지 않는 간악함의 싹을 자르고 바야흐로 퍼질 위태로운 기미에 대항할 수 있습니다. 그런데 말세의 군주는 허다한 작록을 허비하여 사람마다 각자 그 욕심을 채우도록 하였는데도 하루아침에 변란이 생기자 그들이 팔을 내저으며 떠나가는 것을 우두커니 볼 뿐이니, 어찌하겠습니까. 그러나 나라를 위해 몸 바쳐 순국하는 이들은 왕왕 누군지도 모르는 사람들에게서 나오니, 후대 임금들이 역사를 읽음에 이 대목에 이르러 적이 비웃으며 대신 분개하지 않는 사람이 없습니다. 그렇지만 전하께서는 자기에 대해서는 다시 이와 같이 아니 하시니 이것은 유독 무슨 마음입니까! 만약 전하께서 이를 귀감으로 삼아 전적으로 이와 반대로 하신다면 우리나라가 거의 태평할 것입니다.[10]

김종수가 고사를 바치면서 위 구절에 대한 자신의 의견을 피력한 부분이다. 핵심은 명의(名義)를 바로 세우는 것을 강조하고 군자와 소

---

10) 김종수, 앞의 글, "臣謹按 君子小人之分 自古論之者多矣 而未有若是之詳核者 …… 嗚呼 名義者所以維持國家之大防也 君子之所藉手而小人背焉者也 噫 時有平陂 須於平時 扶竪此個大防 收拾此個人物 然後方可以折奸萌於未露 抗危機於方張 而奈之何叔季之主 費了許多爵祿 使人人者各飽其慾 及一朝變生 坐見其掉臂而去 而殺身殉國 往往出於不識何狀之人 後之人辟讀史 至此亦無不竊笑而爲之代憤 及其自爲 乃復如之者 抑獨何心哉 倘殿下深懲乎此而一反之 則吾東其庶幾乎".

인을 분명하게 구분할 것을 진언한 것이다. 그리하여 평화로운 시기에도 정조의 정치를 지지하는 인물을 정조를 위한 큰 둑, 즉 제방으로 등용하자고 하였다. 그 진언의 어조가 강직하고 통렬하다. 정조가 즉위하고 홍인한, 정후겸 등에 대한 징토(懲討)가 이루어졌지만, 이에 그치지 말고 명의를 분명히 세우고 여기에 동의하는 인물들을 등용하여 국가의 큰 둑으로 삼자고 제언하였다. 군자와 소인을 논한 이이의 논의를 정조 즉위의 정통성과 《명의록》의 의리(義理) 제방(堤防)을 강화하는 데 연관 지어 서술하였다.

고사의 주제는 군자와 소인에 대한 일반적인 논의를 진행하는 것으로 설정하여 대의명분을 획득하였지만, 실제 글의 취지는 외척과 권행을 겨냥하고 있음을 헐후의 기법으로 의도하였다. 명의를 강조하며 정조의 명분과 의리에 동참하는 인물들을 등용할 것을 주장하는 가운데, 역사적 사례를 검토하면서 정조의 즉위를 훼방한 인물들을 소인으로 규정하고 《명의록》에 근거하여 징토 논의를 강화하였다. 요약하자면 김종수의 글은 군자와 소인을 논하는 일반론으로 대의명분을 확보한 뒤에 그 안에 토역(討逆)의 논의를 감춘 것이라 평가할 수 있다. 이처럼 김종수는 정조의 문치에 있어서 국왕의 정통성을 옹호하며 의리의 소재를 분명히 밝히는 글쓰기를 주로 하였다.[11)]

다음으로 채제공의 경우를 살펴보기로 한다. 채제공은 사도세자 숭봉에 관한 사업에서 두각을 보였다. 정조는 《번암집(樊巖集)》에 범례를 내려주면서 그의 인물됨, 시, 산문을 모두 높게 평가하였는데, 산문보다는 시를 더 높이 평가하였다.[12)] 정조는 채제공을 사도세자

11) 김종수가 《명의록》 찬집에 관여하고 정조의 정통성을 옹호하는 의리주인으로서 활동한 양상은 백승호, 2016, 앞의 책, 35~56쪽 참조.

숭봉 사업의 의리주인으로 인정하였고, 화성(華城) 성역(城役)을 주관하도록 하였다. 당시 좌의정이었던 그를 화성유수로 내보낸 것은 화성 성역의 중요성을 천명한 것이었다.[13] 1789년 현륭원(顯隆園)이 완성되자 채제공은 정조의 행차에 관한 제반 절차를 구체적으로 규정한《원행정례(園幸定例)》의 서문을 지은 바 있다.

> 신이 가만히 생각건대 제왕과 보통 사람은 귀천이 비록 다르지만, 하늘과 같이 돌봐주신 은혜에 대해 돌아가신 부모를 그리워하는 감정은 어찌 다르겠습니까?[14] 그러나 예제(禮制)의 번잡함과 간소함은 다르지 않을 수 없습니다. 역사서에 드물게 겨우 기록된 능침을 참배하는 예를 상고해보니, 호위 행렬이 많고 공억(供億)이 번거로워 그 형세상 자주 거행할 수 없었습니다. 오직 우리 성상의 지극한 효성이 끝이 없고 지혜가 빼어나셔서 능침을 살피는 것은 비울 수 없기에, 쓸데없는 비용을 모두 없애는 방법을 깊이 헤아리셔서 이 책을 만들고 영원한 법식으로 내리셨습니다. 이에 정성과 예가 극진하고 우휼(優恤)이 잘 갖추어져 능행하는 연도의 백성들이 행렬의 깃발과 이어진 수레의 행렬을 바라보기 위해 선후로 달려오며 기뻐서 팔짝 뛰면서 지극히 중요한 덕과 도에 감화되고 깊고 두터운 인과 은택에 푹 젖어서 책응과 노역이 힘든 것도 알지 못하니 모두 이 책의 효험이었습니다.[15]

---

12) 《번암집(樊巖集)》, 〈어정범례(御定凡例)〉, "槩以論之, 則文不如詩, 詩不如人, 人之云遐, 何惜如之."

13) 채제공, 송기채·홍기은 역, 2017, 《번암집》 1, 한국고전번역원, 187~189쪽; 백승호, 2016, 앞의 책, 78쪽.

14) '서리와 이슬', '두려운 마음' 등의 단어는 《예기》 〈제의(祭義)〉의 "霜露既降 君子履之 必有悽愴之心 非其寒之謂也 春雨露既濡 君子履之 必有怵惕之心 如將見之." 구절을 점화하여 돌아가신 부모를 그리며 슬퍼하는 마음을 표현한 것이다.

정조는 영우원(永祐園)을 수원으로 옮긴 뒤 매년 봉심하러 갔는데, 이 글은 정조가 매년 수원으로 사도세자의 묘소를 찾아갈 수 있는 근거를 제시하고 이를 지지하였다. 국왕의 행차는 비용과 절차가 복잡하고 행로에 수많은 인원이 동원된다. 채제공은 책의 성격과 편찬 과정을 설명하는 서문에서 정조가 국왕의 거둥과 제수 등 구체적인 사항과 절차를 예식으로 정하고 이를 책으로 정리하여 백성들에게 피해를 최소한으로 끼치도록 하였다는 사실을 강조하였다. 정조의 사도세자 숭봉 사업에 대한 정당성을 설파하고 지지하는 글이다.

이후 채제공은 화성 성역을 주관하고 축성 방략을 올렸으며, 동시에 한시를 통해 정조의 사도세자 숭봉 사업의 의의를 찬양하였다. 정조도 어제시로 답하면서 두 사람은 한시를 통해 화성 성역의 당위성을 문학적으로 형상화하였다. 채제공이 1794년 화성을 축조하는 과정에서 지은 다음 한시를 살펴보기로 한다.

〈진목점을 지나면서 화성 읍치를 바라보다(過眞木店望見華城邑治)〉

먼 하늘에 우뚝한 건물 보이니	遙空見突兀
새로 지은 서장대로다.	知是將臺新
촌락이 무수히 증가하니	井落增無數
성시에 갑자기 생동감이 돋네.	城池欻有神
징 소리 호각 소리에 앞으로 나아가는 나그네에	鐃笳前度客

15) 《번암집(樊巖集)》 권33, 〈원행정례서(園幸定例序)〉, "…… 臣竊伏惟帝王之與匹庶 貴賤雖殊 昊天顧復之恩 霜露怵惕之感 豈有異哉 然而禮制之繁簡 不能不異 考之史牒展寢之禮廑書而罕見者 以儀衛衆而供億煩 其勢不可以數擧也 惟我聖上達孝不匱 睿智首出 深軫祇覲之無曠而宂費之盡祛 作爲是書 以垂永式 於是誠禮克盡 優恤備至 使沿路之民 瞻羽旄望屬車 奔走先後 歡欣踴躍 觀感於至德要道 涵泳於深仁厚澤 而不復知責應勞擾之爲何事 皆是書之效也".

벼와 기장처럼 빽빽한 태평 시대의 백성이라.　　禾黍太平民
임금님 행차를 보려는 듯 산천의 경관이　　望幸山川氣
무성한 것이 이미 봄 같구나.　　葱葱已似春

채제공은 화성 성역의 총리사(摠理使)로서 수원을 왕래하면서 여러 편의 한시를 지었다. 이 시는 전반부는 새로 지은 화성의 웅장함과 백성들의 생업이 번성함을 읊었고, 후반부는 이러한 공사를 통해 태평성대가 계속되고 있음을 분식(粉飾)하고 자연물마저도 정조의 통치에 감화되는 모습을 읊었다. 수련은 새로 지은 서장대(西將臺)를 언급하였다. 함련은 화성을 계획한 것이 성공을 이루었다는 사실을 백성의 수가 증가하고 마을이 번영하는 모습으로 보여주었다. 경련은 행차를 보려고 모인 백성들을 언급하였고, 미련에서는 자연물마저도 정조의 통치에 감화되어 생동감을 획득하는 모습을 읊었다. 이 시는 완성되어가는 화성의 모습을 형상화하면서 정조의 통치를 관각시로 찬양하였다. 정조는 이에 대해 다음과 같이 화답하였다.

망루가 우뚝하게 높이 솟으니　　樓櫓居然起
산하도 갑자기 함께 새로워지네.　　山河頓與新
총리(摠理)한 경의 노력을 높이 평가하니　　多卿摠理力
날 위한 지휘는 신묘하였네.　　爲我指揮神
진영에는 용감한 군사들이요　　旗鼓超乘士
여염엔 본업에 충실한 백성들이네.　　閭閻樂業民
그 토지가 본래 상의 상이니　　厥田元上上
오는 봄엔 도랑 터 물을 댈 거네.　　疏漑擬來春

수련은 새로 지은 서장대로 인해 부근의 경치마저 새롭게 보이는 상황을 읊었다. 함련에서는 채제공의 노고를 치하하였다. 경련에서는 화성 성역의 성공적인 모습을 언급하였고, 미련에서는 앞으로 그곳에서 백성들이 생업을 이루며 태평하게 살기를 희망하는 뜻을 보였다. 이처럼 군신 간에 시를 수창하면서 사업의 성공적인 모습을 형상화하였다. 이러한 작업은 일회성 행사에 그친 것이 아니라 매년 정례적으로 이루어졌다. 채제공이 화성에 내려갈 때마다 시를 지어 바쳐 그곳의 상황을 전하면 정조가 이에 화답하였고, 다른 대신들에게도 어제시에 부응하는 시를 짓도록 하였다.

채제공이 지은 시 〈장안문루(長安門樓)〉는 이듬해에 있을 화성 행차를 염두에 두면서 다음과 같이 언급하였다.

〈장안문루(長安門樓)〉

드높은 단청 난간 맑은 빛이 산뜻한데 　金碧層欄霽景翻
어디서 온 제비 참새 군왕 은혜 재잘대나. 　争來燕雀語君恩
운연 아래 남문은 자그맣게 보이고 　雲煙下視南樓小
천지에 북극성이 높다는 걸 알겠네. 　天地元知北極尊
천 호를 에워싸니 모두 교화의 힘이요 　簇擁千家皆化力
삼보를 껴안으니 겹으로 세운 문일레. 　抱來三輔是重門
이듬해 이월 되어 임금 행차 임하여 　明年二月鸞輿至
온화하게 웃음 지을 용안을 고대하네.[16] 　恭待龍顏一笑溫

16) 채제공과 정조의 한시 번역은 채제공, 2017, 앞의 책, 265~267쪽 인용.

화성의 정문 장안문을 읊은 시이다. 채제공은 국왕의 위엄과 덕화의 효과에 착안점을 두고 시를 구성하였다. 임금의 덕화에 천지만물이 감화되고 화성의 위용도 빼어나며 백성들도 평화롭게 모여 이곳이 새로운 고을로 번영하는 모습을 읊었다. 미련에서는 내년으로 예정된 정조의 원행(園幸)을 언급하였다. 1795년의 원행은 사도세자와 혜경궁의 환갑에 맞춘 뜻 깊은 원행이었다. 성이 완공되고 현륭원의 제도가 갖추어지면 이것에 흡족하실 정조의 모습을 상상하며 시를 맺었다. 정조의 화답 시를 살펴보기로 한다.

상향에 서리 이슬 몇 해나 내렸던고	霜露桑鄕歲幾翻
촌심으로 높은 은혜 보답할 길 없었네.	寸心無處答隆恩
우뚝하게 쌓아올린 성벽이 장엄하고	經營屹屹雉墉壯
겹겹으로 수호하는 석물이 존엄하다.	拱護重重象設尊
호서의 길을 따라 만 호가 깔리었고	萬戶橫臨湖右路
진남루 군문에는 삼군 사기 높으니	三軍氣湧鎭南門
이 고장의 인화가 그 어찌 내 힘이랴.	人和此地予何力
온양온천 거둥 때 성덕 아직 전해오네.	盛德猶傳昔幸溫

정조는 수련에서 1789년 옮겨온 현륭원을 언급하였다. 현륭원 천봉(遷奉)과 함께 화성 성역을 계획하고 이것의 완성을 본 감격을 읊었다. 함련은 화성의 장엄한 모습과 현륭원의 잘 갖춘 모습을 읊었다. 경련에서는 이곳의 행정적, 군사적 위상을 요약적으로 설명하였다. 미련에서는 온양온천 거둥의 일을 언급하였는데, 시구만으로는 영조가 1750년 온양 행궁에 다녀온 것을 뜻할 수도 있으나 채제공의 시 그리고 이 시의 시상 전개로 볼 때 사도세자가 1760년 온양에 다녀온

것을 지칭한다.[17] 정조는 사도세자가 온천에 다녀오면서 경기도, 충청도 일대에 선정을 편 것으로 평가했으며, 그때 수행했던 승지 임위(任瑋), 온양군수 윤염(尹琰) 등을 표창한 바 있다.[18] 채제공은 관각시의 전통에 따라 태평 시대 속 화성의 모습을 읊었다. 정조는 채제공의 한시를 이용하여 사도세자에 관한 숭모의 뜻을 환기시켰다. 이처럼 채제공의 한시에 화답하면서 정조는 화성 성역과 사도세자 숭봉사업의 당위성을 피력하였다.

다음으로 이복원의 경우를 살펴보기로 한다. 이복원은 정조의 원글을 심화하고 구체적으로 부연하는 역할을 담당하였다. 예를 들어 정조가 〈궁원의인(宮園儀引)〉을 썼는데 이복원은 〈궁원의발(宮園儀跋)〉을 썼고, 정조가 《갱장록(羹墻錄)》을 편찬하면 이복원은 〈갱장록발(羹墻錄跋)〉을 썼다. 정조의 〈선원계보기략서(璿源系譜紀略序)〉와 이복원의 〈선원기략발문(璿源紀略跋文)〉, 정조의 〈문원보불서(文苑黼黻序)〉와 이복원의 〈문원보불서(文苑黼黻序)〉도 대응 관계에 있다. 이복원이 정조의 글에 대응하여 그것을 부연한 글쓰기 방식은 다음과 같이 정리할 수 있다. 첫째, 정조의 원 텍스트에 상세한 주석 또는 해석을 덧붙여 서술한다. 둘째, 원 텍스트와의 연계성을 언급한다. 셋째, 원 텍스트의 의미를 부연하고 근거를 강화한다. 정조의 〈궁원의인〉에 대응하는 이복원의 〈궁원의발〉을 살펴보기로 한다.

> …… 신은 절하고 머리를 조아리며 삼가 다음과 같이 아룁니다. 맹자님 말씀에 '성인은 인륜의 지극함'이라 하셨습니다. 무릇 지극함이란 정밀

---

17) 사도세자 온행에 대해서는 규장각 소장 《온천일기(溫泉日記)》가 자세하다.

18) 정조 연간 각신이자 총애를 받았던 윤행임이 윤염의 아들이다. 윤행임에 대해서는 백승호, 2016, 〈석재 윤행임 한시 연구〉, 《한국한시연구》 26, 한국한시학회 참조.

한 의(義)요 중도에 맞는 예(禮)로, 천리(天理)에 질정해보아도 순하고 인정(仁情)에 구해보아도 흡족한 것을 말합니다. …… 성상께서 즉위하시던 날 처음으로 내리신 윤음을 신이 삼가 읽어보니 말의 뜻이 슬프고 의도가 공명정대하여 성상의 학문이 역대 왕보다 빼어나시고 성상의 효심이 사해에 표준이 됨을 알 수 있었습니다. 이 책에 실려 있는 범례의 대의는 대저 본디 이 하교(下敎)에 근본하여 미루어 부연한 것입니다. 희생(犧牲)은 태뢰(太牢)의 것을 쓰고 춤은 육일무(六佾舞)를 쓴다는 것은 '제후의 예로 제사를 지낸다'는 것입니다. 제수 품목은 10에 그치고 음악은 삼성(三成)에 그친 것은 '종묘보다 한 단계 내린다'는 뜻입니다. 상설의 제도는 왕의 능보다는 낮지만 왕자의 묘보다는 높게 했으니, '예에 차등이 있다'는 것입니다. …… 책의 첫머리에 있는 어제 〈궁원의인〉은 겨우 83자에 불과하지만 왕복(往復)하는 사이에 수많은 곡절의 뜻이 담겨 있고, 부앙(俯仰)하는 사이에 슬퍼하시는 말씀은 지금 신민들이 삼가 글을 다 읽기도 전에 책을 덮고 눈물을 흘리지 않을 사람이 없을 것입니다. 아! 천백 대 이후에 우리 성상의 마음을 알고자 하는 사람은 이 〈궁원의인〉을 보면 거의 알 수 있을 것입니다.[19]

〈궁원의발〉의 처음 부분은 생략하였다. 생략한 부분은 《궁원의》를 편찬하게 된 경위를 정리하였다. 정조가 친히 〈궁원의인〉을 짓고 자

---

19) 《쌍계유고(雙溪遺稿)》 권10, 〈궁원의발(宮園儀跋)〉, 237-213, "臣拜手稽首謹言曰 孟子之言曰 聖人人倫之至 夫至也者 義之精 禮之中 質之天理而順 求之人情而慨之謂也 …… 臣伏讀我聖上卽阼日 首降綸音 辭旨惻怛 意義明正 有以仰見聖學之高出百王 聖孝之可準四海 此編所載凡例大義 大抵原本此敎而推演之 牲用太牢, 舞用六佾 則祭以諸侯之禮也 籩豆止十 樂止三成 則降於太廟之義也 象設之制 遜於陵而隆於墓 則禮有差等也 …… 宮之後苑之旁 特設兩便門 不待歲時之展 不煩儀衛之戒 靡日而不瞻 靡月而不覲 則追聖祖之故事 寓孝思之無窮也 …… 弁卷御製纔八十有三字 而有往復百折之意 有俯仰喿欷之音 爲今日臣若民奉讀未竟 無不廢卷而流涕 嗚呼千百代之下 欲知我聖上心者 觀乎此引則幾矣".

신에게 〈궁원의발〉을 짓게 명한 상황도 언급하였다. 이복원은 정조가 사도세자에게 장헌(莊獻)이라는 시호를 올리고 사당의 이름을 세자의 격식에 맞게 영우원(永祐園)으로 고치는 등의 사업을 시행한 것을 '인륜의 지극함'이라고 표현하였다.

이복원의 글은 정조의 〈즉조일윤음(卽阼日綸音)〉, 〈궁원의인〉과 대응시켜 이해해야 한다. 정조는 예(禮)와 정(情)이라는 핵심 개념을 변주하여 〈궁원의인〉를 구성했다. 이복원 역시 정밀한 의(義)와 중도에 맞는 예(禮), 천리(天理)와 인정(仁情)을 언급하였다. 그리고 정조의 즉위일 윤음을 언급하였는데, 이 윤음에서 정조는 예치에 부합하는 사정을 표하는 것에 대해 신민들의 양해를 구한 바 있다.[20] 이복원은 정조의 〈즉조일윤음〉에 나오는 '대부의 예로써 제사 드린다〔祭以大夫之禮〕'와 〈궁원의인〉에 나오는 "종묘보다 한 등급 내린다."는 구절을 상세하게 풀이하고 있다.

대부의 예로 제사를 지낸다는 것은 실제 사도세자를 대부의 예로 제사를 지낸다는 것이 아니라, 《예기》의 유명한 구절 "아버지가 사(士)이고 아들이 대부(大夫)이면 사의 예로 장례 지내고 대부의 예로 제사를 지낸다〔父爲士 子爲大夫 葬以士 祭以大夫〕."의 취지를 의미한다. 장례는 망자의 신분에 따르고 제례는 제주의 신분에 따르는 것을 의미한다. 사도세자는 죽을 때는 세자 신분이 폐해졌다가 후에 세자의 신분이 복권되었다. 그러므로 사도세자의 묘소와 사당은 세자의 신분에 맞아야 한다. 또한 사도세자의 아들인 정조가 왕이 되었기 때문에 제사를

20) 《홍재전서》 권26, 〈즉조일윤음(卽阼日綸音)〉, "王若曰 嗚呼 寡人思悼世子之子也 先大王爲宗統之重 命予嗣孝章世子 嗚呼 前日上章於先大王者 大可見不貳本之予意也 禮雖不可不嚴 情亦不可不伸 饗祀之節 宜從祭以大夫之禮 而不可與太廟同 至於惠嬪宮 當有京外貢獻之儀 亦不可與大妃等 其令所司 議于大臣 講定節目以聞 旣下此教 怪鬼不逞之徒 藉此而有不敢言之言 則嗚呼先大王遺教在焉 當以當律論 以告先大王之靈 咸須知悉".

왕의 격식에 맞게 해야 하나 정조가 종통 계승을 위해 효장세자의 아들이 되었기 때문에 종묘의 제사보다 격식을 낮추어야 한다.

즉 사도세자와 정조의 특수한 사정으로 인해 희생, 무용 의식, 제기, 음악 등 각종 의례를 어떤 수준으로 거행해야 하는지 구체적으로 정할 필요가 있는 것이다. 정조는 본인의 글에서 단 83자로 사업의 취지를 밝혔다. 이복원은 이에 대해 하나하나 상세하게 상황을 설명하고 일종의 주석 또는 부연 설명을 다는 방식으로 글을 쓰고 있다.

글의 마지막 부분에서는 〈궁원의인〉의 의미를 설명하면서 그것에 담긴 왕의 의중을 밝히고 백성들이 여기에 공감할 것을 촉구하고 있다. 그는 정조의 원 텍스트를 상기시키며 이와 연계하여 원 텍스트의 취지를 부연하고 설득력을 강화하려고 하였다. 그가 정조의 의도를 부연하는 글쓰기를 한 사례는 《갱장록》 속록 편찬 과정에서도 잘 드러난다. 1786년 정조는 《갱장록》 속록 편찬의 필요성을 언급하면서 다음과 같이 하교하였다.

> 《갱장록》 4책은 곧 선조(先朝)에서 집록(輯錄)한 바로서 열성조(列聖朝)의 치법(治法)과 정규(政規)가 모두 이에 기재되어 있다. 어제 열성조의 신한(宸翰)을 받들어 상고함으로 인하여 삼가 이 책을 보게 되었다. 일이 우연이 아니니 《속록》을 편찬하지 않을 수 없다. 《열성지장(列聖誌狀)》, 《국조보감》, 《실록》 및 《승정원일기》를 조목을 나누어 추려내되 굳이 별도로 도감을 설치할 것은 없고 대신 가운데 일찍이 규장각 관원을 지낸 사람으로 총재(摠裁)를 삼는 것이 마땅하다. 당상 두서너 사람도 역시 택정(擇定)하여 주관하게 하라.[21]

---

21) 《정조실록》 권20, 정조 9년(1786) 10월 21일.

이 하교에 근거하여 대신들의 논의를 거쳐 이복원이 《갱장록》을 찬집하는 일을 총괄하였다. 《갱장록》은 역대 조선 왕들의 치적과 어록을 정리한 책이다. 영조 연간 이세근(李世瑾)이 편찬한 《갱장록》에 근간하여 정조가 세손 시절 차기(箚記) 형식으로 정리한 영조의 어록을 보완하여 편찬하였다. 이복원은 〈갱장록발〉에서 정조의 《갱장록》 속록 편찬 의도를 다음과 같이 부연하였다.

통치를 논하는 사람은 걸핏하면 삼대를 일컫습니다. 경전과 사서를 보면 (하나라는) 우 임금 뒤에 계(啓)와 소강(少康), (주나라는) 문왕, 무왕의 뒤에 성왕, 강왕, 선왕이 있을 뿐입니다. 현명하고 성스러운 군주는 상나라가 가장 많았습니다만 또한 겨우 여섯, 일곱 임금에 그쳤을 뿐입니다. 아! 우리나라는 처음 천명을 받아 개국했을 때부터 지금에 이르기까지 대대로 모두 성스럽고 신령한 덕과 문무의 공렬이 있었으니, 대개 삼대에도 없었던 바입니다. 그리고 가법의 엄정함과 치도의 순수함, 창업과 수성 과정에서 왕위 계승의 굉달(宏達)하고 광명정대함, 제도와 계획의 빛나고 전아함은 중화 대방의 수천 년 역사에서 찾아보아도 혹시라도 비슷한 것도 없습니다. …… 신이 이 책에서 글을 통해 적이 반복하면서 우리 열성의 성대한 공덕을 스무 개의 목차로 정리하였습니다. 그 스무 개 항목에서 크고 절실한 것을 들었는데, 그 가운데 더욱더 크고 절실한 것을 말하자면 바로 경천(敬天), 근민(勤民), 전학(典學), 내간(來諫)입니다. 임금은 지위가 존귀하고 그보다 높은 사람이 없습니다. 두려워할 것은 오직 하늘뿐입니다. 그러므로 반드시 하늘을 공경해야 합니다. 임금은 형세가 외롭고 이웃에 가까이할 사람이 없습니다. 의지할 것은 오직 백성입니다. 그러므로 반드시 백성들에게 부지런히 잘 해야 합니다. 학문에 뜻을 두면 이치와 의리가 밝아져 사의(私意)가 행해지지

> 않습니다. 간언을 오게 하면 왕의 총명이 확장되어 아름다운 간언이 숨김이 없어집니다. 이 네 가지는 열성께서 환하게 덕을 높이시고 우뚝하고 빛나게 통치를 이루신 방법이니, 그 유풍과 여열(餘烈)이 후세의 법도로 삼을 만합니다. 우리 성상께서 조석으로 삼가 열람하실 것도 바로 이것에 있으며 우리 원자께 물려주실 것도 또한 이것에 있으니, 성상께서는 유념하소서![22]

이 글은 정조의 하교와 조응 관계에 있다. 정조가 하교에서 '열성'을 언급하자 하은주 삼대의 성군과 조선의 역대 군주를 비교하면서 조선의 열성이 대대로 훌륭하였음을 찬양하였다. 정조가 《열성지장》 등 참고문헌을 언급하자 이를 바탕으로 자료를 조사하였고, "조목을 나누어 추려내라."고 하자 20개의 조목을 추출하였다. 글의 전반부는 조선 역대 군왕의 공렬을 찬양하는 내용을 담고 있다. 정조의 하교에서 통치의 요체를 열성조의 고사에서 배우고자 한 의도를 미화한 것이다. 글의 후반부는 《열성지장》 등 문헌을 참고하여 조목을 나누어 정리하라는 정조의 지시를 어떻게 구현하였는지를 밝혔다. 그 가운데 핵심 조목을 경천(敬天), 근민(勤民), 전학(典學), 내간(來諫)이라고 하였는데, 김종수가 《역대명신주의요략》을 정리하면서 군덕(君德)과 청언(聽言)을 강조한 것과 맥락을 같이 하는 면이 있다. 두 책 모두 군

---

22) 《쌍계유고》 권10, 〈갱장록발(羹墻錄跋)〉, 237-214, "…… 論治者動稱三代 而其見於經若史者 禹之後有啓少康 文武之後有成康宣王 賢聖之君 商爲最盛 而亦堇止六七作耳. 於休我朝 自肇受天命 式至今日 繼繼承承 咸有聖神之德文武之烈 蓋三代之所未有 而家法之正 治道之純 創守授受之宏達光明 制作謨訓之彬郁典雅 求之中華大邦 歷數千年 莫或侔擬 …… 抑臣因文而竊有復焉 以我列聖功德之盛 而是書爲目 止於二十 擧其大且切也於二十之中 言其尤大尤切者 則敬天勤民典學來諫是已 人主位尊無上 可畏者惟天 故必敬天 人主勢孤無隣 所依者惟民 故必勤民 典學則理義明而私意不行 來諫則聰明廣而嘉言罔伏 此四者 列聖所以德躋於昭曠 治臻於嵬煥 而流風餘烈 猶可以爲後世法程也 我聖上之朝夕敬覽者 於斯乎在 貽我元良者 亦於斯乎在 惟聖上念哉".

주의 도덕적 수양 및 신하들의 간언을 가납하는 자세를 중요하게 다룬 것이다.

이복원의 글에서 주목할 부분은 전학(典學)을 강조한 점이다. 군주가 학문에 뜻을 두는 것은 일견 군주의 수양과 관련된 것으로 볼 수 있다. 그런데 정조가 평소 학문을 자임하며 군주이자 스승 즉 '군사(君師)'론을 주장한 것과 연관해서 생각해보면, 이복원의 이 글은 정조의 '군사'론을 부연하기 위해 그의 의도에 부응한 발언이라고 볼 수 있다.

심환지의 경우 정조에게 어찰을 받아 정조의 뜻을 대변하였다. 심환지는 정조의 글을 그대로 옮겨 적어두고는 그것이 본인의 뜻인 양 조정에서 발언하거나 상소문을 올렸다. 다음 인용하는 실록 기사를 살펴보기로 한다.

> 고 승지 임위(任瑋)는 뛰어난 절개가 있었는데도 지금까지 묻혀버린 채 세상에 드러나지 않고 있어 신은 몹시도 개탄하고 있습니다. 임위는 지난날의 동궁의 관원으로서 온천에 행차할 때 예가(睿駕)를 모시고 가는 승지가 되어 남다른 은총을 받았으니, 이에 대해서는 신이 이루 다 아뢸 수 없습니다. 그런데 그 2년 뒤에 전라도와 충청도 고을원으로 나가 있다가 5월 24일부터 통곡하면서 음식을 먹지 않았는데, 며칠이 안 되어 숨이 끊어졌습니다. 그의 뛰어나고도 특출난 충성과 절개는 혼탁한 세상을 비추는 해와 별이라고 할 만한 바, 천 년의 세월이 지난 뒤에도 뜻있는 선비들은 그를 위하여 눈물을 흘릴 것입니다. 그런 의로운 선비에게 보답하는 도리에 있어서 의당 1품의 관직을 추증하고 이어 시호를 내려주는 은전을 베풀어야 하겠습니다.[23]

《조선왕조실록》에 명확하게 사실(史實)로 기록된 심환지의 발언은 사실 정조의 어찰 내용을 그대로 옮겨 적은 것이다. "임위는 지난날의 동궁의 관원으로서"부터 "눈물을 흘릴 것입니다"까지 일치하고, 말미의 추증 문제에서 '1품의 관직'을 추증해야 한다고 직품을 구체화한 정도만 다르다. 이러한 사실을 비교할 수 있도록 《정조어찰첩》에 실린 편지의 문구를 옮겨본다.

> "고 승지 임위는 지난날 동궁의 관원으로서 〔사도세자가〕 온천에 행차할 때 예가를 모시고 가는 승지가 되어 남다른 은총을 받았으니, 이에 대해서는 신이 이루 다 아뢸 수 없습니다. 그리고 2년 뒤에 홍주목사로 부임하였는데, 5월 24일부터 음식을 먹지 않고 통곡하다가 열흘도 안 되어 죽고 말았습니다. 그 훌륭한 충성과 절개는 어두운 하늘의 별과 같다고 하겠습니다. 천 년이 지나도록 뜻있는 선비들로 하여금 눈물을 흘리게 할 것이니, 융숭하게 보답하는 도리에 따라 증직하는 은전을 베풀어야 합니다."라는 등의 말을 부연하여 글을 짓는 것이 좋겠다.[24]

심환지의 발언은 글의 취지뿐 아니라 문구까지 일치하여 정조의 어찰을 그대로 옮겨놓은 셈이다. 이때는 심환지가 처음 정승의 반열에 올라 우의정이 되었고, 조정에 나아가 강연 자리에서 정승으로서

---

23) 《정조실록》, 정조 22년(1798) 11월 1일, "故承旨任瑋 有卓然之節 而至今幽沒 未著于世 臣之所慨歎者也 瑋以昔年宮官 當溫幸時 爲隨駕承旨 偏承異渥 臣不敢畢陳 而及其後二年 出宰湖邑 自五月二十四日 痛哭不食 仍以滅性於旬日之內 其孤忠特節 可謂昏衢之日星 千載之下 志士尙爲之灑泣 其在崇報之道 宜贈以一品之職 仍施節惠之典矣".

24) 성균관대학교 동아시아학술원 편, 2009, 앞의 책, 258·259쪽, "故承旨任瑋, 以昔年宮官當溫幸時 爲隨駕承旨, 偏承異渥 臣不敢畢陳. 而及其再明年 出宰洪州 自五月二十四日不食痛哭 仍爲滅性於旬日之內 其孤忠特節 可謂昏衢之一星 千載之下 志士灑泣 其在崇報之道 宜施褒贈之典等語 敷衍措辭爲可".

최초의 발언을 하는 상황이었다. 정조는 심환지에게 여러 차례 어찰을 보내, 세간의 주목을 받을 이 기회에 그가 어떤 발언을 해야 할지 그 내용을 조율하였다. 정조는 "의리가 밝지 않은 때 첫 연석에서의 한마디 말은 대려(大呂)나 황종(黃鐘)처럼 무겁다."고 강조하면서, 첫 발언에서 국왕의 정통성에 대한 '의리'를 강조하는 발언을 하라며 발언 주제로 임위의 추증 문제를 설정해준 것이다.[25]

이에 대해 간략히 설명하면 다음과 같다. 임위는 당색이 소북(小北)이어서 심환지와는 판연 달랐다. 정조는 추가로 어찰을 보내 임위의 증직 문제를 잘 처리할 것을 신신당부했다. 임위는 당년 사도세자가 온천 거둥을 할 때 승지로서 배행했던 인물이다. 규장각 소장《온천일기(溫泉日記)》를 보면, 사도세자의 온양 거둥에 대해 영조부터 부정적인 의견이었고, 마침 장맛비가 내려 다리가 떠내려가는 등 지방관들도 어려움을 호소하며 호의적이지 않았다. 세자의 온천 거둥에 대해 국왕과 관료들이 부정적인 시각이 컸을 때, 승지 임위, 온양군수 윤염 등 몇몇 신하들만이 곡진하게 세자를 보필했다. 정조는 고단했던 사도세자의 온천 행차를 잘 수행해낸 인물을 선양하고, 그들이 세자를 위해 충성하고 그 정통성을 의심하지 않은 사례를 부각하고자 했다. 그리하여 심환지에게 당색의 동이를 떠나 연석에서의 첫 발언 때 이 문제를 제기하라고 한 것이다.

이상으로 김종수, 채제공, 이복원, 심환지의 사례를 통해 정조의 문

---

25) 위의 글 참조. 임위의 증직에 관한 제반 배경 이해는 박철상 외, 2011,《정조의 비밀어찰-정조가 그의 시대를 말하다》, 푸른역사, 53·54쪽 참조. 이보다 앞서 정조는 정리곡(整理穀) 문제를 심환지를 통해 제기하였다. 1797년 10월 7일《정조실록》에는 심환지가 정리곡의 폐단에 대해 문제를 제기하자 정조가 이를 가납하고 오히려 표피(豹皮) 1장을 하사했다. 그러나《정조어찰첩》을 보면 동년 10월 6일 정조가 심환지에게 어찰을 보내 내일 차대 때 이러이러한 내용으로 거조를 올리라고 지시하는 대목이 있다. 박철상 외, 위의 책, 51·52쪽 참조.

치에 부응하는 대신들의 글쓰기를 살펴보았다. 그들은 정조의 측근 대신들로서 각기 정조가 기대하는 영역에서 정조의 문치를 보좌하고 그 진의를 부연하였다. 김종수의 경우 정조 즉위의 정통성을 강화하는 글쓰기를 수행하였고, 채제공은 사도세자 숭봉 사업과 관련한 글쓰기를 수행하였다. 이복원은 정조의 의중을 상세화하고 부연하는 글쓰기를 수행하였다. 심환지의 경우 정조의 의중을 직접적으로 글로 옮겼다.[26] 이들은 정조의 문치를 보좌한 대신들로 정조는 이들과 긴밀하게 협조하며 문치를 구상하고 실행에 옮겼다.

26) 정조는 평소 측근 대신들에게 어찰을 보내 국정을 긴밀하게 상의하였다. 채제공을 제외한 나머지 두 대신에게 어찰을 보냈는지 여부는 확인되지 않고 있다. 안대회, 2019, 〈정조대 군신의 비밀 편지 교환과 기밀의 정치 운영〉,《정신문화연구》42-1, 한국학중앙연구원.

2.
문치의 수용과 구현: 초계문신, 각신과의 상호 관계

앞 장에서 살펴본 대신들의 글쓰기가 문치의 취지에 공감하고 그것을 부연하는 것이었다면, 정조의 문치를 실제로 구현하는 신하들이 있었다. 호학 군주 정조는 거의 4,000여 권에 달하는 어정서 또는 명찬서(命撰書)를 편찬한 바 있는데, 이러한 작업은 어느 한 사람의 힘만으로는 불가능하다.[27] 정조가 외가 풍산 홍씨(豐山洪氏) 집안에 보낸 편지를 보면, 외사촌들에게 서적(書籍) 정리 작업을 도와달라고 부탁하는 내용이 있다.[28] 몇몇 어찰의 예를 통해 보면, 정조가 문치의 구체적인 단계에서 여러 신하에게 보필을 받았음을 확인할 수 있다. 이 장에서는 그러한 신하들의 작업 수행을 문치의 수용과 구현이라는 개념으로 서술하고자 한다.

---

27) 정조의 서적 편찬에 대해서는 강혜선, 2000, 《정조의 시문집 편찬》, 문헌과해석사 참조.

28) 임재완 편역, 하영휘 교열, 2004, 《정조대왕의 편지글》, 삼성미술관 리움, 44~49쪽. 정조는 《팔자백선》과 《사기영선》의 구두를 정하여 베끼게 하였는데, 이에 대한 검토를 홍취영(洪就榮)에게 부탁하였다. 또 1798년에는 《사부수권》 가운데 주자서의 수권 작업을 함께 할 것을 부탁하였다. 임재완 편역, 위의 책, 54~61쪽. 또한 《두륙천선(杜陸千選)》을 편찬할 때에는 외삼촌 홍낙임과 육유의 한시 선별을 상의하였다. 국립중앙박물관 편, 2009, 《국립중앙박물관 소장 정조 임금 편지》, 국립중앙박물관,

먼저 '수용'이라는 단어를 사용한 이유를 설명한다. 정조의 육경 중심 문학관은 당대에 유행하던 문풍과 괴리가 있었다. 정조가 아꼈던 신하인 김조순과 남공철을 살펴보자. 그들은 정조 연간 초계문신으로 선발되어 훗날 순조 연간 정국의 중심에 서게 된 인물이다. 그들은 젊은 시절 당대에 유행하던 문풍에 경도되어 정조로부터 견책을 받고 자송문(自訟文)을 올린 바 있다. 김조순은《우초신지(虞初新志)》를 애독하여 김려(金鑢)와 함께《우초속지(虞初續志)》를 편찬할 정도였다.[29] 김조순은 1787년경 이상황(李相璜)과 함께 당송의 각종 소설과《평산냉연(平山冷燕)》을 보다가 정조에게 발각된 바 있다.[30] 1792년 남공철은 초계문신 대책문에 패관잡기(稗官雜記)의 말을 사용하여 지제교(知製敎)에서 물러난 바 있다.[31]

이처럼 당대에 유행하던 문풍에 경도되어 있던 신하들은 문체반정(文體反正)을 거쳐 정조의 문학관에 동의하고 문치를 수용하는 쪽으로 입장을 변경한 것으로 보인다. 정조는 표면적으로는 당대의 경박한 문체를 견책하였지만, 이면의 의도는 그들을 지근에 두고서 학문과 문학의 방향을 가르치면서 모범 사례를 보이고자 한 것이다.[32] 2부에서 살펴본 바와 같이, 1789년 정조가 김조순에게《대학》서문의 조목을 논하였는데 김조순이 분명하게 대답하지 못하자 직접《대학》을 지도했다는 사실에서 정조의 의중을 짐작할 수 있다.[33] 정조는 소품체 문풍에 물든 김조순을 지도하면서 이와 같은 사례를 통해 시대의

29) 김영진, 2001, 〈우초신지 판본 연구〉,《서지학보》25, 한국서지학회, 172·173쪽 참조.

30) 《정조실록》, 정조 16년 10월 24일자.

31) 《홍재전서》권163,《일득록(日得錄)》, 한국문집총간 267, 194쪽, "一日 賤臣對抄啓策問 妄用稗官雜記語 下教切責以爲文章 雖屬技藝中一事 而語其至則上可以占治敎之汙隆 下可以觀性情之邪正".

32) 안대회, 앞의 논문.

분위기를 회복하려고 했다.

정조의 문치를 구현한 모범적인 사례가 있다. 정조의 동갑내기 신하로서 나막신을 받는 등 각별한 지우를 입었던 이만수가 바로 그 인물이다. 규장각에 필사본 《오경백선》이 소장되어 있는데, 여기에는 정조가 이만수에게 보낸 어찰이 수록되어 있다.[34]

> 《오경백선》 선사본(繕寫本)이 몇 질 있어, 특별히 그 가운데 한 건을 반사(頒賜)하고 이 도장을 찍었으니, 직학(直學) 집안의 가보로 삼길 바라오. 업후(鄴侯)의 삼만 축 장서보다는 못하겠지만 광주리 가득한 황금보다는 나을 것이오.

정조는《오경백선》을 목판으로 간행하기에 앞서 1795년 경상감영의 영리(營吏)들을 시켜 선사본을 만들게 했고, 1797년에는 규장각으로 영리들을 불러 2건의 선사본을 만들게 했다. 그 특별한 5종의 선사본 중 하나를 이만수에게 주었던 것이다. 그것도 그냥 내사본(內賜本)의 형식이 아니라 본인의 장서인을 특별히 압인하여 내렸다. 각 권의 1면에는 규장지보(奎章之寶), 정조의 【홍재(弘齋)】, 【일일이일만기(一日二日萬幾)】 장서인이 찍혀 있고, 마지막 면에는 소장자 이만수의 【은사(恩賜)】, 【신이만수(臣李晚秀)】 장서인과 그 아들 이광우(李光愚)의 장서

---

33) 《홍재전서》 권162, 《일득록》, 한국문집총간 267, 173쪽, "賤臣被選於講製抄啓 將應講大學 前夕以史官登筵 上教曰 汝讀大學序 能通曉無疑否 序文却是一部大學全解 學者先解序然後方可讀經文耳 仍擧數句 下詢文義 賤臣對不能了了 上命賤臣取大學來 披讀序文一遍訖 上親爲手指句節一一剖析教諭 自心性之原 以及名物之度 縷縷千百言 至夜分始命退".

34) 정조의 시문집 편찬에 관한 전반적인 상황에 대해서는 강혜선, 앞의 책 참조. 《오경백선》의 선사에 대해서는 조계영, 2012, 〈《오경백편》의 선사와 문서 행정〉, 《한국문화》 60, 서울대학교 규장각한국학연구원 참조.

인이 찍혀 있다.[35]

군주와 신하라는 신분의 차이 때문에 장서인을 압인한 면이 달랐지만, 《오경백선》의 장서인 압인 사례는 사대부 문인들 간 우정의 표시로 같은 책에 장서인을 나누어 찍는 사례와 유사한 면이 있다. 정조와 이만수는 1752년생 동갑내기였는데, 이 책에 장서인을 압인하는 방식을 보면 두 군신 간에 모종의 동년 의식이 있었던 것은 아닐까 가정할 수 있을 것이다.

이만수가 정조의 명을 받아 문치를 구현하는 양상은 국립중앙도서관 소장 《정묘어찰》에 잘 드러나 있다. 정조가 보낸 어찰의 내용을 베껴 적은 필사본 1책이다. 이 책에 수록된 편지의 발신자는 정조, 수신자는 이만수이다. 수록된 편지에는 이만수가 정조 연간 편찬 사업에 밀접하게 관여하였고 정조의 기획을 초고 수준부터 수행하고 있는 모습이 곳곳에 보인다.

> 근자에 더욱 더워지는데, 공문(犴門)에서 맑은 물에 발 담그고 싶구나. 일간 어떻게 지내는가. 《자양문수권(紫陽文手圈)》에 관한 일은 재계하고 손 씻고 지금 시작하려고 한다. 먼저 비점을 찍고 나중에 권을 하며, 이왕의 예를 따라 편차하려 한다. 비점을 찍는 일이 매우 많아 힘을 나누고자 하니, 이에 몇 권을 보낸다. 먼저 황점을 찍어 들여보내는 것이 좋겠소. 들어오면 첨삭하고 권을 하는 일을 시작할 생각이오. 이만 줄인다.
> 한만유가 일찍이 《주서백선》을 교정할 때 전편을 청점으로 난타했는데, 지금 비점을 찍을 때에는 황점을 찍으시오. 이렇게 알게.[36]

35) 김문식, 규장각 해제.

이 편지는 《사부수권》 편찬 과정을 알 수 있는 자료이다. 그 가운데 주자의 글을 다룬 《자양문수권》 편찬에 관한 주의사항이다. 현재 우리가 볼 수 있는 완성된 《사부수권》의 제7~9책에 해당한다. 수권 작업은 대략 1798년 4월부터 시작되어 1799년 11월까지 계속되었다. 규장각 소장 《사부수권과정일표(四部手圈課程日表)》에 따르면 자부(子部)의 오자서(五子書)는 4월에서 10월 사이에 57일간 시행했다고 하였다.

이 편지는 정조의 서적 편찬 작업 과정을 보여주는 중요한 내용을 담고 있다. 일단 우리가 정조 어정서로 알고 있는 책들도 정조가 기획하고 이만수 같은 신하들이 1차 작업을 함께 수행하였다는 점을 알 수 있다. 이때 작업의 방향과 지침은 정조가 구체적으로 제시하고, 1차 작업이 완료되면 정조가 이를 검토하고 수정했다. 여담이지만 한만유가 청점을 난타했다는 볼멘소리는 이만수에게 '저 사람은 그랬지만 당신은 그러지 마라'는 권유로 들린다. 또 다른 편지에서도 수권 작업을 독려하고 있다.

간밤에 잘 지내었는가? 두 책은 얼마나 보았는가? 이번에 보내는 《한서(漢書)》도 예에 따라 하는 것이 어떻겠는가? 《한서》는 기호가 상반되어 아직 섭렵하지는 못하였네. 비록 억지로 하는 것이네만 그 답답함이 삐걱삐걱할 뿐만이 아니라네. <u>이번 초하루까지 양한서(兩漢書)에 권을 치는 일을 반드시 마치고 싶어서 몇 권을 나누어 보내네. 다만 이미 점을 친 곳에 만약 점을 더하려거든 점을 친 뒤에 권을 더하고, 그 나머지는</u>

36) 정조, 《정묘어찰》, 국립중앙도서관 소장본, "比熱益有登 狃門而濯淸漪之思 日間何履 紫陽文手圈之役 齋心盥水 今欲始爲而先批後圈 用已例以篇秩之 浩汗批役 欲與之分力 此送數卷 先即點黃入送爲可 來當添删 仍始圈役計 姑此 韓晩裕曾於百選校正時 全篇以靑點爛打 今批當用黃點以此知之".

곧바로 권을 더하게. 【금번에는 권이 없는 비점은 치지 말게.】 힘써 정밀하고 도 간약하게 하는 것이 좋겠소. 한 권으로 만들고 싶은데, 한 무제 천한(天漢) 원년 이상은 이미 태사공(太史公)의 글에 들어 있으니, 지금 마땅히 그 다음의 기(紀), 전(傳) 및 지(志)를 취해야겠다. 〈위현전(韋賢傳)〉 이하에 있는 모모 전, 〈동방삭전(東方朔傳)〉은 모두 저소손(楮少孫)이 보충한 것으로 사마천이 지은 것이 아니다. 이와 같은 부류는 마땅히 반고(班固)의 글을 택해야 하오. 이와 같은 의례를 꼭 알아야 할 것 같아 다만 또 적는다. 이만 줄인다.[37]

이 편지는 《사부수권》 가운데 《양경수권(兩京手圈)》 작업에 관한 주의 사항을 적어 보낸 편지이다. 《양경수권》 작업은 1798년 9월 25일부터 29일까지, 그리고 10월 2일부터 26일까지 진행되었으므로 이즈음에 이만수에게 보낸 것으로 짐작된다. 《사기》와 《한서》에 중복된 텍스트는 《사기》를 기준으로 하고 《사기》 가운데 사마천(司馬遷)의 저작이 아닌 저소손의 저작의 경우는 《한서》의 것을 택한다는 작업 지침을 전달하였고, 권을 칠 때의 주의사항도 세심하게 전하였다. 위에서 언급한 두 사례를 보면, 정조가 수권 작업을 할 때 그 많은 책을 처음부터 끝까지 다 검토할 수는 없으므로, 이만수 같은 신하들이 일차적으로 기초 작업을 수행하고 그 결과를 정조가 다시 검토하는 방식으로 사업을 진행하였음을 짐작할 수 있다. 책이 완성되자 정조는 이만수에게 특별히 한 질을 보내면서 다음과 같은 편지도 함께 보냈다.

37) 위의 책, "宿來安勝 二書幾許間得 此去漢書亦爲依例如何 漢書則嗜好相反 未嘗涉獵 雖欲强爲其所生轄 不翅戞戞 今朔內兩漢之圈 必欲完工 以數卷分送 就旣點處 如可加點者 點後加圈 其外直爲加圈【今番則無圈之批 勿爲也】務從精簡爲可 要欲爲單卷 而漢武天漢元年以上 已入於太史公之手 今當只取其後 紀傳及志 如韋賢以下某某傳 東方朔傳 皆是楮少孫所補者 非司馬氏所作也 此類當取班固之文 似此義例不可不知 第又錄之 姑此".

> 바쁜 가운데 잠깐 얼굴을 보았더니 지난번보다는 낫다. 이미 퇴근하였는가? 수권 여러 책의 등역(謄役)이 완공되었다. 《삼례수권(三禮手圈)》 3책, 《양경수권》 2책, 《오자수권(五子手圈)》 4책, 《육고수권(陸稿手圈)》 1책, 《팔가수권(八家手圈)》 1책을 책갑(冊匣)을 만들어 부쳤으니, 시로써 그 실제 일을 말하여 책갑 겉면에 써서 새기는 것이 어떻겠는가? 함께 고생한 수고를 생각해서 당신에게 먼저 베껴 보내니 이러한 마음을 알겠는가? 껄껄.[38]

1799년 2월 수권 작업이 완성되자 정조는 특별히 이만수에게 이와 같은 편지를 보내면서 《사부수권》 한 질을 보냈다. 이 편지를 보면 "책갑을 만들어 부쳤다"고 했다. 선사본 《오경백선》의 경우 책갑이 그대로 남아 있다. 앞서 살펴보았듯이 정조가 본인의 장서인을 압인하고 어찰과 책을 함께 보낸 것은 이와 같은 이만수와의 공동 작업을 기념하기 위함이었다. 이에 대해 이만수는 〈어정수권지(御定手圈識)〉라는 글을 남겼다.[39] 이 글에서 그는 수권 작업이 완료되었고 자신이 교정에 참여했기 때문에 특별히 1부를 하사받았다고 하였다. 정조가 책을 집필했고 이만수 본인은 단순히 교정한 것으로 표현했지만, 위에서 언급한 어찰들을 참조하면 정조가 기획한 수권 작업에 이만수 같은 신하들이 기초 작업을 수행하였음을 알 수 있다.[40]

정조가 이만수와 비슷하게 본인의 문치 구현의 동반자로 생각했던 인물로 서호수(徐浩修)와 서형수(徐瀅修)가 있다. 서호수 형제는 생부

---

38) 위의 책, "稠中暫面 猶賢乎已間 已公退耶. 手圈諸書 謄役完工 三禮手圈三冊 兩京手圈二冊 五子手圈四冊 陸稿手圈一冊 八家手圈三冊 作匣寄褫 而詩以道實記事 須卽書刻匣外 如何如何 爲念同苦之勞 專許首先謄送 能領此意耶 呵呵".

39) 《극원유고(屐園遺稿)》 권2, 〈어정수권지(御定手圈識)〉, 한국문집총간 268-75.

40) 이만수가 정조의 명을 받아 과업을 수행하는 이상의 과정은 백승호, 2018, 〈정조의 동갑내기 신하 이만수〉, 《문헌과해석》 82, 문헌과해석사 재인용.

서명응의 영향을 받아 박람강기(博覽强記)한 학문적 역량이 있었기에 정조의 서적 편찬 사업에 적극적으로 동참하였다. 정조는 이만수의 경우와 유사하게 서형수에게도 어찰을 보내 서적 편찬의 실무 작업을 구체적으로 지시하였다. 서형수가 쓴 〈삼가《군서표기》를 논한 어찰 뒤에 쓴 발문〉에 보면 그 같은 정황이 구체적으로 드러나 있다.[41]

> 어찰은 다음과 같다. "《군서표기》는 내 평생 정력을 부기해둔 것으로 연전에 자네로 하여금 편성하게 한 후에 아직 다시 정리하지 못하였네. 그래도 의례와 규모가 계획에 부합하지 않는 것은 아니나, 그 이후에 편찬한 책 가운데 수록되지 않은 책도 많으니 이것을 정리하여 상고의 자료로 삼지 않으면 안 되겠네. 바야흐로 자네 형님(서호수)으로 하여금 속편을 주관하게 하였으니 자네도 반드시 곁에서 도와주어 한 부의 책을 완성해주게나. 차후에 비록 택미시랑(澤麋侍郞)〔김문순(金文淳)〕)이 규장각에서 맡아서 예에 따라 첨록할 것이나, 이 뜻을 잘 알아서 즉시 시작하는 것이 어떻겠나. …… 1798년 9월."
>
> 이 편지는 신이 1798년 가을 하사받은 것이니 매우 예전 일이다. 한나라 이래로 유교를 숭상하고 문교를 널리 편 임금으로는 반드시 당송의 황제들을 일컫는다. 그러나 어제문집 외에 후대에 저서가 전하는 것은 오직 당 태종의《어정진서(御定晉書)》,《어전한서(御銓漢書)》,《어찬제범(御撰帝範)》, 당 현종의《어주효경(御注孝經)》,《도덕경(道德經)》…… 등 약간 편뿐이다. 지금 이《군서표기》는 우리 선왕께서 전후에 친히 편찬하시거나 전주를 더하신 책의 목록과 해제로, 대략 목록가(目錄家)가 구분하

---

41) 서형수와 서호수 형제가《군서표기》를 편찬하는 과정은 신승운, 2001, 〈《홍재전서》와《군서표기》의 편찬과 간행에 관한 연구〉,《서지학연구》22, 한국서지학회 참조.

는 체계를 따라 경사자집(經史子集)으로 분문을 모아 엮으니 무릇 310종에 달한다. 그 대지와 같고 바다와 같은 성상의 학문과 금과옥조와 같은 성상의 정치가 도통(道統)을 잇고 왕제를 갖추고 있다는 것은, 이 책을 읽으면 또한 거의 그 만분의 일이라도 상상할 수 있을 것이다.[42]

이 글을 보면 정조가《군서표기》초고의 정리 작업을 서호수, 서형수 형제에게 맡겼다는 사실을 알 수 있다. 현재 남아 있는《군서표기》는 어찬서(御撰書)와 명찬서(命撰書)로 목차를 나누고 이를 연도별로 정리하였다. 그런데 서형수의 글에 따르면 초기의《군서표기》는 경사자집 사부 분류법에 따라 목차를 나누었다는 사실도 확인할 수 있다.[43] 또한 정조가 훗날 규장각 각신을 통해 다시《군서표기》를 정리할 것을 전제하면서도 기초적인 작업을 별도로 서형수 등에게 부탁하였다는 점도 알 수 있다. 다른 신하들에게는 정조가 초고 작업을 한 것으로 보일 수 있는 대목이다. 이만수, 서형수와 같이 정조의 어찰에 따라 문치를 구현하는 신하들 덕분에 정조는 호학 군주로서의 업적을 축적해갈 수 있었다.

서형수가 이러한 작업에 참여했음을 보여주는 구체적인 사례는

42) 서형수,《명고전집(明皐全集)》권10,〈삼가《군서표기》를 논하신 어찰의 뒤에 발문을 쓰다〔敬跋御札論羣書標記後〕〉, 261-209, "御札曰 羣書標記 卽吾平生精力置簿記 而年前使尊編成之後 未及更加梳洗 義例規模 尙不無合商量者 且以後編摩之書 亦多未入錄者 不可不及此釐正 用資憑考 方令白眉公主管續編 尊必爲之傍助 俾完一部成書 則此後雖使澤欒侍郎 在閣中自當 按例添錄 幸悉此意 卽爲經始 如何 …… 戊午九月 / 此一札 臣於戊午秋所蒙賜者也 邃古尙矣 自漢以來 人君之崇儒術敷文教 必稱唐宗宋帝 而御製集外 以所著書傳後者 惟有唐太宗御定晉書 御銓漢書 御撰帝範 唐玄宗御注孝經道德經 …… 等若干篇而已 今此羣書標記 卽我先朝前後親撰或親加銓定之書目解題 而略倣目錄家部分之體裁 以經史子集彙門類編 凡築十百種 其地負海涵之聖學 金科玉條之聖政 可以繼道統 可以備王制者 讀此書而亦庶幾想像萬一".

43) 신승운, 2001, 앞의 글에 따르면 현재와 같은《군서표기》의 체제는 순조 연간 심상규 등이 정리한 것으로 보인다.

《명고전집(明皐全集)》에 수록된 여러 편을 통해서도 확인할 수 있다. 그의 문집에는 〈규장총목서례(奎章総目叙例)〉, 〈시고변서례(詩故辨叙例)〉, 〈군서표기서례(羣書標記叙例)〉, 〈대학류의서례(大學類義叙例)〉[44], 〈인서록편례총서(人瑞錄編例総叙)〉 등의 글이 실려 있어 그가 정조의 서적 편찬 사업에 깊이 동참하였다는 사실을 알 수 있다. 또한《사부수권》 작업에도 깊이 관여하였음을 알 수 있는 어찰이 있다.

〈제서의 수권을 논한 어찰에 삼가 발문을 쓰다〔敬跋御札論手圈諸書後〕〉

어찰은 다음과 같다. …… "나는 수권 작업에 골몰해 있소.《팔가수권》,《육고수권》은 이미 작업을 완료하였소.《양경수권》도 금명간 등서(謄書)를 마칠 것이고,《오자수권》도 곧이어 며칠 안에 책을 완성할 것이오. 그러나《삼례수권》에 있어서는 모름지기 허다한 정력을 허비하고서야 실마리를 잡을 것 같소. 요약하자면 한두 달 사이에 대일통의 전부를 수북히 모은 다음에《주자대전》,《주자어류》, 주자(周子), 장자(張子), 양정(兩程)의 글에서 영화와 정수를 모아 분문(分門)을 나누어 요약하여 각각 문호를 세우고,《성리대전》,《주자대전》의 의례와 같이 하여《오경백선》과《수권》이 서로 표리를 이루게 한 연후에 주자의 문자에 크게 힘을 쏟아 합편한다면, 나는 나의 숙원을 이룰 수 있을 것이고 영원히 후대 사람들에게 할 말이 있을 것이오. 이 일은 자네가 아니면 누구와 더불어 말하겠는가? …… 근래 각신들은 집에서 쉬고 있는 사람들이 많아 노고를 나누어 일할 수 있는 사람이 없고, 도리어 갓 과거에 합격한 연소한

---

44) 서형수가 수신한 정조의 어찰에도《대학류의(大學類義)》에 관한 내용이 언급되어 있다. 진덕수의《대학연의》, 구준의《대학연의보》를 종합하는 책을 편찬하면서 서명의 단계에서부터 서형수와 상의하는 모습을 보여주었다. 서형수, 앞의 글, 261-209.

초계문신들과 갑을을 논하고 있으니, 사면(事面)의 구차함은 우선 논하지 않기로 하되 규장각의 수치(羞恥)가 됨이 과연 어떻겠는가. 이만 줄인다. 1798년 10월."[45]

이 어찰은 신이 1798년 겨울에 하사받은 것이다. 《수권》의 공역은 본디 한가할 적에 교정하는 일과에 불과했는데, 권점을 찍은 구절을 채록하여 별도의 책을 만들었더니 문장의 정화와 명리(名理)의 정묘함이 우뚝하고 원활하여 마치 쟁반을 구르는 옥구슬이나 칼집에서 튀어나온 칼 같았다. …… 아직도 기억이 난다. 당시에 신이 편지를 받은 이튿날 경연에 오르니 다음과 같이 하교하셨다.

"근자에 《수권》을 교정하는 일로 신구 초계문신 가운데 밝은 안목과 섬세한 심성을 가진 자라고 일컬어지는 사람을 모두 참여시키는데, 진부한 촌학구(村學究) 아니면 거의 모두 방정맞은 천한 재주꾼일 뿐이었다. 경술에 근본하고 훈고에 통달하며 이치를 분석함에 반드시 정자와 주자에 근거하고 용어를 사용함에 반드시 구양수와 소식에 근거하는 자는 아직 보지 못했으니, 《논어》에서 말씀하신 대로 인재를 얻기 힘듦이 정말 그렇지 않느냐. 소년 가운데 기대할 만한 사람으로는 오직 홍석주(洪奭周) 한 사람뿐이니, 후배라고 업신여기지 말고 함께 논의하며 그로 하여금 끝내 성취하도록 하여라. 나도 종종 질문을 하며 때로 그 사람에게 계고(稽古)의 도움을 받는다. 지금 조정 신하를 두루 살펴보건대 그 가

45) 《명고전집》 권10, 〈삼가 《수권》 여러 책을 논하신 어찰의 뒤에 발문을 쓰다〔敬跋御札論手圈諸書後〕〉, 261-210, "御札曰 此中 汨汨於手圈之工 八家陸奏 旣完役矣 兩漢書 亦於今明畢謄 五子續 當於數日後成書 而至於三禮 須費許多精力 可得就緖 要之一兩月間 裒然成大一統全部 然後欲就大全語類及周張兩程之書 掇英擷粹 彙分節約 各立門戶 如性理大全朱子全書之義例 俾與百選手圈 表裡倂行 又然後始大肆力於紫陽文字之合編 則吾可以就吾宿志 而庶幾永有辭於後人矣 此事非尊而誰可與語者 …… 近來閣臣多息偃其家 無能爲役於分勞 反與新出身之抄啓少年 商確甲乙 事面之苟且 姑勿論 其爲內閣之羞恥 果如何哉 姑此【戊午十月】".

운데 능히 나를 감발하는 사람이 다시 몇이나 되겠는가."

이에 신은 어찰 안에서 언급한 새로 과거에 합격한 연소한 초계문신이 홍석주를 지칭했음을 비로소 알게 되었다.[46]

어찰을 보면 정조가 《사부수권》을 편찬하는 과정에서 고심한 흔적이 드러나 있다. 광범위한 수권 작업이었기 때문에 작업을 함께 할 신하가 필요했다. 앞서 살펴보았듯이 이만수뿐만 아니라 서형수, 홍낙임 등 여러 신하가 수권 작업에 동참했다. 《삼례수권》, 《오자수권》 부분을 편찬할 때에는 검토할 서적이 광범위했기 때문에 정조가 어려움을 겪었다. 정조는 이만수, 서형수 등 몇몇 신하들에게 그 체례(體例)를 함께 논의하고 수권 작업을 함께 하자고 권했다.

정조가 이처럼 경전을 중심으로 한 서적 편찬 작업을 각신, 초계문신과 함께 하려 했던 것은 작업의 진척을 위해서뿐만이 아니라, 서적 편찬 작업에 신하들을 동참시켜 육경에 근거한 문치에 동행하게 하는 효과를 기대했기 때문이라고 볼 수 있다. 정조가 《오경백선》과 《사부수권》이 서로 표리를 이루어 나란한 저술되기를 기대한다고 한 언급에서도 육경을 중심으로 한 문학관을 구현하기 위한 서적 편찬의 경향이 요약적으로 잘 나타나 있다. 또한 정조가 초계문신들에게 교열 작업을 부탁했는데, 그 가운데 홍석주를 높이 평가한 상황도 드러나 있다. 정조가 만년에 《사부수권》의 작업 단계에서 홍석주와 구체적인 논의를 함께 했음을 짐작할 수 있다. 홍석주는 홍상한(洪象漢)

46) 위의 글, "近因手圈校役 新舊選抄啓中 世所稱眼明心細者 無不參閱 而如非陳腐之學究 則幾皆佻華之淺才也 未見有本經術通訓詁 析理必程朱 遣辭必歐蘇者 才難不其然乎 少年可望者 惟有洪奭周一人爾 勿以後生易之 提携扣論 俾卒成就也 予亦頻賜顧問 時賴渠稽古之助 歷觀今日廷臣之能起予者 且復幾人哉 臣於是始知此札中新出身之抄啓少年 盖指奭周也".

의 증손으로 정조의 군신 수창에 배석한 바 있다. 1795년 초계문신에 선발된 이래 수권 작업 외에도 《아송(雅頌)》, 《두륙천선(杜陸千選)》 편찬에서도 실무 작업을 수행하였다.[47]

이밖에도 정조의 서적 편찬에 여러 신하가 동참했음을 확인시켜주는 몇몇 사례들이 있다. 정조는 이만수, 서호수, 서형수, 홍석주 외에도 서명응의 주관으로 《사서집석(四書輯釋)》을 다시 정리하는 작업을 진행하였는데, 서명응 사후에 서형수, 이노춘(李魯春), 김희순(金羲淳), 정동관(鄭東觀) 등에게 간행 준비 및 교열 정리 작업의 도움을 받은 것도 확인할 수 있다.[48]

《사기》의 경우 남유용이 수권 작업을 한 책에다가 정조가 붉은 주색으로 수권 작업을 계속하고 남공철에게 이 책의 서문을 쓰게 한 기록이 있다. 서문만 있으나 남공철이 이 작업의 실무 단계에 참여했을 가능성을 배제할 수 없다. 이만수의 경우처럼 실제 작업을 수행하고도 그 공을 전적으로 임금에게 돌렸을 수도 있기 때문이다.

> …… 신의 선친 태학사 문청공(文淸公) 남유용 공이 일찍이 이 책을 얻어 평점을 한 뒤 가장하고 있다가 우리 성상께서 동궁에 계실 적에 궁료로서 바치셨기에 지금 내부(內府)에 소장되었다. 하루는 성상께서 한가로이 지내실 적에 손수 권점과 비점을 찍으시어 수십 일 만에 공역을 마치셨다. 선친께서는 청색으로 평점을 다셨는데, 성상께서는 지금 붉은 주사로 권점을 다시어 구별하셨다. 인하여 신에게 다음과 같이 하교하셨다.

---

47) 김새미오, 2009, 〈연천 홍석주 산문 연구〉, 성균관대학교 박사학위논문, 13쪽.

48) 《명고전집》 권10, 〈삼가 《사서집석(四書輯釋)》을 논하신 어찰의 뒤에 발문을 쓰다〔敬跋御札論四書輯釋後〕〉, "教曰 此所謂如復見故人也 於是乃命近臣中以經學名者■■■ 李魯春 金羲淳 鄭東觀等 使之分卷校對 俾臣主管爬櫛 俟成書入梓 而御札中論孟䟽訛誤之拈出下詢 盖出於不厭反復 務精發凡之聖意也".

"이 책은 나의 선사(先師) 문청공의 손때가 남아 있고, 또 내가 이어서 권점을 찍어 완성한 것이니 어찌 귀중하지 않겠는가! 네가 서문을 쓰라."[49)]

남유용의 《사기》에 대한 수권 작업이 《양한수권》의 기초 자료로 활용되었음이 입증되는 자료이다. 이만수의 경우에서도 확인되듯이 권점과 비점의 색깔을 구별해서 수권 작업을 하는 과정을 확인할 수 있다. 정약용은 〈제세서첩(題洗書帖)〉에 정조의 책씻이를 기념하는 저간의 상황을 적어두었는데, 강론한 책의 목록 아래에 그 책과 관련된 자신과의 인연을 주석으로 부기하였다.

《사기영선(史記英選)》【1796년 겨울에 신 약용이 규영부(奎瀛府)에 숙직하면서 명을 받고 교정(校正)하였다. 또 명을 받고 채 문숙공(蔡文肅公)에게 가서 서명(書名)을 정하였다. 1797년 겨울에 신이 곡산부(谷山府)에 있으면서 또 명을 받고 주석(注釋)을 내었다. 전후하여 하사받은 것이 4질이었다. 경신년(1800) 6월 12일에 또 《한서선(漢書選)》 5권을 하사받았다.】[50)]

이 글을 읽어보면 1796년경 정약용이 《사기영선》 편찬에 참여하였고, 채제공이 서명을 정하는 데 관여하였음을 알 수 있다. 이때 이만수, 이재학(李在學), 이익진(李翼晋), 박제가(朴齊家)도 교정에 함께 했던 것으로 《자찬묘지명》에 기록되어 있다. 또한 이듬해에는 이서구,

49) 《금릉집(金陵集)》 권11, 〈사권서(史圈序)〉, "臣之先臣大學士文淸公有容 嘗得此書 評點而藏于家 我聖上在東宮 因宮臣轉奏 今爲內府所儲 一日 上御淸燕 手加圈批閱數朔工訖 先臣舊用膩靑評點 今圈以丹鉛區別 仍下敎于臣曰 此書予先師文淸公手澤在焉 而予又續圈而成之 豈不貴哉 汝其序之".

50) 《여유당전서》 시문집 권14, 〈제세서첩(題洗書帖)〉, "史記英選【丙辰冬 臣若鏞直宿瀛府 承命校正 又承命議定書名于蔡文肅公 丁巳冬 臣在谷山府 又承命注釋 前後蒙賜凡四帙 庚申六月十二日 又賜漢書選五件】".

김조순과 함께 두시(杜詩)를 교열했고, 이서구, 윤광안(尹光顔), 이상황과 함께 《춘추좌씨전》 교정에 참여한 바 있다. 정약용의 경우 규장각 각신이 아니라 초계문신으로 특별히 정조가 부른 것이다.[51]

정조는 《오경백편》을 편찬하면서 김조순에게도 의례를 논의했다. 〈《오경백편》을 편정할 때 의례에 관한 질문에 답한 글〔五經百篇編定時義例詢問對〕〉의 일부를 인용한다.[52]

> 삼가 임금님 필적을 읽어보니 《오경백편》을 편정하려는 본래 취지를 말씀하시며 어리석고 몽매한 저에게 정성껏 가부를 물어주셨습니다. 아! 호학불권(好學不倦)의 의지와 자강불식의 공부, 불치하문(不恥下問)의 성스러움이 십행사륜(十行絲綸)에 사방으로 온통 넘실대니 백왕 가운데 우뚝합니다. …… 지금 여러 성현 말씀의 정수를 모으고 만고의 큰 도리를 고증하여 절충하고 짐작하여 간략한 요점을 이루려고 합니다. 취사선택은 비록 다르지만 그 의리는 제멋대로 창작한 것은 아니며, 넣고 뺀 것은 같지 않지만 예는 일통(一統)에 귀결됩니다. 한 책이 백 편으로 구성된 것은 또 공자가 산정한 뜻을 본떴으니, 우뚝하게 천지 간에 본래 소장되어 있던 지극한 보배입니다. …… 신 등은 풍운(風雲)을 만나 행적이 외람되이 규장각에 편입되어 교정하는 일에 함께 참여하고 간행하는 일을 감동(監董)할 수 있었으니 자공(子貢)의 힘써 행하고 구한 노고에 비한다면 영광이 이미 넘치고 소원이 이미 충족되었습니다.[53]

정조는 김조순에게만 편지를 보낸 것이 아니라 여러 신하에게 《오

---

51) 《여유당전서》 시문집 권16, 〈자찬묘지명(自撰墓誌銘)〉.
52) 《번암집》 권29, 〈어정오경백편의(御定五經百篇議)〉.

경백편》의 체제에 대한 자문을 구하였다. 일단 완성된《오경백편》을 신하들에게 두루 보이면서 선별의 타당성을 검토할 것을 요구하였다. 정조가 김조순에게 보냈을 어찰은《번암집》을 통해 그 내용을 알 수 있다. 채제공도 정조의 어찰을 받고 〈어정오경백편의(御定五經百篇議)〉를 써서 올린 바 있다. 김조순 외에도《오경백편》 교감 작업에 참여한 각신으로는 이만수, 심상규(沈象奎)가 있고 초계문신은 신작(申綽), 홍석주 등을 들 수 있다. 서유구의《누판고(鏤板考)》 편찬도 이와 같은 맥락에서 정조의 문치를 구현한 사례라고 할 수 있다.

이상에서 정조의 문치를 실제로 구현한다는 측면에서 규장각 각신들과 초계문신의 작업들을 검토하였다. 정조는 육경에 근거한 본인의 문학관을 피력하기 위한 방편으로 치세 기간 여러 책을 편찬하여 문학의 전범을 보였다. 이 작업을 수행하기 위해 정조는 여러 각신, 초계문신들에게 어찰을 보내 동참할 것을 권유하였다. 서적의 체계를 상의하는 일, 편차를 정하는 일부터 자료 조사, 교감, 교정에 이르기까지 작업의 전 단계에서 신하들의 도움을 받았다. 수많은 서적 편찬에 대해 호학 군주 정조의 학문적 업적이라 평가할 수도 있다. 그러나 동시에 김조순, 심상규, 이상황 등 당대 유행하는 문체에 한때 경도되었던 신하들을 경전의 핵심을 선별하고 검토하고 수권하는 작업에 동참시킨 것은, 다음 세대 치세의 당국자들이 순정한 문체를 스스로 습득하게 하는 과정이었다고 해석할 수 있다.

---

53) 《풍고집(楓皐集)》 권9, 〈《오경백편》을 편정할 때 의례에 관한 질문에 답한 글〔五經百篇編定時義例詢問對〕〉, "伏讀宸翰 諭以五經百篇編定之本旨 諄諄可否 叩及愚蒙 猗歟好學不倦之志 自強不息之工 不恥下問之聖 旁溢十行 卓冠百王 …… 今是編彙羣聖之粹言 訂萬古之大道 折衷斟酌以就簡要 取舍雖殊 而義非二揆 損益不同 而例歸一統 一部百篇 又倣刪書之義 卓然爲天地間元藏至寶 …… 臣等躬遭風雲 跡忝奎瀛 與聞考校之事 獲董剞劂之工 其視端木行求之勞 榮已溢矣 願已足矣".

3.

문치에 대한 순응 속 탈주: 재야 문인에의 영향 관계

정조는 성리학적 세계관이 충실하게 구현되는 국가와 사회를 표방하였지만, 당시 모든 지식인이 이에 적극적으로 부응하였다고 하기는 어렵다. 이미 새로운 문학 경향을 접한 작가들에게 정조의 문학 정책이 영향을 미치는 데에는 한계가 있었다.[54] 당시의 새로운 문학 경향은 정조 본인에게도 일정 부분 영향을 미쳤을 만큼 그 영향이 광범위했다. 정조도 젊은 시절 소품가로 유명했던 도륭(屠隆)의 문집이나 패사소품을 읽었다.[55] 특히 세손 시절 풍몽룡(馮夢龍)의 《정사(情史)》를 입수하여 소장하고 있으면서 보통의 것과 다른 특별한 장서인을 압인했던 것은 흥미로운 사실이다.[56]

그러나 국왕의 입장에서 정조는 문학을 통치의 중요한 영역으로 간주하였다. 그는 문풍의 변화가 시대의 징후로서 기능한다고 보았다. 그는 당대 명말청초 문집 열록과 소품체의 유행을 성리학적 세계관을

54) 안대회, 2000, 〈정조의 문체 정책〉, 《장서각》 3, 한국학중앙연구원.

55) 《홍재전서》 권1, 〈춘화정에서 도장경의 운을 뽑아 읊다〉, 한국문집총간 262, 20쪽.

56) 백승호 외, 2015, 앞의 글.

무너뜨릴 근본적인 폐단으로 보았다. 이에 대한 대안으로 육경에 근본한 정통적인 문학관을 제시하면서 이른바 '문체반정(文體反正)'을 시도하였다.

문체반정에 대해서 처음으로 언급한 사람은 일본인 다카하시 도오루(高橋亨)이다.[57] 그는 조선의 문학이 줄곧 중국의 영향을 받았음을 강조하고 그 영향 관계를 밝혔는데, 그 방법이 소략하고 인상적인 언급에 그쳤다. 문체반정에 대한 본격적인 연구는 소설에 대한 관심, 연암 문학에 대한 관심에서 출발하였다.[58] 이후 많은 논문에서 문체반정을 정조의 문예 정책 전반 속에서 검토하려고 하였지만, 크게 보아서는 개혁군주 정조라는 긍정적인 인식하에 문체반정의 원인을 정치적인 데서 찾았다. 정조의 문체반정을 남인이 관련된 서학 문제를 무마하기 위한 것이었다고 본 연구도 있다.[59]

---

57) 高橋亨, 〈弘齋王の文體反正〉, 《青丘學叢》 7, 1932.(《한국사상논문선집》 151, 불함문화사 영인본)

58) 이가원은 《연암 소설 연구》에서 연암 문학의 제2기에 해당하는 시대적 배경을 논의하면서 '문체파동(文體波動)'을 다루었다. 그는 정조의 문체 정책을 검토하고 당시 문체에 대해서 순정파(醇正派), 북학파(北學派), 서학파(西學派)의 세 계열이 존재했음을 밝혔다(이가원, 1986, 〈문체파동〉, 《연암 소설 연구》, 446~481쪽). 김흥규는 정조가 개방적인 입장을 가지고 주자의 《시경》 해설에 구속받지 않고 《시경》 강의를 했다는 결론을 내리고 있다. 정조가 서학에 대해서는 관대한 처분을 내리고 소품문에 대해서는 적극적인 대책을 편 것에 대해 정치적인 의도가 들어 있다고 보았다. 김흥규, 1981, 〈정조시대의 시경 강의〉, 《한국학보》 23.

59) 윤재민, 2002, 앞의 글. 이 논문에서는 문체반정과 서학이 밀접한 관련이 있음을 언급하고 있다. 정조가 남인들이 연관된 서학 문제를 희석시키기 위해서 문체 문제를 제기하였다고 필자는 파악하였다. 그는 문체반정의 동기와 목적이 "노론 벽파를 중심으로 한 공서파의 공격으로부터 남인 시파를 보호하고자 한 정조의 고도로 계산된 여론 조성 정책"이었다고 파악했다. 김혈조, 1982, 앞의 글. 이 논문에서도 정조의 문체반정을 노론 벌열을 견제하기 위한 정조의 정치적 의도에서 나온 것으로 파악하였다. 그 외 문체반정에 대해서는 이동환, 2000, 〈정조 성학의 성격〉, 《민족문화》 23, 민족문화추진회; 김성진, 1996, 〈사고전서가 문체반정에 미친 영향에 대하여〉, 《부산한문학연구》 9, 부산한문학회; 김성진, 1993, 〈정조 연간 과문(科文)의 문체 변화와 문체반정〉, 《한국한문학연구》 16, 한국한문학회; 장효현, 1992, 〈18세기 문체반정에서의 소설 논의〉, 《한국한문학연구》 15, 한국한문학회; 금장태, 2003, 《조선 후기 유교와 서학》, 서울대학교출판부; 강명관, 2003, 〈문체와 국가장치-정조의 문체반정을 둘러싼 사건들〉, 《조선 후기 소품문의 실체》, 태학사 참조.

정조의 문체반정을 복고적인 왕권 강화로 본 연구는 정조의 정통적인 문학관을 지적한 점에서 성과를 거두었으나, 이 문제를 남인-노론 두 정치 세력 간 갈등을 조정하는 왕권 강화 과정으로 보는 시각이었다.[60] 문체반정이 경화문화에 대한 비판적 시각과 향후 관각 문학을 담당할 관료들의 문체에 대한 문제의식에서 출발했다는 최근의 연구는 정조의 문치에 대해 여러 시사점을 준다.[61]

당시 문인들은 표면적으로는 정조의 문학관에 모두 수긍했다. 정조는 1792년 박지원(朴趾源)의 《열하일기(熱河日記)》를 예로 들면서 당시 문풍의 책임이 박지원에게 있다고 책망하고 결자해지를 위해 속죄의 글을 바치라는 뜻으로 남공철에게 편지를 대신 쓰라고 하였다.[62] 이에 대해서 박지원은 답장을 보내며 본인의 문체에 잘못이 있음을 순순히 인정하는 모습을 보였다.

> 아! 명색이 이 세상에 선비로 태어난 자가 몸소 요순과 같은 임금이 교화를 펴는 시대를 만나고도, 물줄기가 모여 강을 이루듯이 화목하고 평온한 음향을 발하고 《서경》, 《시경》과 같은 저작을 본받아 임금의 정책을 아름답게 표현함으로써 국가의 융성을 드날리지 못하니, 이는 진실로 선비의 수치입니다. 더구나 나 같은 자는 중년 이래로 불우하게 지내다 보니 자중하지 아니하고 글로써 장난거리를 삼아 때때로 곤궁한 시름과 따분한 심정을 드러냈으니, 모두 조잡하고 실없는 말이요 스스로

---

60) 마종락, 1983, 앞의 글. 이 논문에서는 문체반정을 사상적 복고운동이라고 평가하고 있다. 문체반정의 배경이 되는 문학론은 재도론이며 문체반정의 원인은 정조의 왕권 강화라는 정치적 입장이었다고 밝히고 있다.

61) 강혜선, 2012, 앞의 글.

62) 박지원, 〈답남직각(答南直閣)-공철(公轍)-서(書)〉, 《연암집》 권2. 부록된 남공철의 원 편지에 정조의 발언이 인용되어 있다.

배우와 같이 굴면서 남에게 웃음거리를 제공했으니 진실로 이미 천박하고 누추하였소이다.

게다가 본성마저 게으르고 산만해서 수습하고 단속할 줄 몰라, 자기도 모르는 사이에 화로(畵蘆)·조충(雕蟲) 따위의 잔재주가 이미 자신을 그르치고 또한 남까지 그르쳤으며, 부부(覆瓿)·호롱(糊籠)에나 알맞은 글로 하여금 혹은 잘못된 내용이 전파되게 하여 더욱 잘못되도록 만들었습니다. 차츰차츰 패관소품으로 빠져든 것은 저도 모르게 그렇게 된 것이요, 이리저리 굴러다니다가 위항(委巷)에서 흠모를 받게 된 것도 그러길 바라지 않았는데 그렇게 되고 만 것이었습니다. 문풍이 이로 말미암아 진작되지 못하고 선비의 풍습이 이로 말미암아 날로 퇴폐하여진다면, 이런 자는 진실로 임금의 교화를 해치는 재앙스러운 백성이요 문단의 폐물이라, 현명한 군주가 통치하는 시대에 형벌을 면함만도 다행이라 하겠지요.[63]

남공철은 박지원에게 명청의 학술을 배격하는 취지의 글이나 영남의 산수기(山水記)를 순정한 문풍으로 쓴 글을 바칠 것을 권유하였으나 박지원은 응하지 않았다. 박종채(朴宗采)의 《과정록(過庭錄)》에 따르면, 박지원은 임금이 《열하일기》와 문임(文任)의 직책을 언급한 것을 영광으로 여기며 이에 대해 우쭐하게 글을 올리는 것은 바라서는 안 되는 것을 바라는 행위라고 겸양의 뜻을 표하였다.[64] 그리고 만약

---

63) 박지원, 위의 글, "噫 士之生斯世者 躬逢堯舜之化 不能振渢瀜和平之響 追典謨大雅之作 黼芾皇猷 以鳴國家之盛 固士之恥也 況如僕者 中年以來 落拓潦倒 不自貴重 以文爲戲 有時窮愁無聊之發 無非駁雜無實之語 自同俳優資人諧笑 固已賤且陋矣 性又懶散 不善收檢 未悟雕蟲畵蘆之技 旣自誤而人誤 致令覆瓿糊籠之資 或以訛而傳訛 駸尋入稗官小品 則莫知爲而爲 轉輾爲委巷所慕 則不期然而然 文風由是而不振 士習由是而日頹 則是固傷化之災民 文苑之棄物也 其得免明時之憲章 亦云幸矣". 강혜선, 2012, 앞의 글, 114·115쪽 참조.

임금의 또 다른 자문이 있다면 이에 대비하여 몇 편의 글을 준비하겠다고 하였다. 후일 박지원은 정조의 명에 따라 1797년 〈이방익 사건에 대해 서술하다(書李邦翼事)〉, 1799년 《과농소초(課農小抄)》를 올렸다.[65] 정조의 구농(求農) 윤음에 부응하여 진상한 《과농소초》는 국왕으로부터 '경륜의 문자'라는 칭찬을 받았다.[66]

문체반정에서 정조에게 문체에 관한 질책을 받은 성균관 유생 이옥(李鈺)은 삼가현(三嘉縣) 충군(充軍)이라는 실질적인 피해를 당했다. 그러나 그도 표면적으로는 정조의 문치에 이의를 제기하지 못하였다.[67] 그가 삼가현에 충군 될 때까지 시말을 적은 글 중 일부를 인용한다.

> 을묘년(1795) 8월이었다. 내가 성균관 상재생(上齋生)으로 영란제(迎鑾製)에 응하였는데, 임금께서 내 글의 문체가 괴이하다고 하여 정거(停擧)를 명하시더니 바꾸어 충군(充軍)으로 명하셨다. 대사성이 나를 불러 성교(聖教)를 깨우쳐주시면서 "경과(慶科)가 멀지 않았는데 만약 정거를 당한다면 과거에 응할 수 없을 것이다. 그래서 명령을 바꾸어 충군으로 하였으니, 너는 곧 갔다가 돌아와서 응시하고 앞으로 모든 과거에 전과 같이 응하도록 하라."고 하였다.

---

64) 박종채, 박희병 역, 1998, 《나의 아버지 박지원》, 돌베개, 106~110쪽; 박종채, 위의 책, 146·147쪽.

65) 정조의 《열하일기》 문체 언급 이전에도 박지원은 1790년 박명원의 신도비명을 지었다. 1793년에는 이덕무의 행장을 지었다. 두 경우 모두 박지원이 개인적으로 관계가 깊은 인물들의 일생을 기록한 글이다.

66) 김명호, 2001, 《박지원 문학 연구》, 성균관대학교 대동문화연구원, 203·204쪽 참조.

67) 이옥에 대한 전기적 연구는 김균태, 1986, 《이옥의 문학이론과 작품세계의 연구》, 창학사; 김영진, 2002, 〈이옥 연구(1)〉, 《한문교육연구》 18, 한국한문교육학회; 김영진, 2014, 〈이옥의 가계와 교유 신탐〉, 《한문학연구》 23, 계명한문학회 참조.

또 편적된 읍에 명하여 응시할 휴가를 주라고 하시니, 나는 황공하고 감격하여 울기까지 하였다. …… 다음해 2월에 이르러서 별시의 초시에 응시하여 외람되게 방에 수석을 차지하였다. 임금께서는 내가 지은 책문이 근래의 격식에 어긋난다고 하여 방의 끝자리로 강등을 명하셨다.[68]

이옥은 성균관의 촉망받는 유생이었다. 1792년 10월 그의 문체가 문제되기 이전인 9월 14일, 애당초 정조는 진사 강이천(姜彝天), 오태증(吳泰曾), 이일위(李日煒), 생원 황기천(黃基天), 이옥을 특별히 불러 보았고, 이일위와 오태증에게는 기대의 말도 건네었다.[69] 이옥은 구일제(九日製)에 수석을 하였기에 직부회시(直赴會試)의 은전이 내린 상태였다.[70] 이처럼 1792년 10월 이전에 이옥은 정조가 이제 갓 사마시에 합격한 유생 가운데 관심을 기울인 유생 중 한 명이었다.

그래서 그런 것인지 그의 답안지를 유심히 본 정조가 그의 응제문(應製文)의 구절이 소설체(小說體)로 쓰인 것을 문제삼았고, 이옥은 자송(自訟)의 글을 수십 편 지었다. 그러한 도중에도 이옥은 감제(柑製), 구일제 등 수시로 치러지는 시험에 응시하여 성적을 내었고, 계속해서 과거시험을 준비하였다.[71] 그가 충군이 되었다가 답안지가 말방(末榜)으로 강등되는 일을 겪은 것은 이로부터 몇 년 후의 일이다. 인용문에서도 정조가 정거가 아닌 충군의 벌을 내린 것을 감사하게 여

68) 이옥, 실시학사 고전문학연구회 역, 〈남쪽 귀양길의 시말을 적다(追記南征始末)〉, 《완역 이옥 전집》 2, 휴머니스트, 2009, 164·165쪽.

69) 《승정원일기》, 1792년 9월 14일. "上命彝天等進前 詢問姓名及做賦表策各幾首訖 教泰曾曰 汝之文與筆 甚異於人 異於人, 則易令人開眼 必早晩登科矣 敎日煒曰 汝則屢選於應製 故紙面甚熟 而猶未知汝面矣 今見汝相貌甚好 須努力於學業 期於成功 可也 命退受賞格 彝天等 以次先退".

70) 위의 책, 9월 15일 기사 참조.

71) 《승정원일기》, 1794년 3월 1일 기사; 위의 책, 1795년 8월 7일 기사.

졌는데, 일단 이옥 본인은 이것을 정조의 은혜라고 표방했고 국가의 관료 선발 체제에 순응하는 모습을 보이며 과거 제도라는 문을 계속 두드렸다.

강이천의 경우도 비슷하다. 강세황(姜世晃)의 손자였던 그 역시 1781년 동몽 시절 창덕궁 관물헌에 나가 정조에게 칭찬을 받은 바 있고, 1786년 사마시에 합격한 이후로 성균관의 여러 시험에서 좋은 성적을 거두었다.[72]

정조가 명말청초의 소품문 문체를 지적하면서 이들의 문체를 비판하였는데, 그렇다면 이들이 어떻게 바뀌기를 기대한 것일까. 정조가 좋은 문장이라고 평가할 때 쓴 평어(評語)를 《일득록》 문학 권에서 찾아 정리하면 다음과 같다. 첫째, 평담한 문장이다.(平淡渾厚, 平淡簡易, 沖和平淡, 高簡平淡) 둘째, 아정하고 순한 문장이다.(雅馴, 敦厚淵永) 셋째, 결론적으로 치세지음(治世之音)이다. 결론적으로 문학이 태평 시대를 지향하고 이를 평담하고 아정하게 표현해야 한다는 생각이다. 이에 비하여 나쁜 문장을 지칭할 때 쓴 용어를 정리하면 다음과 같다. 첫째, 섬세하고 잗달은 문장이다.(纖靡浮薄, 艶冶纖巧, 嫩弱) 둘째, 어렵고 껄끄러우며 생경한 문장이다.(奇澀奧僻, 枯澀之病, 生梗麤澀, 險陂口氣), 셋째, 촉급하고 초쇄한 문장이다.(聲調促迫, 迫促, 促迫輕浮, 噍殺尖薄) 넷째, 결론적으로 치세의 뜻이 없는 난세의 문장이다. 정조는 이를 '난세의 번잡하고 촉급한 소리이며 고신얼자(孤臣孽子)의 문장'이라고 평하였다.(亂世煩促之聲, 孤臣孽子之文)[73]

조선시대에는 문학과 정치가 밀접하게 연관되어 있었다. 문학이

---

72) 《승정원일기》, 1793년 3월 13일 기사; 위의 책, 1793년 3월 18일 기사.

73) 《홍재전서》 권161~165, 《일득록》.

현실을 반영하기도 하고 문학으로 인해 현실이 바뀌기도 하였다. 정조가 명말청초의 문학을 경계했던 것은 인간의 욕망을 긍정하고 개인의 내면과 일상을 문학의 주된 소재로 택한 글들이 지식인의 심성과 태도를 변화시켰고, 결과적으로는 국가의 운명에 영향을 미쳤기 때문이었다. 정조는 "이것이 과연 어떤 시절의 문체인데 도리어 그것을 본받고자 하는가."라며 명말청초의 문체를 경계했고, "세도(世道)에 해를 끼치는 것이 도리어 사학(邪學)보다 심하도다."라며 배격했다. 그리하여 명청 문집을 경계하고 패사소품을 읽고 쓰는 것을 경계하며 이단인 서학은 가장 말단의 경계로 삼았다.

정조가 이처럼 명청 문집에서 일전(一轉)하여 패사소품으로, 다시 일전하여 이단 서학으로 빠진다는 논리를 가지고 서학 문제를 정학의 부흥으로 해결하려고 한 이유는 무엇일까. 국가의 근간이 될 사대부가 지식인으로서 국가와 사회에 대한 책임 의식 없이 일상과 개인 차원의 문제에만 집중하게 될 때 국가의 명운이 위태롭게 된다. 이러한 이유로 정조에게 문체의 문제는 문학의 문제에 그치는 것이 아니라 서학보다도 시급한, 통치와 깊이 관련되는 문치의 중요한 과제였다.

이미 정조 연간 조선은 다량의 명청 서적이 유입되고 골동품과 같은 중국 물건이 들어와 성리학적 세계관이 사실상 흔들리고 있었다.[74] 정조도 그러한 움직임을 감지하였고 본인도 그 흐름의 한가운데에 있었다.[75] 한편에는 몇 대에 걸쳐 관직과 부를 계승하는 경화세

74) 18세기 세계사적인 지적 패러다임의 변화에 관한 서술은 정민, 2007, 《18세기 조선 지식인의 발견》, 휴머니스트, 52·53쪽 참조.

75) 《일득록》을 읽어보면 정조가 명말청초 역대 문인들의 문집에 정통하고 그것에 대해 광범위하게 포폄하고 있음을 알 수 있다. 이러한 상황은 규장각에 소장된 중국본 도서에 압인된 정조의 장서인에서도 확인할 수 있다. 백승호 외, 2015, 앞의 글 참조.

족(京華世族)이 있었고 다른 한편에는 학파와 정파가 구분되어, 지식과 관직을 획득할 기회를 박탈당한 사대부도 있었다. 이러한 상황에서 개인, 일상, 욕망, 정(情) 등의 가치를 추구하는 명말청초의 문풍이 널리 유행하는 것은 국왕으로서 옳다고 인정할 수 없었다. 중세의 지적 전통에서 정조가 표방할 수 있는 대의는 성리학적 세계관의 견고한 재건이었다.

정조가 박지원, 남공철, 김조순, 이옥 등 당대 문풍의 선두에 있는 인물들의 문체를 문제삼은 것은 당대 제일의 문인, 미래 관각 문학을 담당할 주역들, 그리고 성균관 유생 가운데 빼어난 문인 등 대표성을 띤 인물의 문체를 문제삼은 것이다.[76] 이들이 정조의 문치에 공감하고 치세지음(治世之音)의 문학을 추구한다면 시대와 국가를 변화시킬 만큼 파급 효과가 컸을 것이다.

그러나 정조의 기대와 달리 이옥과 같은 주류 사회에서 소외된 문인들은 한편으로는 관료가 되기를 희망하면서도 다른 한편으로는 본인의 독자적인 문학 세계를 구축해갔다. 관료 사회의 중심에서 배제된 인물들에게 정조의 문치는 요원한 것으로 느꼈던 것이다. 이옥이 쓴 〈산골의 어느 효부(峽孝婦傳)〉를 예로 들어 설명하기로 한다.

…… 날이 이미 저물매 무늬가 찬란한 큰 호랑이 한 마리가 길을 가로막았다. 아낙은 앞으로 다가서며 호랑이에게 말했다.
"호랑아 나는 과부인데 우리 친정 부모님이 나의 뜻을 저버린 채 개가를 시키려 하시니 죽는 것은 내가 아깝게 여기지 않지만, 다만 집에 시

76) 강혜선은 정조의 문체반정이 미래 관각 문인의 주도적 역할을 할 관료들을 계도하는 데 중점을 두었다는 사실을 밝혔다. 강혜선, 2012, 앞의 글.

어머니가 계셔서 하직 인사를 하지 않을 수 없다. 그렇지 못하면 죽어도 눈을 감을 수 없을 것이다. 바라건대 나에게 잠깐 시간을 주어 우리 집 문 앞에서 나를 잡아먹도록 해라."

호랑이는 일어나 길을 비키고 아낙의 뒤를 따랐다. …… 절을 올린 다음 문을 나서니 호랑이는 뜰에 쭈그리고 앉아 있었다. 아낙이 말했다.

"이미 하직 인사를 올렸으니 이제 아무 여한이 없다. 네 맘대로 해라."

호랑이는 머리를 흔들며 마치 그렇게 하지 않을 듯이 하였다.

"네가 나를 불쌍히 여겨서 잡아먹지 않으려 하는 것이냐?"

호랑이가 머리를 끄덕이는 모양을 하였다.

"아아. 어질구나 호랑아! 네가 굶주리지 않았느냐?"

부엌에 들어가 죽을 가져다 먹이니, 호랑이는 꼬리를 흔들며 귀를 붙이고 개처럼 핥아먹었다.

……

아낙이 놀라 깨어나 가서 보니 과연 그러하였다. 마을 사람들이 바야흐로 틀을 발하여 죽이려고 하는데, 아낙이 그 실상을 상세히 말해주고 놓아주기를 빌었다. 마을 사람들은 허황하다고 여겨 아낙의 간청을 들어주지 않았다. 아낙은 강개한 심정으로 말하였다.

"내가 살아난 것이 호랑이의 은덕인데 이제 호랑이가 죽어도 구출하지 못한다면 내가 살아서 무엇하리요?"

드디어 함정으로 뛰어들었다. 호랑이는 눈을 흘기고 크게 포효하며 사람들이 저를 엿보는 것을 노여워하고 있다가, 아낙이 뛰어내리는 것을 보고는 갑자기 엎드려 눈물을 흘리면서 마치 슬픔을 이기지 못하는 듯하였다. 아낙 역시 호랑이를 쓰다듬으며 울었다.

……

외사씨는 말한다.

내가 일찍이 듣건대 "도성의 서쪽에 호랑이가 있어 남의 예쁘장한 과부를 납치해갔는데, 그의 치마와 띠는 울타리에 걸려 있고 뒤안엔 피가 흘러 있어서 사람들이 모두 가엾게 여겼다. 그런데 그 뒤에 그 과부를 여관에서 본 사람이 있다."고 하였다. 이 또한 호랑이가 잡아먹지 않아서 그렇게 된 것일까? 아아! 호랑이가 어찌 사람마다 잡아먹지 않는단 말인가?[77)]

이 글에서 효부(孝婦)는 남편이 죽어 과부가 된 후에도 눈먼 시어머니를 정성껏 봉양하며 살고 있었다. 친정 쪽에서는 그러한 효부를 개가시키려고 친정어머니가 아프다고 거짓을 고하여 귀가하게 하였으나, 효부는 기지를 발휘하여 산길로 달아나다가 호랑이를 만났다. 효부가 시어머니 먹을 것을 준비한 후에 호랑이에게 먹히겠다고 잘 타이르니, 호랑이가 알아듣고는 집까지 따라왔다가 결국 잡아먹지 않고 돌아갔다.

며칠 지나 효부의 꿈속에 호랑이가 나타나 자신이 함정에 빠져 있으니 구해달라고 하였다. 효부가 그 장소에 가보니 과연 호랑이가 빠져 있고 사람들이 그것을 죽이려고 하니 효부가 몸을 던져 막아 구해냈다는 이야기이다.

여성의 절의와 효성, 그리고 호랑이에 대한 보은이라는 세 가지 가치가 성공적으로 구현되기까지의 서사가 감동적으로 구성되어 있다. 이러한 미담이 읽는 이로 하여금 효부의 절의와 효성에 감화되게 하는데, 그 요인은 호랑이와 효부의 교감이 환상적일 만큼 아름답게 구성되어 있기 때문이다. 효부의 질문에 호랑이가 고개를 끄덕인 장면,

---

77) 이옥, 실시학사 고전문학연구회 편역, 2009, 《완역 이옥 전집》 2, 휴머니스트, 309~312쪽.

사람 먹는 죽을 주자 호랑이가 강아지처럼 애교를 떠며 맛있게 먹은 장면 등이 특히 그러하다. 그런데 여기서 주목할 점은 효부 이야기의 마지막에 붙은 외사씨의 찬이다.

이옥은 도성의 과부들을 호랑이가 잡아먹은 사례를 언급했다. 그런데 그 과부를 다른 곳에서 보았다는 목격담을 전하며, 효부의 사례처럼 호랑이가 잡아먹지 않아서 그랬을까 하고 의문을 제기했다가 여기에 다시 의문을 제기하면서 촉급하게 글을 마쳤다.

이옥은 본문에 해당하는 효부의 전을 '전(傳)'의 장르적 관습에 충실하게 작성하였다. 본전과 외사씨의 찬 형식 역시 장르 관습을 따르고 있다. 본전의 경우 서사의 효과가 매우 뛰어나고 효와 열이라는 중세의 가치를 감동적으로 잘 구현하였다. 따라서 본전만 놓고 본다면, 이옥이 효와 열이라는 가치를 찬양하기 위해 이 효부의 전기를 작성한 것으로 독해할 수 있을 것이다.

그러나 본전과 전혀 맥락이 닿지 않는 작품 말미의 찬이 이 작품의 창작 의도를 대표한다. 이옥은 과부의 호환(虎患) 사례와 과부를 다른 곳에서 보았다는 뜬소문을 병렬하며 효부의 호랑이 사례와 유사한 것일까 하고 의문을 제기했다. 그러고는 이내 '어떻게 그럴 수 있겠는가'라고 반어적인 의문을 다시 제기했다.

이 글은 환상적인 기법을 활용하여 효부의 전기를 감동적으로 서술하며 전기의 장르 관습을 완벽하게 구현한 본전과 호환 사례의 허구성을 의심하는 찬을 병렬한 구조이다. 이옥의 창작 의도는 '효'와 '열'이라는 가치가 현실에서 얼마나 '허구이고 환상적인' 것으로 작동하는지를 문학적으로 보여주려 한 것으로 보인다. 주의 깊게 읽지 않으면 감동적인 효부의 전기로 왜곡되어 읽히기 쉽다. 혹시 누군가가 외사씨의 찬을 읽고 글쓴이의 의도를 파악했다고 하더라도, 그것은 본전과 상관없는 맥락 없는 요즘 이야기라고 혹시라도 필화(筆禍)가 발생한다면 변명의 구실을 남겨둔 글쓰기다.

따라서 이옥의 글은 일견 장르 관습을 준수하고 중세의 가치를 현양하는 글처럼 보이지만, 작가의 본래 의도를 파악하게 된다면 위정자의 입장에서 굉장히 불쾌한 감정이 드는 글이 된다. 이옥의 글은 유심히 읽지 않으면 중세의 글쓰기 전통과 가치관에 부합하고, 그것을 현란하지만 충실하게 구현하고 있는 듯이 보인다. 경전의 구절에 쓰인 표현과 전고를 능수능란하게 활용하여 글쓰기를 한 훌륭한 글이기 때문이다. 하지만 그 결과물을 자세히 보면 창작 의도나 주제 구현의 측면에서 결국 소품문의 글쓰기 방식을 따른 것이다. 바로 이 지점이 정조가 이옥의 글을 경계하고 신하들이 이옥의 글을 장원으로 뽑았을 때 문제 제기를 했던 이유가 아닐까 한다.

1792년 김조순과 함께 《우초속지》를 편찬하려 했던 김려는 1797년 강이천의 비어(蜚語) 사건에 연루되어 유배를 갔다. 정조는 그의 문체를 소품에 경도된 것으로 보았다.[78] 김려는 유배 도중 함경도의 승경(勝景)을 본 것도 임금의 은혜라는 내용으로 시를 지은 바 있다.[79] 유배지가 극변(極邊) 경원(慶源)에서 조금 남쪽에 있는 부령(富寧)으로 바뀐 것도 임금의 은혜라며 어김없이 감사했다.[80] 이것이 문학적 관

78) 강명관, 1984, 〈담정 김려 연구(1)-생애와 문체 문제를 중심으로-〉, 《사대 논문집》 9, 부산대학교 사범대학, 348쪽.

79) 《담정유고(藫庭遺藁)》 권7, 〈감담일기(坎窞日記)〉, 289-498, "高山何岧嶢 茂林赫弘曠 淩晨束行李 烈風紛飛颺 羊腸坂詰屈 戰栗登其上 歇鞍望遠海 遠海空滉瀁 鉅鑊亘漭泱 宇宙隘而妨 天水如潑墨 紫黑競潰盪 黝然一氣內 鴻朗無指嚮 須臾紅錦袱 漫空分色相 抱卧金卵子 中處最明亮 呑吐不敢顯 其勢欲拒抗 左眄曼胡布 右顧琉璃漲 五彩斑陸離 鱗鱗鬪演漾 秘恠固莫測 百靈似禮讓 火輪忽破殼 捧出黃羅帳 大明麗重霄 衆像皆通暢 金光化飛電 迸射萬頃浪 瞥眼銀篦尖 頃刻刮瞖障 溟茫大瀛海 畢露無盡藏 嗟我山居者 夬觀眞爲壯 莫非聖恩曁 感歎涙汪汪【麗雲臺最高頂 觀日出作】". 김려의 글에 대해서는 강혜선, 2007, 《유배객, 세상을 알다》, 태학사.

습에 따른 것이든 반어적인 표현이든, 한문학에서 유배객이 군주에게 원망의 뜻을 표하는 것은 거의 불가능하다. 정조 사후 김려는 문체반정에 희생된 친구 이옥의 문장을 옹호하는 글쓰기를 하였다.

〈《문무자문초》 권후에 쓰다〔題文無子文鈔卷後〕〉

세상 사람들이 '이기상(李其相, 이옥)은 고문(古文)에 능하지 못하다.'고 한다. 이는 기상이 스스로 한 말이기도 하다. 기상이 스스로 생각하기에 '고문을 배우면서 허위에 빠진 것이 금문(今文)을 배워 오히려 유용함만 같지 못하다.'고 여긴 것이다. 귀로만 듣는 자들이 남의 말에 부화하여 '이기상은 고문에 능하지 못하다.'고 한다. 슬프다! 기상이 저술한 것은 대부분 내 책 상자 속에 있는데, 지금 우선 《문무자문초(文無子文鈔)》 한 권을 베껴 세상 사람들에게 보인다. …… 또한 나는 〈남쪽 귀양길에서〔南征十編〕〉를 세 번 반복하여 읽고 더욱 감탄하였다. ……[81]

김려가 쓴 이옥의 《문무자문초》에 대한 발문이다. 정조에게 소품체 때문에 견책받은 이옥이었기에 그의 문체에 대한 잘못된 선입견이 존재했다. 김려는 이옥을 변호하면서 이옥을 잘 알지도 못하면서 본인이 겸양의 의도로 한 '고문을 잘 못한다'는 말만 단장취의하여

---

80) 위의 글, 289-500, "三十日乙未 朝飯城谷店 午過谷口驛 承量移富寧之命 / 是日曉發 朝飯城谷店 午過谷口驛 忽見營撥飛馬而至 見余大喜 展示關子 乃今月十八日刑曹判書趙心泰獨爲入侍時親承聖教 慶源府定配罪人金鑢 移配富寧 星火行會者也 聖恩天大 不勝感泣 市上諸人 皆遮馬相賀 余亦下馬坐市沽酒 與韋奴及營撥暨利城公人 余亦痛飮".

81) 《담정유고》 권10, 〈《문무자문초》 권후에 쓰다〔題文無子文鈔卷後〕〉, 289-538, "世言李其相不能古文 此其相自道也. 其相之意以爲學古而僞者 不若學乎今之猶可爲有用也. 耳食者從而和之 以爲其相不能古文 哀哉! 其相所著述 多在余篋 今以文無子之文鈔一弖歚寫 以示世人 …… 且余於南征十篇 尤有所三復而感歎者". 번역은 이옥, 2009, 앞의 책, 489쪽 참조.

이옥을 폄하하는 사람들에게 이옥이 금문을 쓰게 된 이유를 옹호하였다. 글의 말미에서 더욱 감탄했다고 언급한 〈남쪽 귀양길에서〔南征十編〕〉는 이옥이 삼가현 충군지에 도착했다가 과거시험을 보기 위해 서울로 돌아오기까지 견문을 바탕으로 작성한 단편 모음집이다. 호서지방, 영남지방 방언을 기록한 〈방언(方言)〉[82], 송광사(松廣寺) 일대의 경관을 기록한 〈사관(寺觀)〉 등 수록 단편들을 읽어보면, 그 지방, 명소의 개별적인 특징들을 하나하나 열거하고 자세하게 관찰하여 세심하게 묘사한 대목이 두드러진다. 그가 다루고 있는 소재들 역시 백성들의 방언, 절간의 나한상, 산속의 돌, 면포 등 속되고 저급한 것이었다. 그러나 그는 이것들을 글쓰기 영역 안으로 포섭하였다. 전체적인 글의 논조가 일상적이고, 사소한 것들의 가치를 긍정하며 다양성을 존중하는 방향이다.[83] 김려 역시 그러한 이옥의 문학 경향에 동의하는 입장이었기 때문에 이옥의 《문무자문초》을 옹호하며 자신의 문학 경향을 드러내었다. 김려가 편찬한 이옥의 《도화유수관소고(桃花流水舘小稿)》에 대한 발문에도 이와 같은 시각을 드러내고 있다.

〈《도화유수관소고》 권후에 쓰다〔題桃花流水舘小稿卷後〕〉

세상에서는 간혹 이기상의 글을 비난하여 '고문(古文)이 아니다. 이것은 소품(小品)이다.' 한다. 나는 가만히 웃으면서
"이런 자들이 어찌 문장에 대해 말할 수 있으랴? 사람의 글을 논할 때

---

82) 이옥의 방언에 대한 관심과 언어관에 대해서는 이상신, 2013, 〈이옥이 기록한 18~19세기 국어 자료에 대한 연구〉, 《인문과학연구》 31, 성신여자대학교 인문과학연구소 참조.

83) 이옥 문학의 일상성과 사물 인식에 대해서는 신익철, 2006, 〈이옥 문학의 일상성과 사물 인식〉, 《한국실학연구》 12, 한국실학학회 참조. 신익철은 〈백운필(白雲筆)〉을 중심으로 개인의 구체적 경험과 인식을 글로 담아낸 이옥 문학의 의의와 한계를 지적하였다.

> 고금(古今)을 논하고 대소(大小)를 논하는 것은 괜찮다. 하지만 소품이라 하면서 고문이 아니라고 하는 말, 이것은 함부로 판단하는 사람의 말이다. 월절(越絶)과 비신(秘辛)이 어찌 소품이 아니겠는가? 또 어찌 고문이 아니겠는가? 글을 보기를 마치 꽃을 보듯이 해보자. 모란과 작약의 화려함으로 패랭이꽃과 수구(繡毬)를 버리고 국화와 매화의 고담(枯淡)함으로 붉은 복숭아꽃과 살구꽃을 싫어한다면, 이것이 꽃을 안다고 이를 수 있겠는가?" ……[84]

이옥의 《도화유수관소고》의 발문을 쓰면서 김려는 다시 한 번 이옥 문학을 옹호하였다. 그는 소품이기 때문에 고문은 아니라는 의견에 반론을 제기했는데, 이는 고문이라는 언어, 문학의 장르 관습을 묵수하다가 당대의 현실을 도외시하면 부작용이 생길 수 있다고 경고한 것이다. 이옥의 글은 당대의 지배적 가치 평가와 동떨어진 사소한 것들에 관심을 갖고 이를 미묘하게 잘 간취해내었다. 이옥의 글은 고문이라는 문학의 형식, 성리학적 세계관에서 사소하게 보는 것을 표현했을 뿐이지, 다양한 소재에 따른 적절한 문체로 고문 운동의 정신을 표현한 것임에 분명하다는 취지를 꽃의 비유로 담아내었다.

김려는 친구가 맡기고 간 초고 상태의 원고를 수습하여 이를 후대에 전하려고 하였다.[85] 이옥을 비롯한 자신의 벗의 글을 후세에 전하여 정당한 평가를 받겠다고 의도했을 수 있다. 그 역시 금문 또는 소

---

84) 《담정유고》 권10, 〈《도화유수관소고》 권후에 쓰다〔題桃花流水舘小稿卷後〕〉, 289-539, "世或訾李其相之文曰 非古文也 是小品也 余竊笑之曰 是奚足語文章哉 論人之文者 論其古今可也 論其大小可也 若云小品而非古 則此耳食者之言耳 越絶秘辛 何嘗非小品 而又何嘗非古文耶 且看文如看花 以牡丹芍藥之富艶而棄石竹繡毬 以秋菊冬梅之枯淡而惡緋桃紅杏 是可謂知花者乎".

85) 《담정총서》에 대해서는 박준원, 1994, 〈《담정총서》 연구〉, 성균관대학교 박사학위논문; 박준원, 2009, 〈《담정총서》에 대하여〉, 《문헌과해석》 37, 문헌과해석사 참조.

품으로서 고문의 정수를 담아내는 문학 작품을 창작하였다. 김려가 쓴 전(傳)의 경우 패사소품의 참신성을 지니면서도 전(傳) 문학의 문체적 관습을 충실히 지키고 있다.[86] 김려의 경우 1810년 이후에 벼슬 생활을 하였지만, 그 이전에는 정계에서 배제되거나 유배 상태였다. 이옥의 경우 소품체를 쓴다는 지적을 받은 대표적 문인이어서 관료 사회 진입 가능성이 원천적으로 배제당한 상태였다. 이들은 관료제와 별도의 영역에서 독자적인 문학 세계를 구축한 것으로 보아야 할 것이다.

정조는 본인이 추구했던 성리학적 세계관 구현에 중인, 서얼까지 참여시키려고 했다. 문치의 구현 기관인 규장각에 이덕무(李德懋) 등 검서관, 중인들까지도 포용하고 이들에 대한 구체적인 관심을 표함으로써 그들의 의욕을 높이려 하였다. 규장각 서리였던 박윤묵(朴允默)은 다음과 같은 글을 남겨 정조의 이러한 취지에 공감하였다.

〈사호헌 선생안의 서문(司戶軒先生案序)〉

무릇 관청이 있으면 반드시 서리가 있기 마련이고, 서리가 있으면 반드시 선생안이 있게 마련이다. 선생안이란 전임자의 성명과 관향, 생년과 임명 연월을 적어두어 다음번에 오는 사람들에게 분명하게 보여주는 것이다.

아! 우리 선왕(정조)께서 즉위하신 원년에 규장각을 설치하시고 한 장제(漢章帝)가 백호관(白虎觀)에서 우문 정책을 펴신 것을 좇아 송 태종(宋

86) 이경수, 1984, 〈김려의 생애와 〈단량패사(丹良稗史)〉의 문학적 성격〉, 《국어국문학》 92, 국어국문학회; 홍진옥, 2014, 〈김려의 《단량패사》 연구〉, 서울대학교 석사학위논문.

太宗)의 용도각(龍圖閣) 제도를 본받으셨으니, 진실로 천재일우의 시기였다. 그 전각의 모습이 우뚝하고 장엄하며 지분(地分)이 맑고 조용하니 규장각 서리도 가려 뽑지 않으면 안 되었다. 이에 그 가문을 보시고 그 문학적 능력을 골라 충원하시고는 '사호(司戶)'라는 이름을 내려주셨으니 그 호칭이 분수에 넘쳤다. 아패(牙牌)를 차게 해주셨으니 그 직임이 영광스러웠다. 후임자를 차정할 적에 계문을 올리게 하셨으니 그 선발을 중요하게 여기신 것이다. 그 자손, 지손으로 계승하는 자들을 그 뒤에 기록하게 하였다. 난위(鑾衛)에 출입하게 하고 내구마(內廐馬)를 타게 해주시고 규장각의 서고 열쇠를 관장하게 해주신 일은 모두 특별한 은혜였다. 아! 우리들은 외람되게 땅강아지, 개미와 같은 천박한 품성으로 해와 달의 남은 빛을 엿보며 궁궐 문에서 명을 기다리고 석거각(石渠閣)에서 명을 받잡으니, 은혜를 몸 전체로 흠씬 입었으며 배부를 정도로 실컷 상을 받았다. 머리끝부터 발끝까지 모두 선왕이 은혜를 내려주신 것이로다.[87]

정조는 1781년 3월 19일 규장각 서리들이 거주하는 곳에 '사호헌(司戶軒)'이라는 편액을 내려주면서 그들에게 특별한 관심과 예우를 더하였다. 정조는 문학적 재능이 있는 서리들을 선발하여 규장각에서 업무를 보도록 하였고, 다른 관청의 아전들에게는 본 각의 당상과 낭청의 분부가 아니면 마음대로 규장각을 출입하지 못하게 하였다.

---

87) 《존재집》 권23, 〈사호헌 선생안의 서문〔司戶軒先生案序〕〉, 292-450, "凡有官府必有吏 有吏必有案 案也者 列書前人姓名鄕貫生年及差任月日 以昭示來後者也 猗歟 我先王御極之元年 置奎章閣 追帍觀之右文 倣龍圖之遺制 誠千載一遇之辰也 以其閣貌崇嚴 地分淸閟 吏於閣者亦不可以不選 於是乎觀其門地 擇其筆翰以充之 錫以司戶 侈其號也 佩以牙牌 榮其任也 差代而修啓 重其選也 子支而承襲 錄其後也 至若鑾衛之出入 廐馬之許騎 內府書籍之掌其鎖鑰 皆特恩異數也 嗚呼 吾儕猥以螻蟻之賤品 獲瞻日月之餘光 待令於金門 承命於石渠 恩波乎沐浴 賞賜乎飽飫 頂踵毛髮 皆先王賜也".

이는 오히려 그들에 대한 쓸데없는 간섭을 막아주고 규장각 업무에 집중하게끔 하는 배려였다. 그래서 비록 다른 상급 관청의 서리들이라도 규장각을 함부로 출입하지 못하게 하였다. 규장각 서리들에 대한 정조의 관심은 줄곧 계속되어, 치세 연간 행사가 있을 때마다 종종 사호헌에 고풍(古風)을 내리기도 하였다.

정조가 이처럼 규장각 서리들에게 관심을 가졌던 것은 그들이 문치 구현의 최전선에 있는 말단 수행자들이었기 때문이다. 아울러 서얼 출신의 검서관, 중인 출신의 서리들에게까지 관심을 보임으로써 문치의 외연을 확장하고 그들이 문치에 참여할 가능성을 열어준 것으로 볼 수 있다.

국왕은 문치의 외연을 확장하고 많은 신민들이 동참할 것을 기대했겠지만, 군주의 입장과 대신의 입장, 각신의 입장, 초계문신의 입장, 유생의 입장, 일반인의 입장, 충군된 사람의 입장이 제각기 달랐다. 각자 자신의 처지에서 문학을 조망하였기에 정조에게 다음과 같은 글을 올린 이도 있었다. 박제가의 〈비옥희음송(比屋希音頌)〉을 인용한다.

> …… 엎드려 내각의 관문에서 부연한 글을 읽어보니, 허물을 고쳐 거듭나야 한다고 하였습니다. 대저 허물은 두 가지입니다. 배움이 지극하지 못함은 진실로 신의 잘못입니다. 하지만 성품이 같지 않음은 신의 허물이 아닙니다. 이를 음식에 비유해보겠습니다. 놓이는 자리로 말한다면 서직(黍稷)이 앞자리에 놓이고 국과 포는 뒤에 놓입니다. 맛으로 말한다면, 소금에서 짠맛을 가져오고 매실에서 신맛을 취하며 겨자로 매운맛을 가져오고 찻잎에서 쓴맛을 뽑습니다. 이제 짜고 시고 맵고 쓰지 않음을 가지고 소금이나 매실, 겨자와 찻잎을 죄주는 것은 마땅합니다. 그렇지만 반드시 소금과 매실과 겨자와 찻잎의 맛을 나무라 "너는 어찌 서

직과 같지 않느냐?"고 하거나 국과 포에게 "너는 어째서 앞자리에 있지 않느냐?"고 한다면, 지적을 당한 것들은 실질을 잃게 되고 천하의 맛은 폐해지고 말 것입니다. 그런 까닭에 아가위나 배, 귤과 유자 같은 과실, 개구리밥과 흰쑥, 붕어마름이나 물풀 같은 음식, 이빨이 날카로운 들짐승이나 깃털 달린 날짐승의 제사 음식도 쓰임에 맞지 않음이 없음은 입에 맞기 때문입니다. 그런 까닭에 선(善)에는 일정한 스승이 없다고 말하는 것입니다.[88] 전하께서 "하늘을 나는 새나 물에 잠긴 물고기도 그 본성을 저버리지 아니하고, 둥근 장부와 네모진 구멍이 각각 그 쓰임에 알맞다."고 하셨으니,[89] 성군께서 문장을 논하심이 참으로 훌륭하다 하겠습니다. …… 이것이 성상께서 작성(作成)의 기미에 매우 유념하시고 하늘에 영원한 국운을 기도함을 문치의 근본으로 삼은 까닭입니다.[90]

1792년 11월 6일 부교리 이동직(李東稷)이 상소를 올려 이가환(李家煥), 채제공 등을 죄주기를 청하자, 정조가 비답을 내려주었다. 그 비답 속에 김조순, 남공철, 심상규, 이상황, 박제가, 이덕무의 이름이 거론되었다.[91] 또 그 비답 속에 언급된 김조순, 남공철, 이상황, 심상규

88) 《서경》, 〈함유일덕(咸有一德)〉 구절을 점화한 것이다. "덕은 일정한 스승이 없고 선을 주로 함이 스승이며, 선은 일정한 주인이 없고 순일한 덕에 화합하는 것이다〔德無常師, 主善爲師. 善無常主, 協于克一〕."

89) 《홍재전서》 권43, 〈부교리 이동직이 이가환을 논척하는 상소에 대한 비답〔副校理李東稷論李家煥疏批〕〉, 263-149.

90) 《정유각문집(貞蕤閣文集)》 권1, 〈비옥희음송-병인(比屋希音頌-幷引)〉, 261-613, "…… 伏讀閣關敷衍之辭 曰改過自新 夫過有二焉 學之未至 固臣之過也 性之不同 非臣之過也 譬之飮食 以位而言則黍稷居先 羹胾居後 以味而言則資鹹於鹽 取酸於梅 進芥之辣 擢茗之苦 今以不鹹不酸不辣不苦 罪其塩梅芥茗則固矣 必若責其爲鹽爲梅爲芥與茗者曰爾曷不類黍稷 而謂羹胾者曰爾曷不居前云爾 則所冒者失實 而天下之味廢矣 故樝梨橘柚之包 蘋蘩薀藻之羞 齒革羽毛之俎 莫不適用者 期於口也 故曰善無常師 批旨所謂翔潛不拂其性 鑿枘各適其器者 大矣哉 聖人之論文也 …… 此聖上之所以眷眷於作成之幾 而以祈天永命 爲文治之本者也". 번역과 글에 대한 해석은 정민, 2018, 《나는 나다》, 문학과지성사, 149쪽 재인용.

등에게 1793년 1월 3일에 자송시문(自訟詩文)을 써 올리게 하였고, 박제가에게도 이와 동일한 예에 따라 글을 올리게 하였다. 박제가는 이렇게 자송시문을 바칠 수 있게 된 것을 과분한 은혜라고 여기면서도 자신의 입장을 위와 같이 피력했다.

박제가가 글을 쓰게 된 계기는 치세(治世)의 희음(希音)을 듣고자 하는 정조에게 바치기 위함이었다. 그러나 위 인용문을 보면 본인의 문풍이 잘못된 것은 학문의 부족함에 기인한 것이라고 인정하는 것 같지만, 결국 자신의 문학 경향이 본성적으로 그러한 것임을 국왕의 자비로 인정해달라는 취지의 글이다. 자신은 서직(黍稷)과 같은 앞자리에 놓인 양반 관료가 아니라 국과 포 같은 뒷자리로 밀린 서얼이다. 그것도 노론이 아니고 소북 출신이다. 박제가는 자기 처지에 맞는, 자기 성품에 맞는 문학을 하겠다는 입장을 비유를 통해 표명했다. 글의 마지막 부분에서 '작성의 기미'를 언급한 것은, 국왕이 다양한 인재를 포용하며 그들의 성장을 진작시키고 이루어주고 있기 때문에, 동일한 취지에서 자기와 같은 문학을 하는 사람도 포용해주십사 하고 정조의 허락을 구하였다.

"선(善)에는 일정한 스승이 없다."는 것은 《서경》의 구절을 점화하여 자신에게 어떤 특정한 입장을 강요하지 말고 천하의 다양성을 인정해달라는 수사를 구사한 것이다. "둥근 장부와 네모진 구멍이 각각 그 쓰임에 알맞다."는 것은 정조가 이가환 등을 보호하기 위해 이동직에게 내려준 비답에서 쓴 문구이다. 박제가는 모두에게 동일한 입장을 강요하면 천하의 다양성이 사라지고 오히려 폐단이 더 클 것이므로, 정조의 하교대로 각기 성품에 따라 쓸모 있는 글을 쓰게 해달

---

91) 《승정원일기》, 1792년 11월 6일자 기사 참조.

라고 간청한 것이다.

정조는 이동직의 상소문에 내린 비답에서처럼 국왕의 처지에서 다양한 입장을 지닌 신하들을 포용하려고 했다. 군주로서 강제하지 않았지만 문학의 모범을 제시함으로써 그들이 자신이 제시하는 문치의 방향에 공감하고 동참하기를 바랐다. 이처럼 성리학적 세계관으로 국가가 통치되기를 바라는 것은 국왕의 입장일 것이다. 정조가 표방한 문치의 의도는 타당했다. 당시 조선에서 그 의도의 타당성에 이의를 제기하는 이는 없었을 것이다. 그렇지만 이러한 하교를 받는 신하들 중에는 각자의 처지에 따라 수용하는 인물도 있었고, 표면적으로는 동의하지만 이와는 별개로 독자적인 문학 행보를 이어간 인물도 있었다.

맺음말

문치의 의의와 한계

지금까지 정조의 문학을 세손 시절과 즉위 이후로 구분하고 각 시기 문치를 위한 문학의 활용 양상을 정리해보았다. 정조가 생각했던 문학의 이상적인 모습은 육경에 근거한 문학이었다. 그는 세손 시절 '대문장은 육경에서 유래한다[大文章自六經來]'라는 인장을 만들어 조선본, 중국본 경부 서적에 압인하며 문학에 관한 본인의 의지를 드러냈다. 그렇다면 왜 육경 중심의 문학인가? 이것은 전통 시대 성리학에 기반을 둔 문학론(文學論)의 전제인 재도론(載道論)의 연장선에 있는 문학론이라고 할 수 있다.

정조가 재위했던 18세기 후반의 조선은 17세기 전쟁의 상처를 극복하고 물질적인 안정기에 접어든 시기였다. 숙종, 영조, 정조 연간을 거쳐 오면서 왕권이 강화되고, 17세기에 산림이 담당했던 세도(世道)의 중심은 '군사(君師)'론을 자임하던 국왕에게 옮겨갔다. 서울은 도시적 양상을 띠고 경제적으로 활발한 양상을 띠었다.[1]

양반 사대부의 보조적인 역할에 그쳤던 여항인(閭巷人)들도 본격적인 문화 담당층의 하나로 성장하였다.[2] 풍산 홍씨 집안의 숙사(塾

師) 노명흠(盧明欽), 노긍(盧兢), 김종수의 숙사 정내교(鄭來僑), 해평 윤씨 집안의 숙사 박창원(朴昌元)의 사례에서 알 수 있듯이,[3] 일부 여항인들은 경화세족과 친밀하게 교유했고 수준 높은 성취를 이루었다. 여항인 집단 또는 동류에 관한 의식도 성장하였다. 《소대풍요(昭代風謠)》, 《풍요속선(風謠續選)》으로 이어지는 여항인 시집 편찬, 동류의 문집에 서문을 쓰거나 묘도(墓道) 문자를 쓰는 사례에서 확인할 수 있듯이, 이전에 사대부 양반이 담당했던 글쓰기 영역에 여항인들도 동참했다.

한편 이러한 경제적, 사회적 성과를 경화세족 등 일부 계층이 독점적으로 향유하는 부작용도 생겨났다. 서울의 상업이 발달하고 도시화가 진행되었지만 이에 따라 사회 문제도 발생했다.[4] 지식과 권력에 있어서 서울과 향촌의 격차가 더욱 확대되고 있었고, 욕망과 물질적 가치 추구가 보편화되었지만 공식적으로 인정받지는 못하고 있었다.

이상의 소략한 논의를 바탕으로 볼 때, 정조의 재위 기간은 시대적 전환의 여러 전조가 보였던 시기이자 성리학적 세계관이 동요되고 있던 시기라고 평가할 수 있다. 정조는 이러한 기미를 파악하고 국왕으로서 이에 대응하였다. 때로는 문학을 통해 왕권을 현시하고 권위의 정당성을 확보하고 정치 담론을 획득하려 했지만, 그것의 궁극적인 목표는 성리학적 세계관에 기반을 둔 이상적인 국가의 회복과 성

---

1) 이우성, 1963, 〈18세기 서울의 도시적 양상〉, 《향토서울》 17, 서울특별시사편찬위원회; 이태진, 1995, 〈18~19세기 서울의 근대적 도시 발달 양상〉, 《서울학연구》 4; 고동환, 1998, 《조선 후기 서울 상업 발달사 연구》, 지식산업사.

2) 안대회, 2013, 〈조선 후기 여항문학의 성격과 지향〉, 《한문학보》 29, 우리한문학회.

3) 박창원은 윤득관(尹得觀), 윤득부(尹得孚) 형제의 숙사였다. 윤득부에 대해서는 백승호, 2019, 〈윤득부의 《신암집》에 대하여〉, 《인문학연구》 26, 제주대학교 인문과학연구소 참조.

4) 심재우, 2008, 〈《심리록(審理錄)》을 통해 본 18세기 후반 서울의 범죄 양상〉, 《서울학연구》, 서울시립대학교 서울학연구소.

왕(聖王)의 정치라고 요약할 수 있다. 그가 사대부 지식인의 책임 의식을 촉구한 것은 성리학적 세계관을 강화하기 위해서 여러 신하의 동참을 기대했기 때문이고, 성균관 유생, 규장각 서리들에게 동일한 책임 의식을 요구했던 것도 이러한 세계관의 담지자를 확대하려는 의도였다.

정조는 호학 군주로서 뛰어난 학문적 역량으로 성리학적 세계관에 입각한 이상적인 국가를 구현하고자 하였다. 외척과 권신들에게 타협하지 않고 왕권의 정통성을 현시하는 데에도 그의 문학적 능력이 크게 공헌하였다. 정조에게 있어서 문치는 그의 통치의 이상이면서 동시에 정당화 수단이기도 하였다.

정조가 생각하기에 본인의 문치는 성공을 거두었다고 판단한 것 같다. 1798년 정조는 본인을 '만천명월주인옹(萬川明月主人翁)'이라 선언하며 다음과 같은 글을 지었다.

> 만천명월주인옹(萬川明月主人翁)은 말한다. 태극이 있고 나서 음양이 있으므로 복희씨는 음양을 점괘로 풀이하여 이치를 밝혔고, 음양이 있고 나서 오행이 있으므로 우(禹)는 오행을 기준으로 세상 다스리는 이치를 밝혀놓았으니, 물과 달을 보고서 태극, 음양, 오행에 대해 그 이치를 깨우친 바가 있었던 것이다. 즉 달은 하나뿐이고 물의 종류는 일만 개나 되지만, 물이 달빛을 받을 경우 앞 시내에도 달이요 뒤 시내에도 달이어서 달과 시내의 수가 같게 되므로 시냇물이 일만 개면 달 역시 일만 개가 된다. 그러나 하늘에 있는 달은 물론 하나뿐인 것이다. ……
> 내가 처음에는 그들 모두를 내 마음으로 미루어도 보고, 일부러 믿어도 보고, 또 그들의 재능을 시험해보기도 하고, 일을 맡겨 단련도 시켜보고, 혹은 흥기시키고, 혹은 진작시키고, 규제하여 바르게도 하고, 굽은

자는 교정하여 바로잡고 곧게 하기를 마치 맹주(盟主)가 규장(珪璋)으로 제후들을 통솔하듯이 하면서 그 숱한 과정에 피곤함을 느껴온 지 어언 20여 년이 되었다.

근래 와서 다행히도 태극, 음양, 오행의 이치를 깨닫게 되었고 또 사람에 대해서도 융회관통(融會貫通)할 수 있었다. 그리하여 대들보감은 대들보로 기둥감은 기둥으로 쓰고 오리는 오리대로 학은 학대로 살게 하여, 사물을 각자 그 사물에 맡겨두고 사물에 따라 순응하였다. 이에 그 중에서 그의 단점은 버리고 장점만 취하며, 선한 점은 드러내고 나쁜 점은 숨겨주고, 잘한 것은 안착시키고 잘못한 것은 뒷전으로 하며, 규모가 큰 자는 진출시키고 협소한 자는 포용하고, 재주보다는 뜻을 더 중히 여겨 양단(兩端)을 잡고 거기에서 중(中)을 택했다. …… 때는 1798년 12월 3일이다.[5)]

이 글을 발표한 시점은 12월 3일, 서명선이 홍인한을 논핵하는 상소문을 올린 날이요 매년 동덕회가 모이는 날이다. 이런 뜻 깊은 날에 정조는 본인의 자호(自號)를 발표하며 정국 운영에 큰 변화가 생길 것을 예고하는 선언을 하였다. 정조는 스스로 '만천명월주인옹'이라 자호하고 이를 편액으로 만들어 전각에 걸어두었으며, 대신들에게도 글씨를 써서 올리게 하여 본인의 문치에 동의하는 뜻을 담도록 하였

---

5) 《홍재전서》 권10, 〈만천명월주인옹자서(萬川明月主人翁自序)〉, 262-158, "萬川明月主人翁曰 有太極而後有陰陽 故羲繇以陰陽而明理 有陰陽而後有五行 故禹範以五行而嘲治 觀乎水與月之象 而悟契於太極陰陽五行之理焉 月一也 水之類萬也 以水而受月 前川月也 後川亦月也 月之數與川同 川之有萬 月亦如之 若其在天之月 則固一而已矣 …… 始予推之以吾心 信之以吾意 指顧於風雲之際 陶鎔於爐鞴之中 倡以起之 振以作之 規以正之 矯以錯之 匡之直之 有若盟主珪璋以會諸侯 而疲於應酬登降之節者 且二十有餘年耳 近幸悟契於太極陰陽五行之理 而又有貫穿於人其人之術 莛楹備於用 鳧鶴遂其生 物各付物 物來順應 而於是乎棄其短而取其長 揚其善而庇其惡 宅其臧而殿其否 進其大而容其小 尙其志而後其藝 執其兩端而用其中焉 …… 時戊午十有二月之哉生明".

다.[6] 정조는 평상시 그들의 글씨를 보고 그 사람을 생각하면서[7] 그들이 만 개의 강을 비추는 하나의 달빛과 같은 정조의 뜻에 동의하였다고 흐뭇한 감정을 느꼈을 것이다. 그리하여 1798년 이후에는 대신들에게 보내는 어찰의 피봉(皮封), 반사본(頒賜本) 도서, 어제시의 낙관 등에 〈만천명월주인옹〉이라는 피봉인, 장서인, 낙관인을 제작하여 사용하였다.

이 글을 보면 정조의 치세에 대한 자신감을 느낄 수 있다. 국왕이 태극의 위치를 점유하고서 만 개의 강을 비추는 달빛처럼 세상 곳곳에 본인의 통치가 영향을 미치고 있다고 선언하였다. 글을 보면 정조가 지난 20년 동안 신하들을 바로잡느라 피곤했다고 했는데, 이는 문치 과정의 고단함을 표현한 것이다. 그 결과 이제는 정조가 모난 사람은 모난 대로 둥근 사람은 둥근 대로 각기 장점에 따라 신하들을 부려 본인의 문치에 공헌하게 하겠다고 통치 방향의 전환을 예고했다. 이것은 그동안의 문치가 어느 정도 성과를 거두었다는 자신감에 바탕을 두지 않으면 안 되는 일이었을 것이다.

현재까지 학계에서는 정조의 치세를 대체로 문예 중흥기로서 긍정적으로 평가한다. 하지만 그가 펼친 문치는 근대인의 시각에서 볼 때 시대의 흐름과는 역행하는 면이 있다. 이는 그가 실질적이고 경세적인 학문을 추구했지만, 그 학문적인 기반은 성리학적 세계관이었기 때문이다.

---

6) 《홍재전서》 권56, 〈여러 신하에게 주부자의 시를 나누어 쓰도록 명하고 책머리에 붓 가는 대로 쓰다〔分命諸臣書朱夫子詩 漫書卷端〕〉, 263-374, "此卷, 又與萬川明月主人翁自序, 命諸臣書之義均. 後之覽者, 亦可以觀其書而知其人, 因其人而想其世."

7) 《홍재전서》 권173, 《일득록》 13, 267-389, "予以萬川明月主人翁自號 其義詳於自序 而命朝臣數十人各書以進 刻揭于燕寢諸處 卽其點畫揮染之間 其人之規模意象 可以髣想 此眞所謂萬川明月也".

정조가 문치를 시행하면서 정학을 진학시켜 성리학적 세계관을 견고하게 확립하고자 했던 것은 국왕과 상층의 사대부 관료가 세계관을 확고히 하면 흔들리는 중세의 질서를 회복할 수 있다고 생각했기 때문이다. 정조가 정학의 문제와 문체의 문제를 근원적으로 여긴 이유는 다음과 같다. 이단인 사학으로 빠져드는 첫 실마리가 소품에서 비롯되기 때문이다. 기이함을 좇고 경박하게 새로움을 좇는 소품이나 명물도수를 연구하는 고증학에서 출발하다 보면 그 맥락이 그러한 실증성을 강조하는 서학과 닿을 수 있다는 것이 정조의 생각이다. 서양의 학문은 조선 사대부에게 새롭고 신기한 것이었고, 또 실측을 강조한다는 점에서 청나라의 고증학과 비슷한 것으로 착각될 여지가 있었다. 신기한 것, 기이한 것을 쫓다 보면 서양의 이단으로 흘러가기 쉬운 것이다. 그리고 그것은 사대부 지식인들의 국가와 사회에 대한 책임 의식의 망각으로 이어질 위험이 있다.

그에게는 외적으로 드러나는 소인배들의 해악보다 상층 지식인이 무능하고 시대 흐름에 무감각한 것이 더 큰 문제였다. 정조가 상층 사대부의 계도에 힘쓰며 문치를 주관했던 연유가 사대부 관료 집단이 국가의 근간으로 제대로 기능해야 이를 서얼, 중인, 일반 백성들에게까지 확대시킬 수 있었기 때문이다.

이러한 의미에서 정조가 시행한 일련의 문치는 국방, 사회 제도, 법률 등과 하나의 원칙으로 일관되게 연관되어 있었다. 정조가 경전에 근본한 문학을 강조하고 이것을 장려하기 위해 서적 편찬에 신하들과 함께했던 것은, 정조가 문학과 학문을 통해 신하들에게 그 모범을 보이고 이를 통해 통치의 방향성을 제시한 뒤, 이를 확대하려는 시도였다고 평가할 수 있다.[8]

그러나 정조 사후의 신하들은 총애를 받았던 각신들조차 본디 그들이 지녔던 문학적 경향으로 회귀하는 모습을 보였다. 서영보(徐榮輔), 이만수, 김조순, 심상규 등 각신들은 당색을 초월하여 우정을 나누었는데, 그들의 문학 활동에는 정조가 경계했던 명말청초 문인들의 기습(氣習)으로 회귀하는 모습이 보인다.[9] 1806년 서영보가 금강산 유람을 다녀와서 〈풍악기(楓嶽記)〉를 지었다.[10] 서영보는 자신의 여행을 김조순, 이만수에게 알렸고, 이만수는 훗날 서울에서 시회를 열 때 우아한 감상 거리로 삼기 위해 서영보가 보내온 금강산 단풍잎을 붙이고 위와 같은 상황을 글로 남긴 〈홍엽첩(紅葉帖)〉을 만들었다. 그는 서영보에게 편지를 보내면서 "자신은 왕세정(王世貞)에 미치지 못하지만, 서영보의 문학은 이반룡(李攀龍)보다 낫다."고 평하였다.[11] 김조순도 왕세정의 〈오자편(五子篇)〉을 본떠서 이만수, 서영보를 그리워하는 시를 지었다. 그리고 화가를 시켜 단풍을 그리게 하고 위와 같은 사정을 별도의 첩으로 만들어 소장하였다. 그들은 순조 연간 정국의 중심에 있으면서, 고아한 문학 교유 모임 중에 정조가 경계하던 명말청초의 문풍과 문인들의 기습을 재현하고 있었다. 서영보도 〈홍엽첩서(紅葉帖序)〉[12]를 지어 아회(雅會)의 고사를 보충하였고, 정조가

---

8) 정조는 세손 시절인 1775년에 《경서정문(經書正文)》을 편찬한 이래로 《오경백편》(1796), 《춘추좌씨전》(1796) 등 여러 경서들을 간행하였고, 《주자회선(朱子會選)》(1774), 《자양자회영》(1775), 《주자선통(朱子選統)》(1781), 《주서백선》(1784), 《주자서절약(朱子書節約)》(1800) 등 주자서도 간행하였다.

9) 〈홍엽첩〉과 관련한 서영보, 김조순, 이만수의 교유와 근거 문헌은 이종묵, 2012, 《한시마중》, 태학사, 26~49쪽 참조.

10) 서울대학교 규장각한국학연구원 소장, 심상규, 이만수, 신대우, 조덕순, 유득공 등의 평이 수록되어 있다. 이종묵, 위의 책, 27·28쪽 재인용.

11) 《극원유고(屐園遺稿)》 권2, 한국문집총간 268, 89쪽, "較騷壇優劣 生非元美之匹 而竹翁固遠勝". 다른 문인을 비유하지 않고 명말청초 의고파의 대표 문인 왕세정과 이반룡을 비유한 데에서 그들의 평소 지향점을 짐작할 수 있다.

12) 《죽석관유집(竹石館遺集)》 권2, 〈홍엽첩서(紅葉帖序)〉, 한국문집총간, 269, 367쪽.

신진 학자로서 기대를 걸었던 홍석주도 〈제홍엽첩후(題紅葉帖後)〉를 지어 이들의 문학 교유에 부응하였다.[13)]

정조는 문치를 통해 군주이자 스승이라는 이미지를 구축하는 데에는 성공했지만, 그것을 주자학적 전통의 완결성이라는 틀 안에서 구축하려고 했다. 군주가 직접 학문 연구와 저술 활동에 모범을 보임으로써 성리학을 진작했다. 그가 송시열과 주자를 중심으로 추구했던 정학의 충실한 모범은 전통적인 군왕의 덕목으로는 완벽했지만, 변화하는 시대의 흐름을 기존 문제의 틀로 인식하고 전통적인 이념으로 그것을 해결하려고 했기에, 다양한 변화의 움직임을 간과할 위험성도 있었다.[14)]

당대 조선 사회는 권력과 부가 서울의 경화세족 중심으로 특정 집단에 집중되고, 여타 개인들도 욕망과 물질의 세계에 더욱 관심을 가지면서 정조 문치의 효과가 실질적으로 발휘되기는 힘든 상황이었다. 문치의 당위성에는 누구나 동의했겠지만, 그것에 적극적으로 부응한 신하들은 측근 대신들 또는 관료들이었고, 권력의 중심에서 소외된 인물들은 각자의 문학 경향을 견지하며 새로운 시대를 맞이하고 있었다.

---

13) 《연천집(淵泉集)》 권20, 〈제홍엽첩후(題紅葉帖後)〉, 한국문집총간 293, 461쪽.

14) 심경호는 이러한 경향이 "현실 인식의 평면화, 지향 이념의 협소화, 문화 규모의 왜소화, 학문 방법의 고답화를 초래할 우려도 있었다."라고 지적하였다. 심경호, 2016, 앞의 글, 152쪽.

부록

참고문헌

1. 사료

김려,《담정유고》(한국문집총간 289)
김조순,《풍고집》(한국문집총간 289)
김종수,《몽오집》(한국문집총간 245)
김종정,《운계만고》(한국문집총간 속 86)
남공철,《금릉집》(한국문집총간 272)
박윤묵,《존재집》(한국문집총간 292)
박제가,《정유각집》(한국문집총간 261)
서영보,《죽석관유집》(한국문집총간 269)
서형수,《명고전집》(한국문집총간 261)
이복원,《쌍계유고》(한국문집총간 237)
이이,《율곡전서》(한국문집총간 44-45)
정약용,《여유당전서》(한국문집총간 281)
정조,《정묘어찰》(국립중앙도서관 소장본)
정조,《홍재전서》(한국문집총간 262-267)
정조,《오경백선》(2000, 서울대학교 규장각한국학연구원 영인본)
채제공,《번암집》(한국문집총간 235-236)
홍낙인,《안와유고》(한국문집총간 속99)
홍석주,《연천집》(한국문집총간 293)
《온천일기》(서울대학교 규장각한국학연구원 소장본)

국립고궁박물관 편, 2011,《정조어찰》, 국립고궁박물관.
김치인 편, 김경희·김광태 역, 2006,《명의록》, 민족문화추진회.
박지원, 신호열·김명호 역, 2007,《국역 연암집》, 돌베개.

성균관대학교 동아시아학술원 편, 2009,《정조어찰첩》, 성균관대학교출판부.
육지, 심경호·김우정 역, 2020,《당육선공주의》, 전통문화연구회.
이옥, 실시학사 고전문학연구회 역, 2009,《완역 이옥전집》, 휴머니스트.
정조, 임정기 외 역, 1998,《국역 홍재전서》, 민족문화추진회.
채제공, 송기채·홍기은 역, 2017,《번암집 1》, 한국고전번역원.

《승정원일기》(국사편찬위원회 인터넷판)
《일성록》(한국고전번역원 인터넷판)
《조선왕조실록》(국사편찬위원회 인터넷판)

2. 논저

강명관, 1984, 〈담정 김려 연구(1)-생애와 문체 문제를 중심으로-〉,《사대 논문집》9, 부산대학교 사범대학.
강명관, 2003, 〈문체와 국가장치-정조의 문체반정을 둘러싼 사건들〉,《조선 후기 소품문의 실체》, 태학사.
강혜선, 2000,《정조의 시문집 편찬》, 문헌과해석사.
강혜선, 2007,《유배객, 세상을 알다》, 태학사.
강혜선, 2012, 〈정조의 문체반정과 경화문화〉,《한국실학연구》23, 한국실학학회.
고동환, 1998,《조선 후기 서울 상업 발달사 연구》, 지식산업사.
권오영, 2004, 〈남한산성과 조선 후기의 대명의리론〉,《한국실학연구》8, 한국실학학회.
금장태, 2003,《조선 후기 유교와 서학》, 서울대학교출판부.
김균태, 1986,《이옥의 문학이론과 작품세계의 연구》, 창학사.
김남기, 2006, 〈조선시대 군신의 창화와 그 의미-규장각 소장 갱재축과 연운축을 중심으로〉,《한국한문학연구》38, 한국한문학회.
김명호, 1990, 〈열하일기 연구〉, 서울대학교 박사학위논문.
김명호, 2001,《박지원 문학 연구》, 성균관대학교 대동문화연구원.
김문식, 2000, 〈군사 정조의 교육 정책 연구〉,《민족문화》23, 한국고전번역원.
김문식, 2000,《정조의 경학과 주자학》, 문헌과해석사.
김문식, 2004, 〈조선 후기 경봉각(敬奉閣)에 대하여〉,《서지학보》28, 한국서지학회.
김문식, 2007,《정조의 제왕학》, 태학사.
김문식, 2016, 〈정조가 서명응에게 준 어제시〉,《문헌과 해석》74, 문헌과해석사.
김문식·김정호, 2003,《조선의 왕세자 교육》, 김영사.

김새미오, 2009, 〈연천 홍석주 산문 연구〉, 성균관대학교 박사학위논문.
김성진, 1993, 〈정조 연간의 과문의 문체 변화와 문체반정〉, 《한국한문학연구》 16, 한국한문학회.
김성진, 1996. 〈사고전서가 문체반정에 미친 영향에 대하여〉, 《부산한문학연구》 9, 부산한문학회.
김수진, 2019, 〈조선 후기 소품문에 대한 정치사회학적 고찰〉, 《한국한문학연구》 73, 한국한문학회.
김영진, 2001, 〈우초신지 판본 연구〉, 《서지학보》 25, 한국서지학회.
김영진, 2002, 〈이옥 연구(1)〉, 《한문교육연구》 18, 한국한문교육학회.
김영진, 2014, 〈이옥의 가계와 교유 신탐〉, 《한문학연구》 23, 계명한문학회.
김영진, 2016, 〈김려의 편서 활동과 교유에 관한 몇 가지 신자료〉, 《대동한문학》 47, 대동한문학회.
김영진·박철상·백승호, 2014, 〈정조의 장서인-규장각 소장 조선본(朝鮮本)을 중심으로〉, 《규장각》 45, 서울대학교 규장각한국학연구원.
김우정, 1998, 〈정조의 문체 정책과 문학론 연구〉, 단국대학교 석사학위논문.
김혈조, 1982, 〈연암체의 성립과 정조의 문체반정〉, 《한국한문학연구》 6, 한국한문학회.
김흥규, 1981, 〈정조시대의 시경강의(詩經講義)〉, 《한국학보》 23.
당윤희·오수형·장유승, 2020, 《육주약선·육고수권》, 서울대학교출판문화원.
류화선, 2001, 〈정조의 문체반정 연구〉, 서강대학교 석사학위논문.
마종락, 1983, 〈정조대의 문체반정에 대한 연구〉, 서울대학교 석사학위논문.
박종채, 박희병 역, 1998, 《나의 아버지 박지원》, 돌베개.
박준원, 1994, 〈《담정총서》 연구〉, 성균관대학교 박사학위논문.
박준원, 2009, 〈《담정총서》에 대하여〉, 《문헌과해석》 37, 문헌과해석사.
박철상 외, 2001, 《정조의 비밀어찰, 정조가 그의 시대를 말하다》, 푸른역사.
박현모, 2000, 〈정조의 군사론 비판〉, 《한국실학연구》 2, 한국실학학회.
박희병, 2006, 《연암을 읽는다》, 돌베개.
박혜진, 2006, 〈정조대 문체반정의 지향과 의의〉, 《겨레어문학》 37, 겨레어문학회.
백승호, 2013, 〈정조시대 정치적 글쓰기 연구〉, 서울대학교 박사학위논문.
백승호, 2014, 〈극옹 이만수 관각시 연구〉, 《한국한시연구》 22, 한국한시학회.
백승호, 2014, 〈정조의 신료 문집 간행과 그 정치적 의미-《읍취헌유고》를 중심으로〉, 《민족문화》 43, 한국고전번역원.
백승호, 2016, 《정조의 신하들》, 한국학중앙연구원 출판부.
백승호, 2018, 〈몽오 김종수 한시에 나타난 청류지사(淸流之士)적 면모 연구〉, 《국어문학》 68, 국어문학회.

백승호, 2018, 〈정조의 동갑내기 신하 이만수〉, 《문헌과해석》 82, 문헌과해석사.
백승호, 2019, 〈윤득부의 《신암집》에 대하여〉, 《인문학연구》 26, 제주대학교 인문과학연구소.
백승호·김영진·박철상, 2015, 〈규장각 소장 중국본에 압인된 정조 장서인 고찰〉, 《한국한문학연구》 60, 한국한문학회.
신귀순, 1996, 〈정조의 문학론 연구〉, 충남대학교 석사학위논문.
신승운, 2001, 〈《홍재전서》와 《군서표기》의 편찬과 간행에 관한 연구〉, 《서지학연구》 22, 한국서지학회.
신익철, 2006, 〈이옥 문학의 일상성과 사물 인식〉, 《한국실학연구》 12, 한국실학학회.
심경호, 2016, 〈정조의 문체 정책과 제술부과〉, 《진단학보》 127, 진단학회.
심재우, 2008, 〈《심리록(審理錄)》을 통해 본 18세기 후반 서울의 범죄 양상〉, 《서울학연구》, 서울시립대학교 서울학연구소.
안대회, 2000, 〈정조의 문체 정책〉, 《장서각》 3, 한국학중앙연구원.
안대회, 2009, 〈어찰의 정치학-정조와 심환지〉, 《역사비평》 87, 역사문제연구소.
안대회, 2013, 〈조선 후기 여항문학(閭巷文學)의 성격과 지향〉, 《한문학보》 29, 우리한문학회.
안대회, 2019, 〈정조대 군신(君臣)의 비밀 편지 교환과 기밀의 정치 운영〉, 《정신문화연구》 42-1, 한국학중앙연구원.
안장리, 2012, 〈'열성어제별편'에 나타난 대명의리론의 전개〉, 《열상고전연구》 42, 열상고전연구회.
우경섭, 2013, 《조선중화주의의 성립과 동아시아》, 유니스토리.
유봉학, 1988, 〈18·9세기 대명의리론과 대청 의식의 추이〉, 《한신논문집》 5, 한신대학교.
유봉학, 1999, 〈정조대 정치론의 추이〉, 《경기사학》 3, 경기사학회.
윤재민, 2002, 〈문체반정의 재해석〉, 《고전문학연구》 21, 한국고전문학회.
윤현정, 2016, 〈《오경백편》 수록 《시경》에 대한 연구〉, 《서지학연구》 65, 한국서지학회.
이가원, 1986, 《연암 소설 연구》, 정음사.
이경수, 1984, 〈김려의 생애와 〈단량패사(丹良稗史)〉의 문학적 성격〉, 《국어국문학》 92, 국어국문학회.
이동환, 2000, 〈정조성학(正祖聖學)의 성격〉, 《민족문화》 23, 민족문화추진회.
이미진, 2014, 〈정조의 연구시 창작과 그 의미〉, 《대동한문학》 41, 대동한문학회.
이상신, 2013, 〈이옥(李鈺)이 기록한 18~19세기 국어 자료에 대한 연구〉, 《인문과학연구》 31, 성신여자대학교 인문과학연구소.
이우성, 1963, 〈18세기 서울의 도시적 양상〉, 《향토서울》 17, 서울특별시사편찬위원회.
이종묵, 2002, 《한국 한시의 전통과 문예미》, 태학사.
이종묵, 2012, 《한시 마중》, 태학사.
이종묵, 2016, 《조선시대 경강의 별서: 남호편》, 경인문화사.

이태진, 1995, 〈18~19세기 서울의 근대적 도시 발달 양상〉,《서울학연구》 4, 서울시립대학교 부설 서울학연구소.
장효현, 1992, 〈18세기 문체반정에서의 소설 논의〉,《한국한문학연구》 15, 한국한문학회.
정민, 2007,《18세기 조선 지식인의 발견》, 휴머니스트.
정민, 2018,《나는 나다》, 문학과지성사.
정병설, 2010,《한중록》, 문학동네.
정병설, 2012,《권력과 인간》, 문학동네.
정병설, 2020,《혜빈궁일기-현전 유일의 궁궐 여성처소 일지》, 서울대학교출판문화원.
정옥자, 1981, 〈규장각 초계문신 연구〉,《규장각》 4, 서울대학교 규장각한국학연구원.
정옥자, 1992, 〈정조대 대명의리론의 정리작업-〈존주휘편〉을 중심으로〉,《한국학보》 18, 일지사.
정옥자, 2000,《정조의 수상록 일득록 연구》, 일지사.
정옥자, 2001,《정조의 문예사상과 규장각》, 효형출판.
조계영, 2012, 〈오경백편의 선사와 문서 행정〉,《한국문화》 60, 서울대학교 규장각한국학연구원.
최성엽, 2014, 〈정조의 문장관에 대한 재고〉,《동방한문학》 59, 동방한문학회.
피터 볼, 김영민 역, 2010,《역사 속의 성리학》, 예문서원.
허남욱, 1995, 〈조선 후기 문체 및 문체반정에 대한 연구〉,《한문고전연구》 5, 성신한문학회.
홍진옥, 2014, 〈김려의《단량패사》 연구〉, 서울대학교 석사학위논문.

高橋亨, 1932, 〈弘齋王の文體反正〉,《靑丘學叢》 7(《한국사상논문선집》 151, 불함문화사 영인본)
河野貴美子 外, 2015,《日本〈文〉學史》 第一冊, 勉誠出版.

Bol, Peter, 1992, *This Culture of Ours*, Stanford, Calif.: Stanford University Pres(피터 볼, 2008,《중국 지식인들과 정체성》, 심의용 역, 북스토리).
Chen, Jack W., 2010, *The poetics of Soverignty: On Emperor Taizong of the Tang Dynasty*, Cambridge, Mass.; London : Havard University Press.

찾아보기